Krankheiten der Aquarienfische

DIETER UNTERGASSER

Diagnose und Behandlung

Kosmos
Gesellschaft der Naturfreunde
Franckh'sche Verlagshandlung
Stuttgart

Umschlag von Kaselow Design, München, unter Verwendung von 3 Farbdias von B. Kahl (Vorderseite), und D. Untergasser (Rückseite).

Mit 106 Farbaufnahmen von D. Untergasser (100) und B. Kahl (6), sowie 20 Strichzeichnungen von D. Untergasser, aus Reichenbach-Klinke, „Krankheiten und Schädigung der Fische", Gustav Fischer Verlag, Stuttgart (1) und aus Schäperclaus, „Fischkrankheiten", Akademie Verlag, Berlin (2).

Die Bilder auf Seite 2 zeigen (oben) Prachtbarben und Glühlichtsalmler (unten); auf Seite 9 Schabracken-Panzerwelse; auf Seite 11 den kriegerischen Kampffisch; auf Seite 60 Zuchtformen von Segelflossern.

CIP-Titelaufnahme
der Deutschen Bibliothek

Untergasser, Dieter:
Krankheiten der Aquarienfische : Diagnose und Behandlung / Dieter Untergasser. – Stuttgart : Franckh, 1989
 ISBN 3-440-06048-9

Franckh'sche Verlagshandlung,
W. Keller & Co., Stuttgart / 1989
Das Werk einschließlich aller seiner Teile ist urheberrechtlich geschützt. Jede Verwertung außerhalb der engen Grenzen des Urheberrechtgesetzes ist ohne Zustimmung des Verlages unzulässig und strafbar. Das gilt insbesondere für Vervielfältigungen, Übersetzungen, Mikroverfilmungen und die Einspeicherung und Verarbeitung in elektronischen Systemen.
© 1989, Franckh'sche Verlagshandlung, W. Keller & Co., Stuttgart
L 14 Pl / ISBN 3-440-06048-9
Printed in Germany / Imprimé en Allemagne
Satz: G. Müller, Heilbronn
Reproduktion: G. Schmid, Stuttgart
Herstellung: Richterdruck, Würzburg

Krankheiten der Aquarienfische

Geleitwort	7	3. **Anatomie der Fische**	70
		3.1. Die Instrumente	70
Einleitung	9	3.2. Die Haut	70
		3.3. Das Blut	71
1. **Diagnosetafeln**	11	3.4. Die Kiemen	72
Tafel 1: Verhaltensstörungen	12	3.5. Die Sektion	73
Tafel 2: Bewegungsstörungen	14	3.6. Die Leber	76
Tafel 3: Körperveränderungen	16	3.7. Die Galle	77
Tafel 4: Farbänderungen	20	3.8. Die Milz	78
Tafel 5: Schleimhaut	22	3.9. Der Darm, der Magen	78
Tafel 6: Flossen	28	3.10. Die Geschlechtsorgane	79
Tafel 7: Kiemen	30	3.11. Die Schwimmblase	79
Tafel 8: Kot	34	3.12. Das Herz	79
Tafel 9: Blut	38	3.13. Die Niere	80
Tafel 10: Kiemenblätter	39	3.14. Das Gehirn	81
Tafel 11: Leibeshöhle	40	3.15. Die Muskulatur	81
Tafel 12: Leber	42		
Tafel 13: Gallenblase	43	4. **Virosen und Bakteriosen**	82
Tafel 14: Darm	44	4.1. Reine Viruserkrankungen	82
Tafel 15: Milz, Herz, Geschlechts-		4.2. Bauchwassersucht	83
organe	48	4.3. Furunkulose	84
Tafel 16: Schwimmblase	49	4.4. Flossenfäule	84
Tafel 17: Niere	50	4.5. Vibriose	85
Tafel 18: Gehirn und Muskel	51	4.6. Columnaris-Krankheit	85
Tafel 19: Eier und Brut	52	4.7. Fischtuberkulose	86
Tafel 20: Zysten	53		
Tafel 21: Bakterien	57	5. **Mykosen, Algosen**	88
		5.1. Äußerliche Mykosen	88
2. **Das Erkennen**		5.2. Innere Mykosen	89
von Krankheiten	61	5.2.1. Ichthyophonus hoferi	
2.1. Fische im Streß	61	(Ichthyosporidium)	89
2.2. Das Verhüten		5.2.2. Aphanomyces sp.	90
von Krankheiten	62	5.2.3. Branchiomyces, Kiemenfäule	90
2.3. Vergiftung und Krankheit	62	5.3. Algosen	91
2.4. Quarantäne und Desinfektion	63	5.4. Dermocystidium	91
2.5. Die Untersuchung			
lebender Fische	64	6. **Krankheitserregende**	
2.6. Das Töten von Fischen	68	**Protisten**	92
2.7. Der Versand von kranken		6.1. Flagellaten	92
Fischen	69	6.1.1. Blutflagellaten	92

6.1.2.	Darmflagellaten	93		9.3.	Falsche Ernährung	126
6.1.3.	Hautflagellaten	96		9.4.	Verletzungen	127
6.1.3.1.	Costia necatrix	96		9.5.	Krankheiten mit chemischer Ursache	127
6.1.3.2.	Kiemenflagellaten	97		9.5.1.	Sauerstoffmangel	127
6.1.3.3.	Dinoflagellaten, Oodinium	97		9.5.2.	Säure-Laugenkrankheit	127
6.1.4.	Opalinina	99		9.5.3.	Vergiftungen	128
6.2.	Amöben	100		9.6.	Gasblasenkrankheit	129
6.3.	Sporozoen	100		9.7.	Temperaturschäden	130
6.3.1.	Coccidida	100				
6.3.2.	Myxospora	100		**10.**	**Die Behandlung kranker Fische**	**131**
6.3.3.	Microspora	101		10.1.	Allgemeine Hinweise zur Anwendung von Medikamenten	131
6.3.3.1.	Pleistophora	101		10.2.	Behandlungsvorschläge	133
6.4.	Ciliaten	102				
6.4.1.	Ichthyophthirius multifiliis	103		**11.**	**Mikroskopische Praxis**	**150**
6.4.2.	Cryptocarion irritans	105		11.1	Das Mikroskop	150
6.4.3.	Chilodonella cyprini	105		11.2.	Größenmessung mit dem Mikroskop	151
6.4.4.	Brooklynella hostilis	106		11.3.	Glasartikel zur Präparation	152
6.4.5.	Trichodina sp.	106		11.4.	Lebendpräparate	153
6.4.6.	Sonstige Ciliaten	107		11.5.	Zupf- und Quetschpräparate	155
				11.6.	Isolieren der Erreger	156
7.	**Helminthosen**	**109**		11.7.	Allgemeine Anleitungen zur Präparation	157
7.1.	Turbellarien	109		11.8.	Spezielle Anleitungen zur Präparation	159
7.2.	Monogene Saugwürmer	109				
7.2.1.	Hakenwürmer	109		11.8.1.	Dauerpräparat in Polyvinyl-Lactophenol (PVL), E 3	160
7.2.1.1.	Gyrodactylidea	110				
7.2.1.2.	Dactylogyridea	110		11.8.2.	Dauerpräparate in Kanadabalsam oder Entellan, E 4	161
7.2.2.	Sonstige Haut- und Kiemenwürmer	113		11.8.3.	Dauerpräparate in Glyceringelatine, E 5	161
7.3.	Digene Saugwürmer	113		11.8.4.	Farbfixierung von Flagellaten und Ciliaten, E 6	162
7.4.	Cestoidea, Bandwürmer	114		11.8.5.	Färben von Bakterien	163
7.5	Nematoda, Fadenwürmer	115		11.8.6.	Die Gram-Färbung, E 7	163
7.5.1.	Capillaria, Haarwürmer	115		11.8.7.	Die Ziehl-Neelsen-Färbung, E 8	164
7.5.2.	Oxyurida, Madenwürmer	116				
7.5.3.	Camallanoidea, Fräskopfwürmer	117		11.8.8.	Einfache Bakterienfärbung, E 9	165
7.5.4.	Dracunculoidea, Drachenwürmer	118		11.8.9.	Färbung von Schleimhaut und Blut, E 10	165
7.6.	Acanthocephala, Kratzer	118		11.9.	Die Fotografie als Mittel der Dokumentation	166
7.7.	Hirudinea, Egel	119				
				Literatur und Quellen		**169**
8.	**Gliederfüßer**	**120**				
8.1.	Copepoda, Hüpferlinge	120		**Register**		**173**
8.1.1.	Ergasilidae	120				
8.1.2.	Lernaeidae	121				
8.2.	Argulidae, Fischläuse	122				
8.3.	Acarina, Milben	123				
9.	**Nichterregerbedingte Krankheiten**	**124**				
9.1.	Geschwulstkrankheiten	124				
9.2.	Mißbildungen	125				

Geleitwort

Eine optimale Pflege und erfolgreiche Zucht von Fischen ist nur möglich, wenn fundierte Kenntnisse über das Erkennen und Bekämpfen, besser noch über das Vermeiden von Fischkrankheiten und umweltbedingter Fischschäden beim Aquarianer, beim Fischzüchter vorhanden sind. Das Problem, Erkrankungen, Schädigungen von Aquarienfischen zu erkennen und dann sofort zielstrebig Gegenmaßnahmen zu treffen, wird immer größer, denn der Zierfischhandel und die Zierfischzucht sind weltweit verflochten. Neonfische aus Peru werden zu Millionen in Hongkong gezüchtet, Diskusfische aus Brasilien kommen als Nachzuchten aus Thailand und Singapore zu uns, Lebendgebärende Zahnkarpfen in farbenprächtigen Zuchtformen aus Südostasien. Der Austausch von Fischen aus allen Kontinenten und die Flut der Importe von Wildfängen führten zwangsläufig zu steigenden Problemen mit Fischkrankheiten – eine leider bei manchen Arten fast dramatische Situation für den Importeur, für den Fachhändler und für den Aquarianer. So steht und fällt eine erfolgreiche Aquaristik in steigendem Maße mit der Aufgabe, die Fische gesund zu erhalten.

Über Fischkrankheiten von Nutzfischen, also Speisefischen, gibt es hervorragende Veröffentlichungen. Was aber weitgehend fehlte, war eine Publikation mit dem Schwerpunkt, gesundheitliche Fragen bei tropischen Aquarienfischen praxisbezogen darzustellen. Dieter Untergasser, der Autor dieses Buches, hat diese Aufgabe bravourös gelöst. Schon Mitte der 70er Jahre erkannte er eines der schwierigsten Probleme in der Aquaristik, nämlich daß eine kontinuierliche und zugleich produktive Zucht des „Königs der Aquarienfische", des Diskus-Buntbarsches, nur gelöst werden kann mit der Beherrschung der Diskuskrankheiten. Zunächst in intensiver Zusammenarbeit mit führenden Fischpathologen, dann auch als selbst sehr aktiv Forschender, schaffte der Autor einen Wissensschatz in jahrzehntelanger Arbeit mit Aquarienfischen, vor allem mit sogenannten Problemfischen. Durch zahlreiche Fachpublikationen und jetzt als „Referent für Fischkrankheiten" des Verbandes Deutscher Vereine für Aquarien- und Terrarienkunde (VDA) wurde der Autor vor allem bekannt als führender Spezialist für Krankheiten der Diskusfische. Daß darüber hinaus auch andere Fische in ihren Haltungs- und Krankheitsproblemen bearbeitet wurden, erweist das vorliegende Buch mit seinen praxisnahen Besonderheiten, von denen hier nur die erstmalig in dieser Form gebrachten „Diagnosetafeln" herausgestellt werden können. Erfreulich und notwendig sind aber auch seine wissenschaftlich fundierten Hinweise, bei welchen z. T. weitverbreiteten Krankheiten keine wirkungsvollen Medikamente gegeben sind – im Gegensatz zu manchen überzogenen Werbungen in der aquaristischen Presse.

So vermittelt dieses Buch wissenschaftliche Fakten in verständlicher, praxisnaher Form – wahrscheinlich ein Grund, diesem Buch zum Wohl der Fische, zum Nutzen des Fischpflegers und Züchters, eine gute Aufnahme zu wünschen.

Prof. Dr. rer. nat. Rolf Geisler
Mitglied des wissenschaftlichen Beirates des VDA

Der Karfunkelsalmler lebt im peruanischen Teil des Amazonas oberhalb Iquitos. Der ruhige Schwarmfisch belebt die mittleren Wasserzonen, er wird etwa 5 cm lang.

Einleitung

Den Fischen einen gesunden „Lebensraum im Glase" bieten zu können, setzt ein gewisses Verständnis für ihr Verhalten und die biologischen und chemischen Verhältnisse in Natur und Aquarium voraus. Das eingerichtete Aquarium stellt nur bedingt ein Stück Natur in der Wohnung dar, es ist eher mit einem künstlich und eventuell auch künstlerisch angelegten Garten zu vergleichen.

Die meisten Aquarienfische stammen aus den Tropen und leben in extrem sauberen Gewässern mit niedrigem Leitwert und geringer Härte, einem optimalen Sauerstoffgehalt und oft vielen gelösten organischen Substanzen. Es besteht heute zwar die Möglichkeit, mit chemisch-physikalischen Mitteln das Wasser den Werten der Heimatgewässer anzupassen, jedoch wird es kaum gelingen, ihren Sauberkeitsgrad zu erreichen. Das liegt ganz einfach an dem minimalen Volumen der Aquarien. In der Natur stehen dem einzelnen Fisch riesige Wassermengen zur Verfügung, aus denen er seine Nahrung bezieht und in die er seine Ausscheidungen abgibt. Im Aquarium ist die Verdünnung der Fäkalien dagegen sehr gering. Je mehr Fische darin schwimmen, desto stärker ist das Wasser belastet. Verunreinigtes Wasser beherbergt wiederum Mikroorganismen, die der Gesundheit der Fische abträglich sind. Viele davon sind Bakterien und Pilze, welche im Bodengrund oder Wasser leben, die aber auch Krankheiten hervorrufen können. In freier Natur wird der Fisch auf Grund der großen Wassermenge nicht oft damit konfrontiert. Eine Infektion kann leicht abgewehrt werden. Im geschlossenen Kreislauf des Aquariums reichern sich die Krankheitserreger an. Der Fisch nimmt sie ständig auf. Sein Organismus ist immer in einem gewissen Maße damit beschäftigt, die Vermehrung der Erreger in und an seinem Körper zu verhindern. Dies wird ihm ohne weiteres gelingen, wenn er gesund ernährt wird und sich auch sonst in seinem Element wohl fühlt. Eben wenn Einrichtung und chemische Wasserwerte seinen Bedürfnissen entsprechen.

Aber auch den Krankheitserregern kann das Überleben erschwert werden, indem man auf Hygiene achtet. So sind tote und kranke Fische sofort aus dem Aquarium zu nehmen. Mulmansammlungen in Bodenmulden und Winkeln der Dekoration müssen verhindert werden. Die Keimzahl im Wasser kann durch eine UV-Lampe im Filterrücklauf wirkungsvoll reduziert werden.

Ähnlich wie in den Gewässern der freien Natur laufen im Aquarium auch biologische Selbstreinigungsprozesse ab. Diese zu kennen und zu fördern ist Voraussetzung für die Pflege des Wassers und steht aus den voran genannten Gründen in direktem Zusammenhang mit der Gesundheit der Fische. Darum sei an dieser Stelle auf die im Literaturverzeichnis genannten Bücher über Wasserchemie und Aquarienhygiene verwiesen. Je besser es gelingt, diese Prozesse zu fördern und dadurch das Wasser über längere Zeit auf einem hohen Qualitätsniveau zu halten, desto seltener werden Krankheiten auftreten.

Das Literaturverzeichnis bietet dem Autodidakten die Möglichkeit, sich selbständig tiefer in die Themen der Aquaristik, Biologie, Fischkrankheiten, Parasitologie und Mikroskopie einzuarbeiten.

Ich danke meiner Frau Helga für ihr Verständnis und ihre Unterstützung während der Entstehung des Buches. Herrn Prof. Dr. ROLF GEISLER danke ich für das Lesen des Manuskriptes. Herrn Dr. BAUER, ehemals Uni. Hohenheim, danke ich für die systematische Einordnung der Kiemenwürmer Dactylogyridea und der Nematoden Oxyurida. Auch den vielen Aquarianern und Züchtern, die oft lange Wege in Kauf nahmen, um mir kranke Fische zu bringen, möchte ich herzlich danken. Mein besonderer Dank gilt aber den Mitarbeitern des Lektorats Biologie des Kosmos-Verlages, die meinen Wünschen und Vorstellungen immer entgegenkamen.

DIETER UNTERGASSER

Die in diesem Buch enthaltenen Ratschläge und Behandlungsvorschläge sind vom Autor sorgfältig ausgewählt und überprüft worden. Trotzdem können sie, aufgrund der unterschiedlichen chemischen Verhältnisse in Aquarien, nicht übernommen werden, ohne vom Anwender auf ihre Verwertbarkeit (Verträglichkeit) in seinem Aquarienwasser geprüft worden zu sein.
Der Autor kann nicht dafür gewährleisten, daß die angeführten Medikamente und Chemikalien im Aquarienwasser mit Kunststoffen oder kunststoffähnlichen Materialien, sowie mit den immer häufiger im Trinkwasser enthaltenen Chemikalien und Giftstoffen, keine kontraindikatorische Wirkung haben.
Jegliche Haftung und Gewähr, für die in diesem Buch befindlichen Anleitungen, Vorschläge oder Rezepturen, ist seitens des Autors oder des Verlages für Personen-, Sach- oder Vermögensschäden ausgeschlossen.

1. Kapitel

Diagnosetafeln

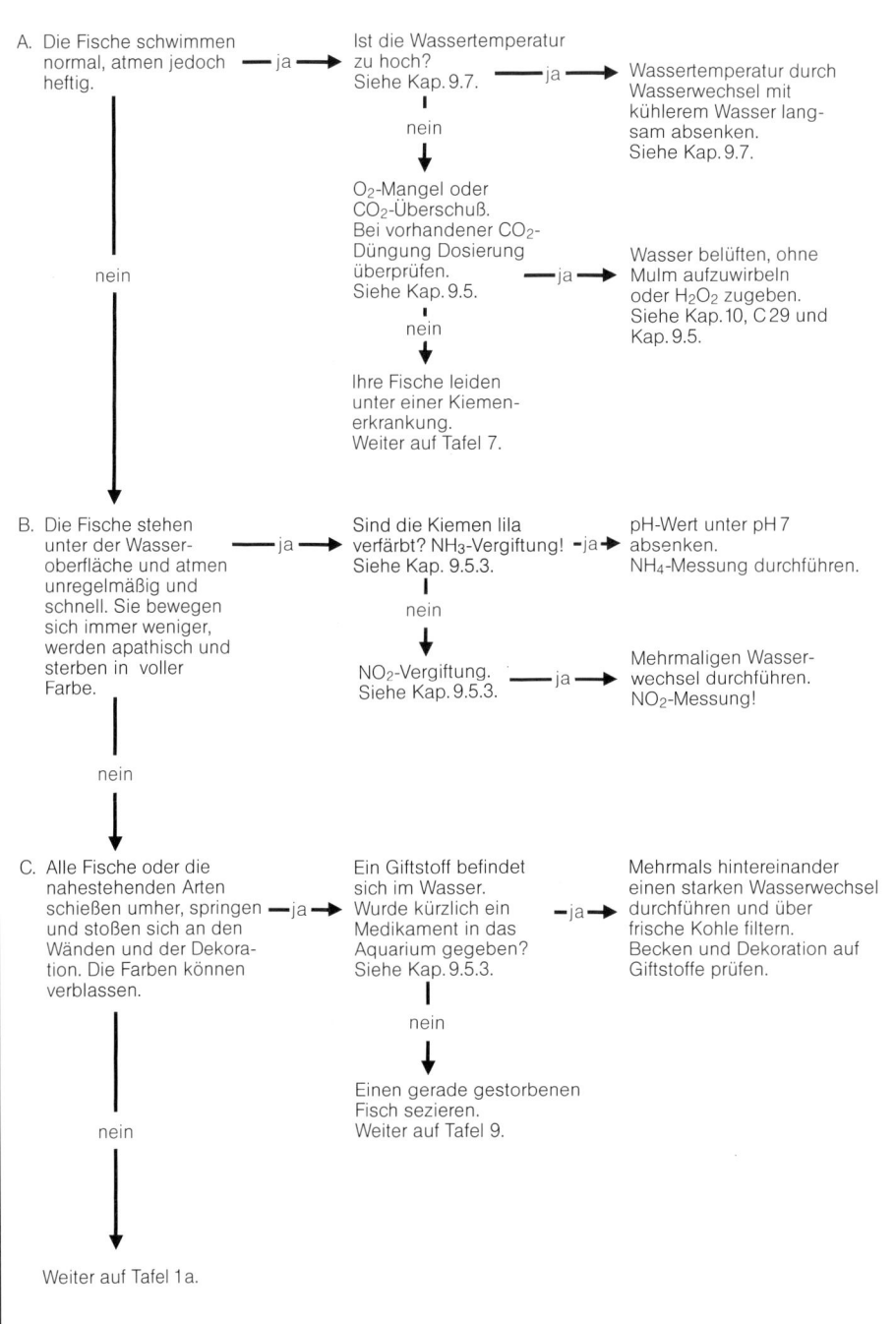

Tafel 1 a: Verhaltensstörungen

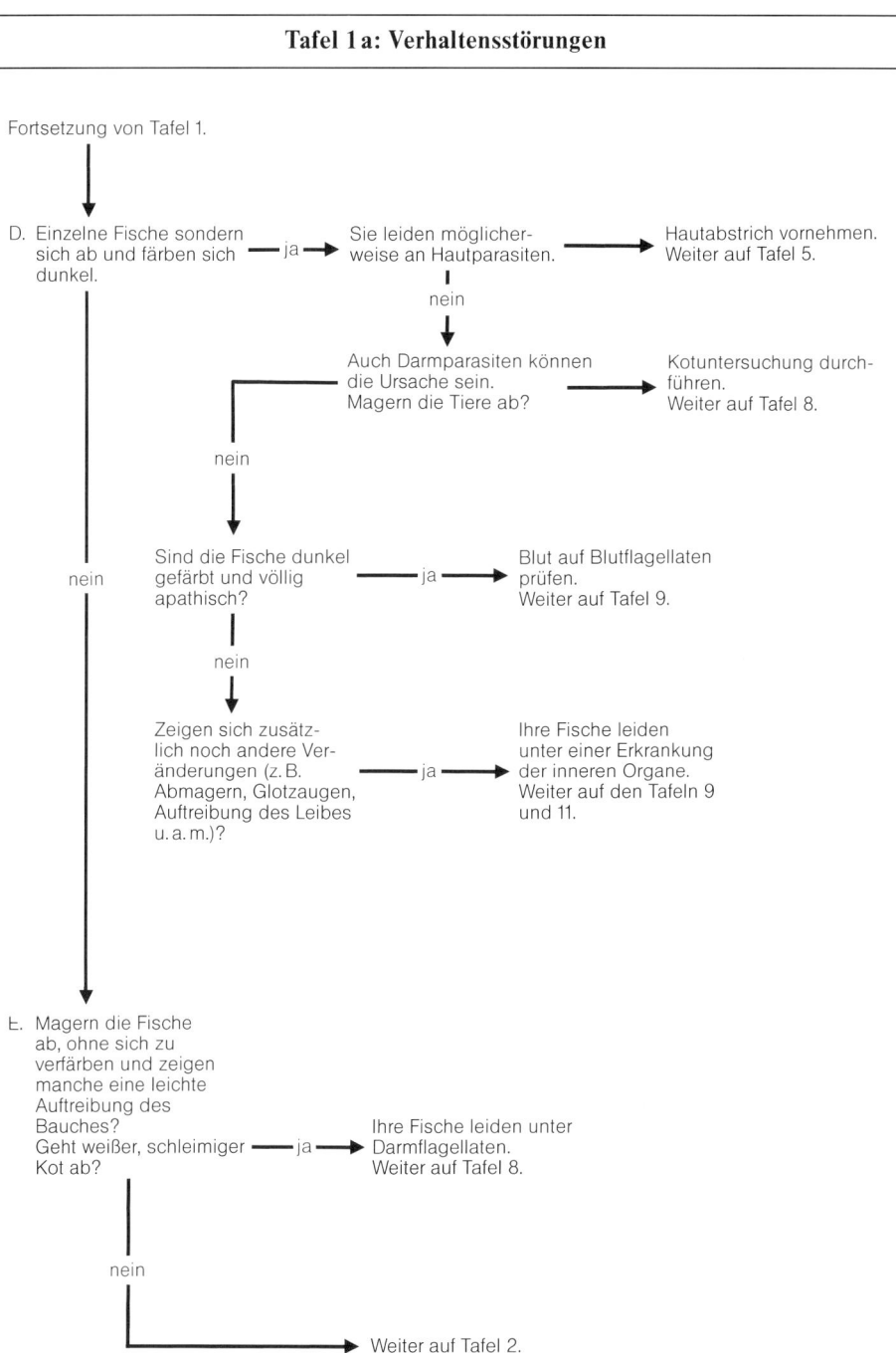

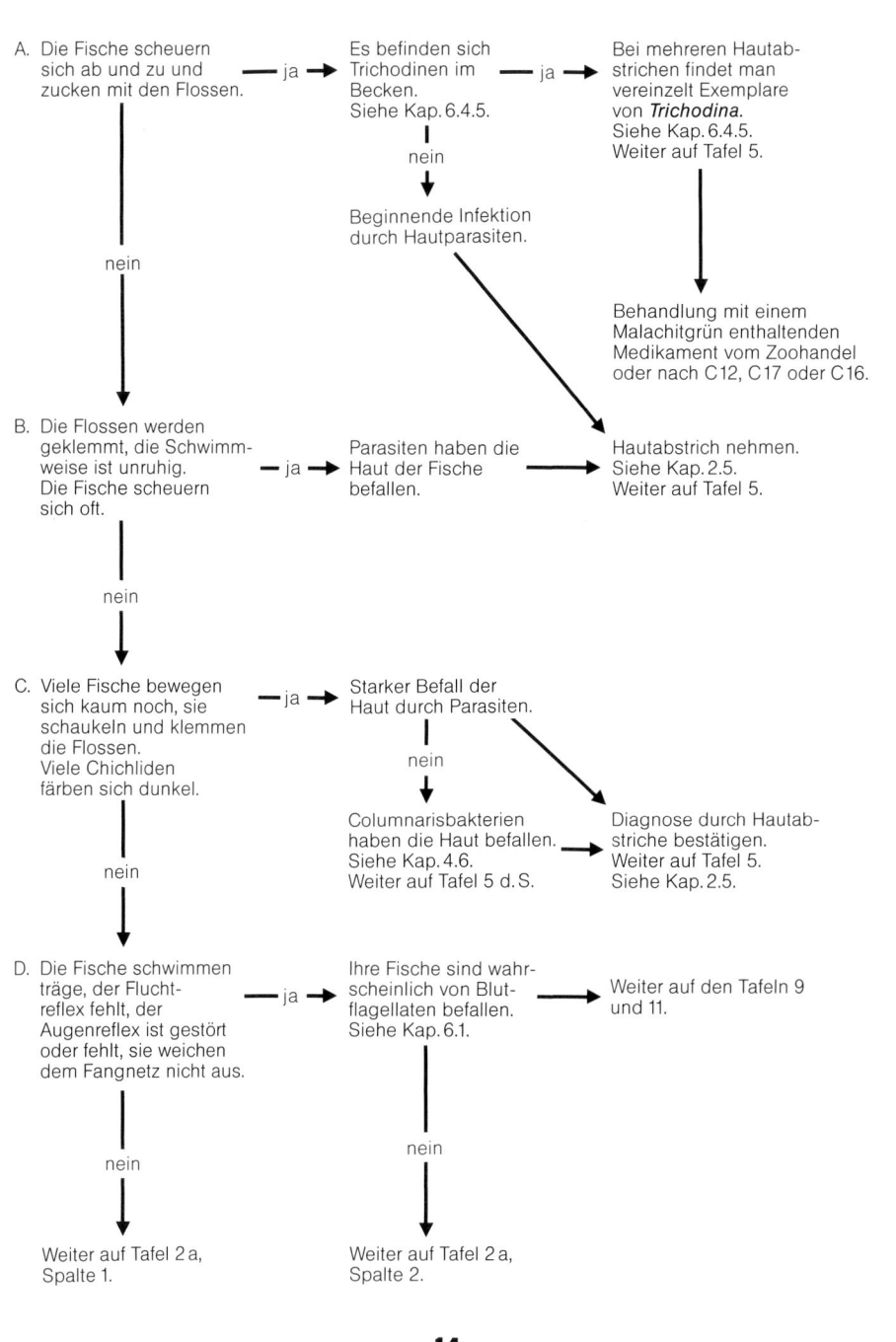

Tafel 2 a: Bewegungsstörungen

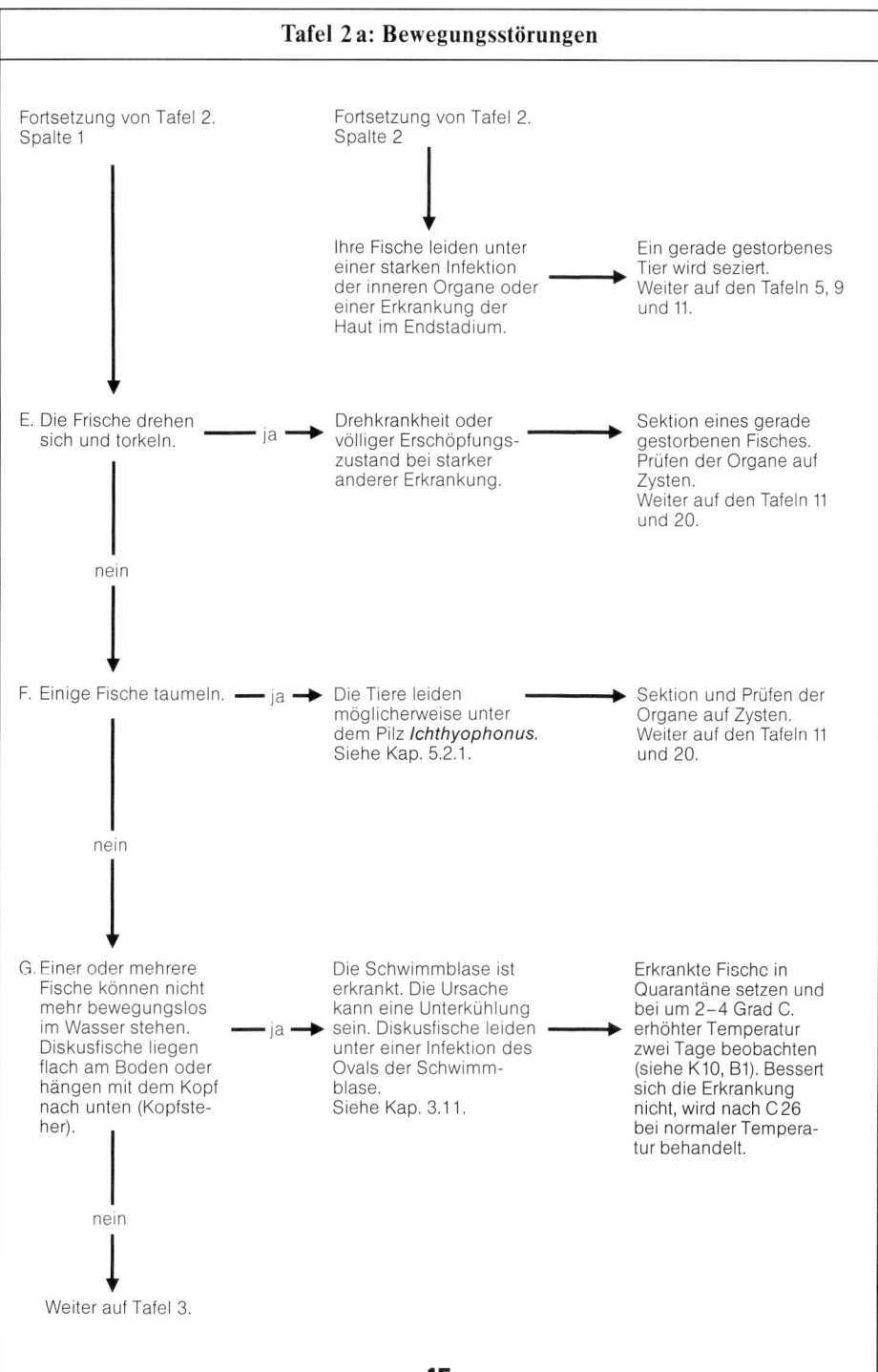

Tafel 3: Körperveränderungen

A. Treten bei jungen Fischen Verkrüppelungen oder Mißbildungen auf? —ja→ Es kann sich um einen erblichen Schaden handeln. → Tiere mit Erbkrankheiten dürfen nicht zur Zucht genommen werden. Siehe Kap. 9.2.

↓ nein

Entwicklungsstörungen. Die Tiere haben verkürzte, abstehende oder gerollte Kiemendeckel. Oft treten auch Flossendeformationen auf. → Nicht erblich, meist auf einen Mangel während der Entwicklungsphase zurückzuführen. Siehe Kap. 9.3.

nein

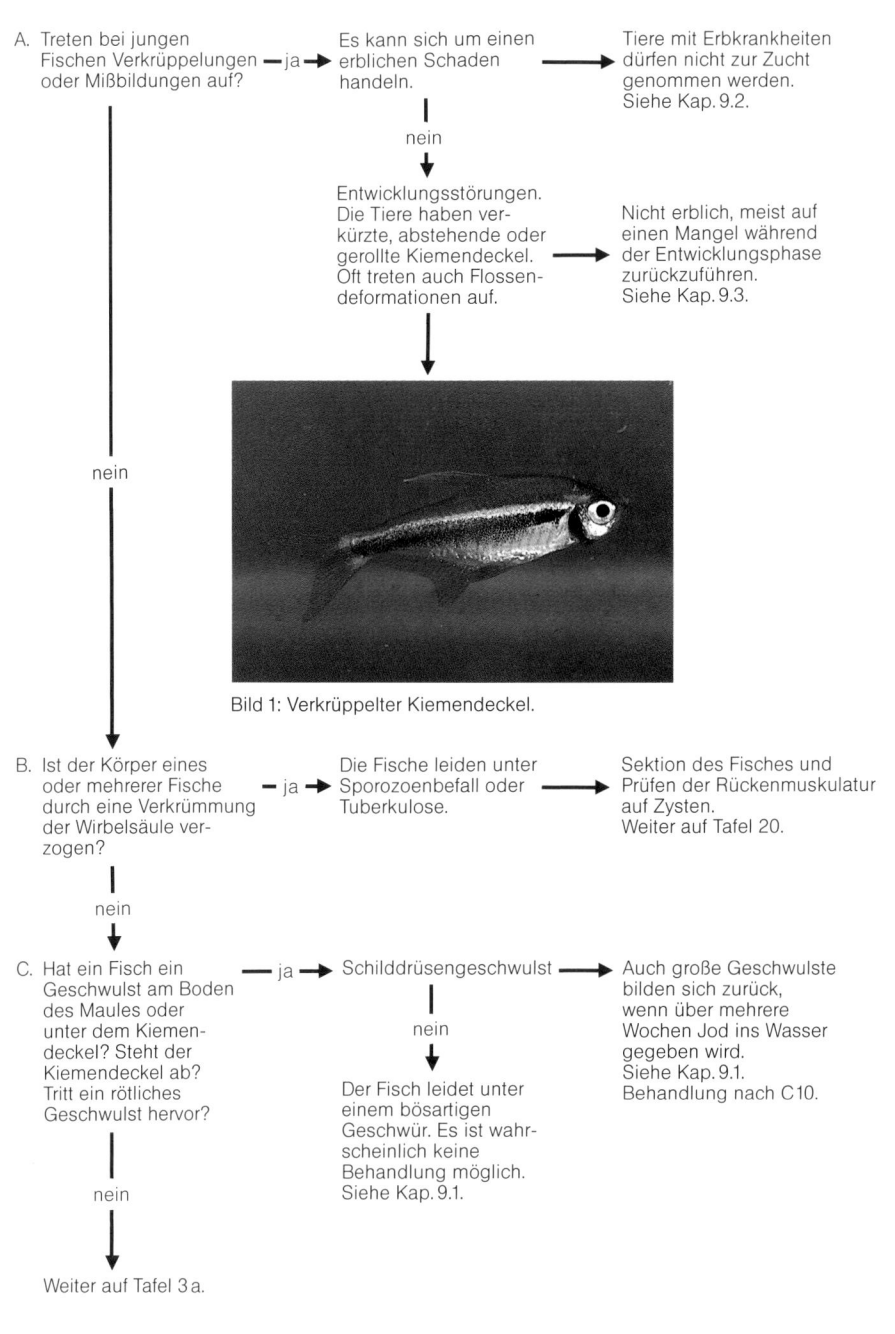

Bild 1: Verkrüppelter Kiemendeckel.

B. Ist der Körper eines oder mehrerer Fische durch eine Verkrümmung der Wirbelsäule verzogen? —ja→ Die Fische leiden unter Sporozoenbefall oder Tuberkulose. → Sektion des Fisches und Prüfen der Rückenmuskulatur auf Zysten. Weiter auf Tafel 20.

↓ nein

C. Hat ein Fisch ein Geschwulst am Boden des Maules oder unter dem Kiemendeckel? Steht der Kiemendeckel ab? Tritt ein rötliches Geschwulst hervor? —ja→ Schilddrüsengeschwulst → Auch große Geschwulste bilden sich zurück, wenn über mehrere Wochen Jod ins Wasser gegeben wird. Siehe Kap. 9.1. Behandlung nach C 10.

↓ nein

Der Fisch leidet unter einem bösartigen Geschwür. Es ist wahrscheinlich keine Behandlung möglich. Siehe Kap. 9.1.

↓ nein

Weiter auf Tafel 3a.

Tafel 3 a: Körperveränderungen

Fortsetzung von Tafel 3.

D. Treten die Augen langsam hervor? Glotzaugen, Exophthalmus. — ja → Der Fisch leidet unter einer bakteriellen Infektion der inneren Organe. Meist äußern sich Tuberkulose und Bauchwassersucht auf diese Art und Weise. → Sektion des Fisches, Prüfen der Leibeshöhlenflüssigkeit und der Organe auf Bakterien. Weiter auf Tafel 11.

nein ↓

E. Ein oder mehrere Fische haben einen aufgetriebenen Leib. — ja → Hier kann es sich um die verschiedensten Krankheiten handeln. Weiter auf Tafel 11.

nein ↓

F. Manche Fische magern ab und bilden einen Messerrücken aus. Der Leib ist eingefallen, die Fische färben sich dunkel. Die Augen können einfallen. — ja → Wahrscheinlich leiden Ihre Fische an einem Geißeltier- oder Wurmbefall des Darmes. → Kotabstrich mit dem Mikroskop untersuchen. Weiter auf Tafel 8.

nein

Tuberkulose oder Bauchwassersucht können ebenfalls die Ursache sein. → Sektion des betroffenen Tieres. Weiter auf den Tafeln 9 und 11.

nein ↓

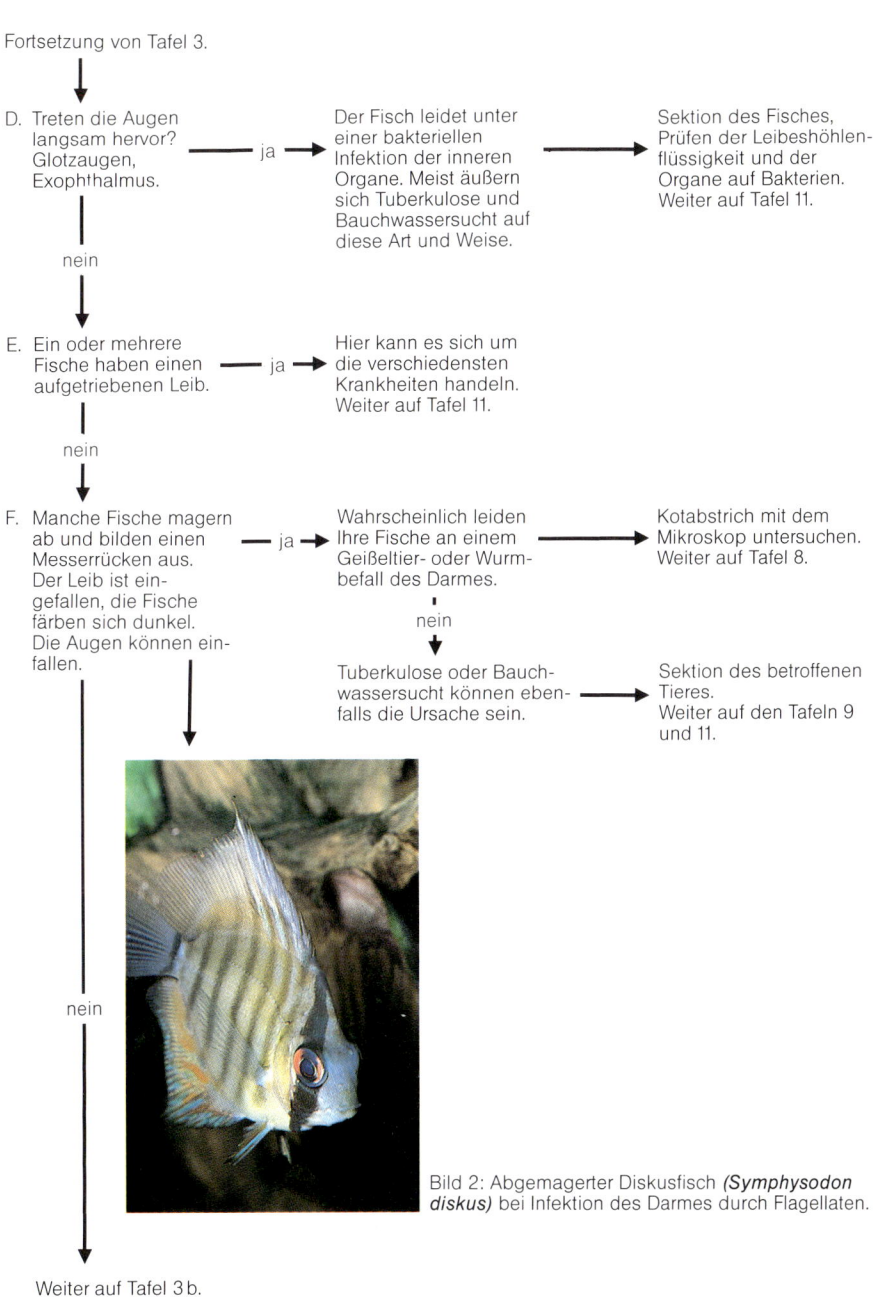

Bild 2: Abgemagerter Diskusfisch *(Symphysodon diskus)* bei Infektion des Darmes durch Flagellaten.

Weiter auf Tafel 3 b.

Tafel 3 b: Körperveränderungen

Fortsetzung von Tafel 3a.

G. Die Augen eines oder mehrerer Fische werden trübe. – ja → Wurden die Fische gerade in einem Plastikeimer transportiert? — ja → Die Hornhaut ist etwas abgerieben. Sie erneuert sich im Laufe von zwei Tagen. Zur Sicherheit kann etwas Methylenblau ins Wasser gegeben werden. Kap. 10, C17d und C1a.

nein ↓

Im Auge befinden sich Wurmlarven (Wurmstar). Mit der Lupe nachschauen. — ja → Die Krankheit kann sich im Aquarium nicht ausbreiten. Die Tiere können mit der Behinderung lange Zeit leben.

nein ↓

Das Auge ist durch Bakterien infiziert. Fisch in Quarantäne setzen und nach Methode C17b und C1b behandeln. Die Untersuchung kann mit Abstrichen weitergeführt werden. Weiter auf Tafel 5, dann auf 21.

nein ↓

H. Das Auge wird nicht trübe, sondern von innen her zerstört und fällt ein. Die Fische sterben daran. – ja → Es liegt eine Pilzinfektion vor. ⟶ Eine Behandlung ist nach C9 möglich, aber meist nicht erfolgreich. Befallene Fische sofort in Quarantäne setzen.

nein ↓

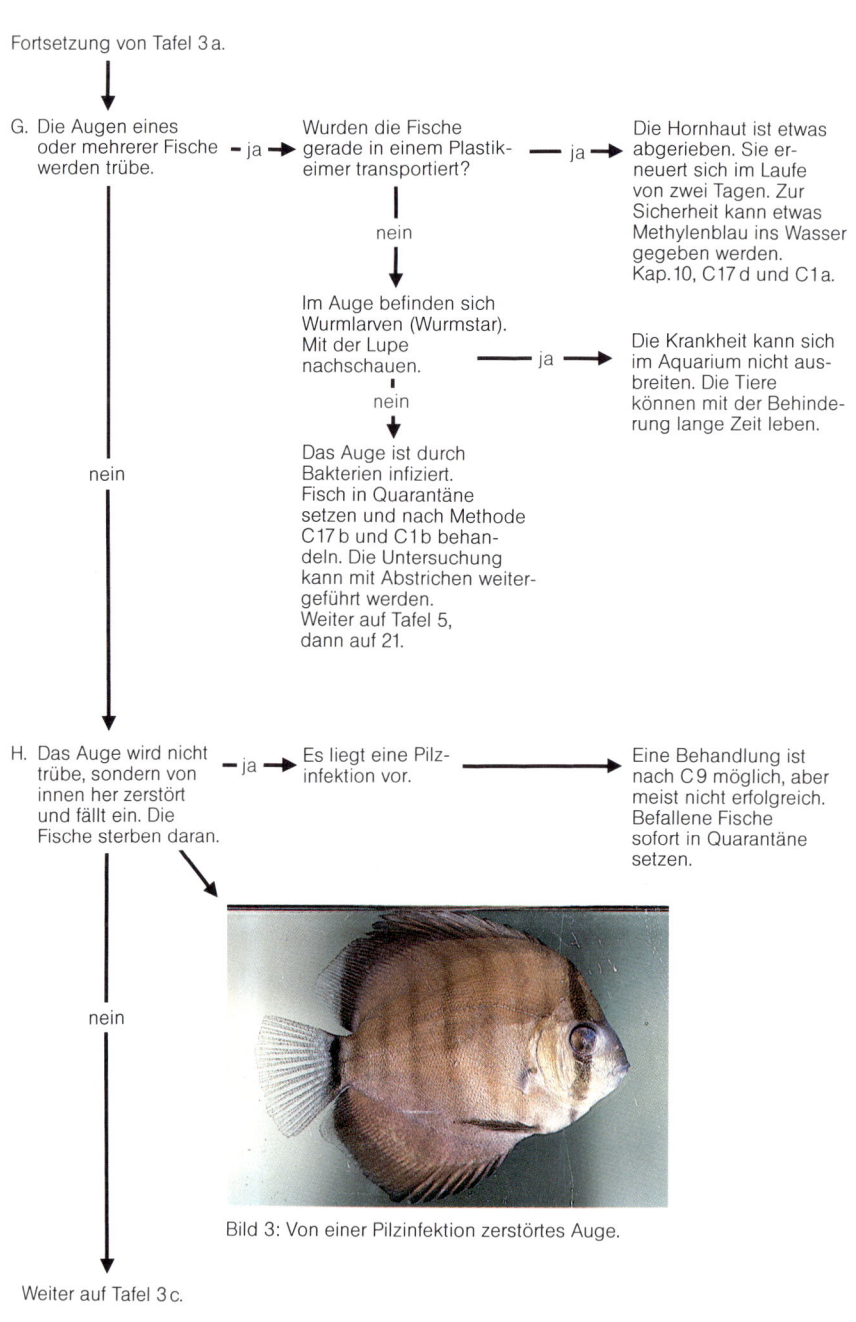

Bild 3: Von einer Pilzinfektion zerstörtes Auge.

Weiter auf Tafel 3c.

Tafel 3 c: Körperveränderungen

Fortsetzung von Tafel 3 b.

I. Ihr Fisch hat eine Verletzung durch Kämpfe mit Artgenossen erlitten oder hat sich an der Dekoration eine Wunde zugefügt. Siehe Kapitel 9.4. →ja→ Der Fisch muß sofort in ein Quarantänebecken umgesetzt werden. Um einer Infektion der Wunde durch Pilze und Bakterien vorzubeugen, wird nach C 17 d und C 23 behandelt.

↓ nein

K. Der Fisch sieht aus als seien ihm kleine Stücke aus dem Körper gerissen worden. Die Wundränder sind blutig. →ja→ Das Tier hat eine offene Tuberkulose. Vorsicht! Nicht mit Wunden an den Händen ins Wasser langen! Siehe Kapitel 4.7. → Nehmen Sie Abstriche in den Wunden und stellen Sie Präparate her. Weiter auf den Tafeln 20 und 21.

↓ nein

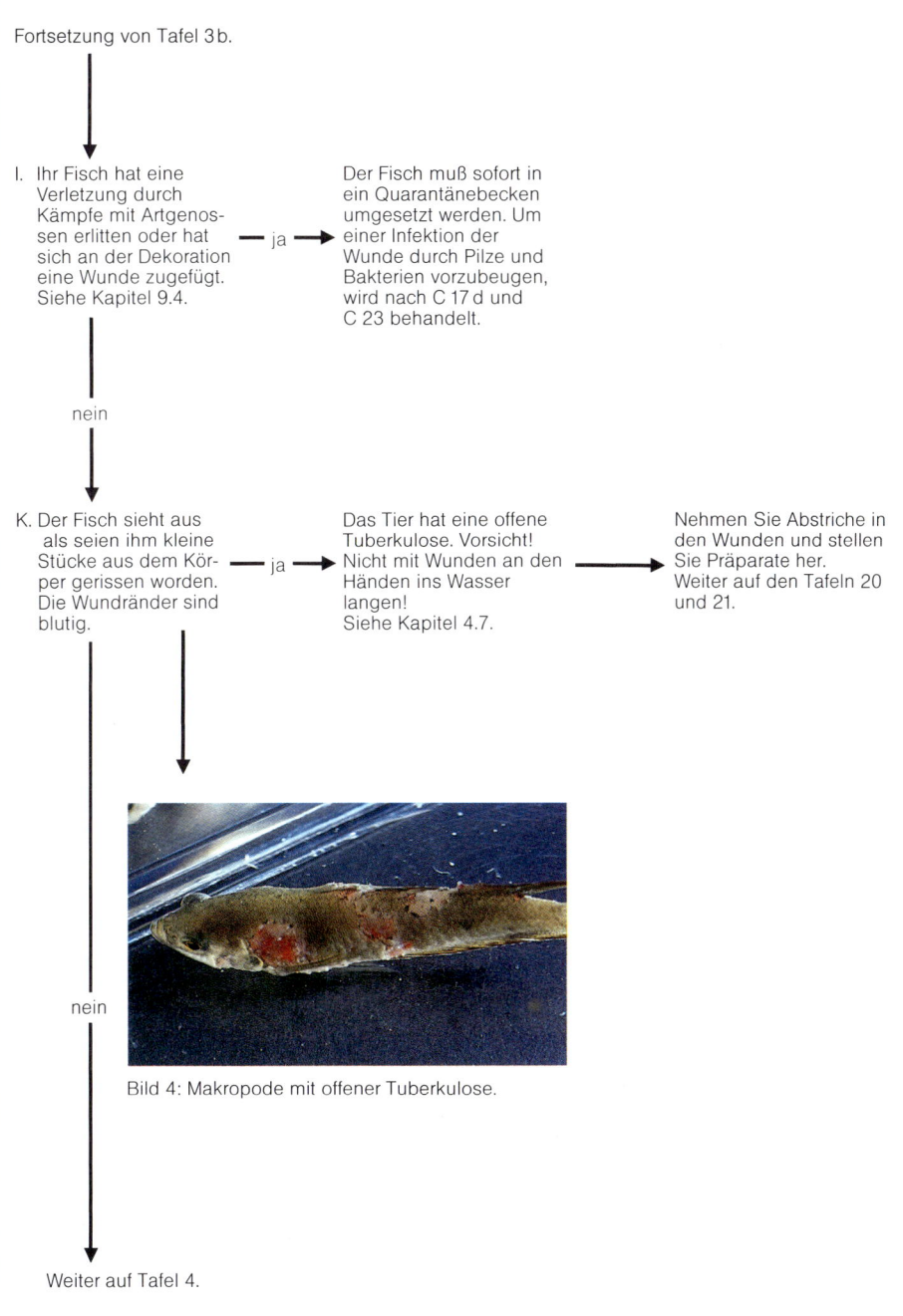

Bild 4: Makropode mit offener Tuberkulose.

Weiter auf Tafel 4.

Tafel 4: Farbänderungen

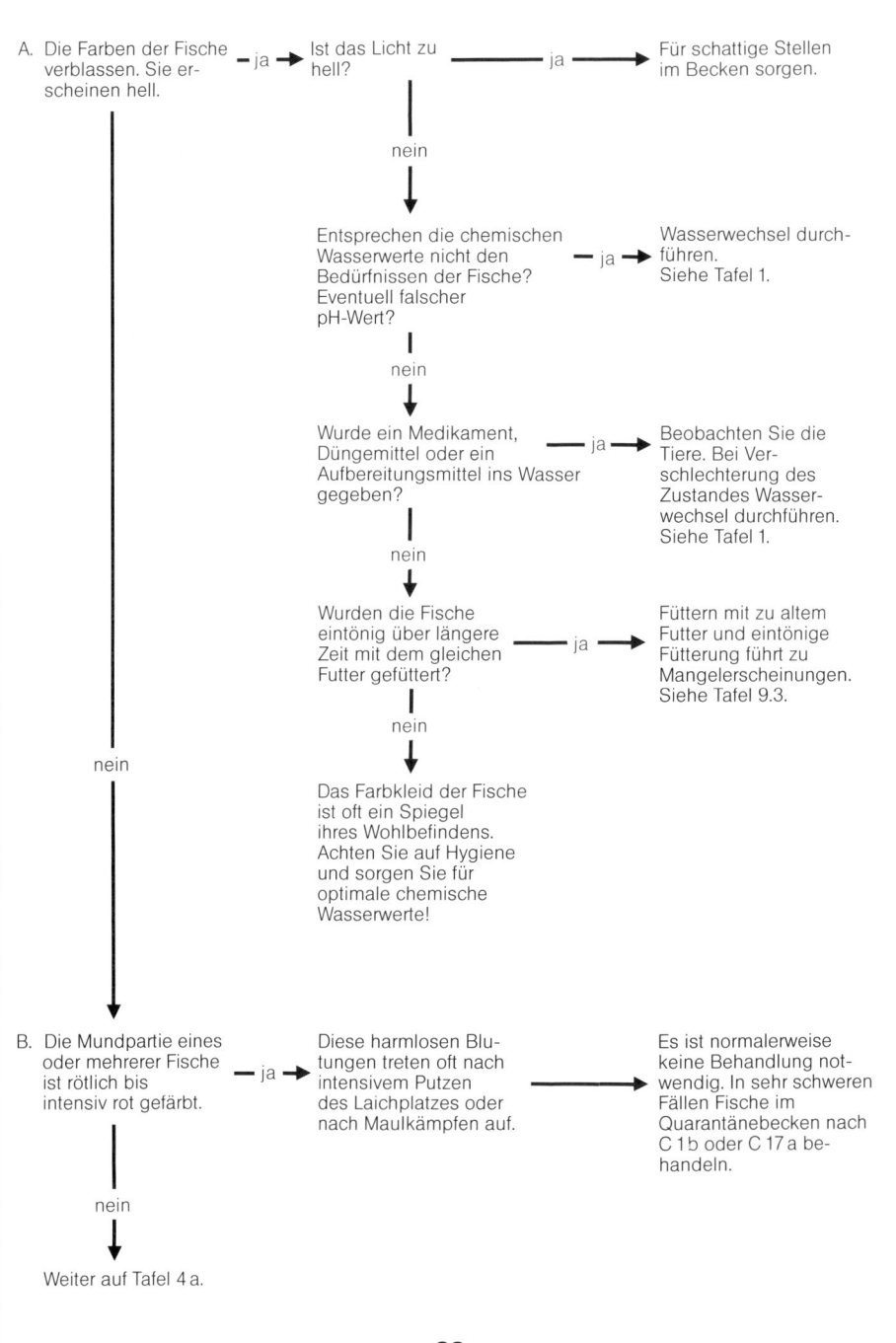

Tafel 4 a: Farbänderungen

Fortsetzung von Tafel 4.

C. Tritt eine Schwarzfärbung von ganzen Körperteilen ein? — ja → Nervenbahnen, die der Farbsteuerung der Haut dienen, sind geklemmt oder erkrankt. → Befindet sich ein Geschwulst hinter einem Kiemendeckel? Weiter auf Tafel 3 c.

nein ↓

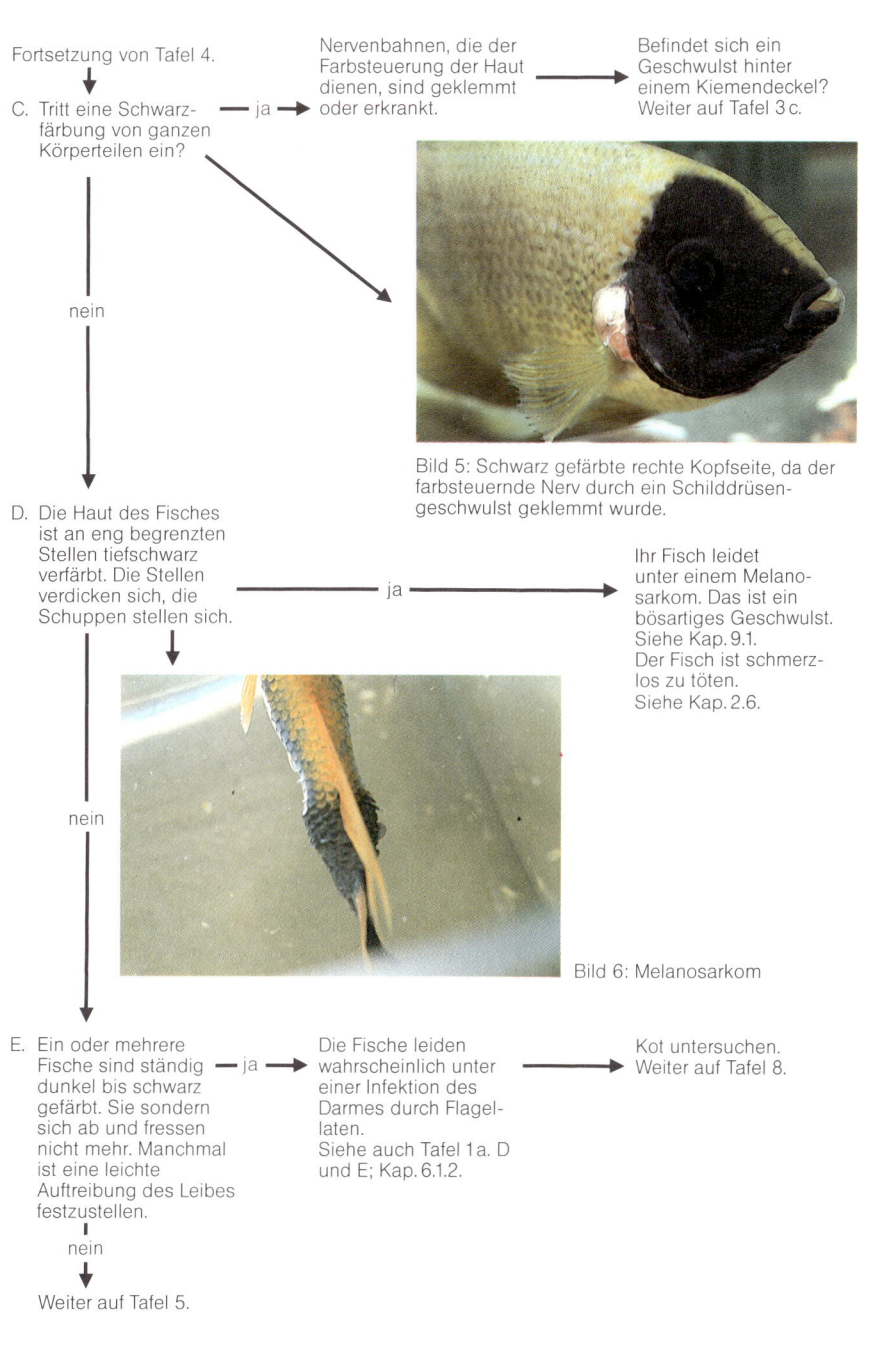

Bild 5: Schwarz gefärbte rechte Kopfseite, da der farbsteuernde Nerv durch ein Schilddrüsengeschwulst geklemmt wurde.

D. Die Haut des Fisches ist an eng begrenzten Stellen tiefschwarz verfärbt. Die Stellen verdicken sich, die Schuppen stellen sich. — ja → Ihr Fisch leidet unter einem Melanosarkom. Das ist ein bösartiges Geschwulst. Siehe Kap. 9.1. Der Fisch ist schmerzlos zu töten. Siehe Kap. 2.6.

nein ↓

Bild 6: Melanosarkom

E. Ein oder mehrere Fische sind ständig dunkel bis schwarz gefärbt. Sie sondern sich ab und fressen nicht mehr. Manchmal ist eine leichte Auftreibung des Leibes festzustellen. — ja → Die Fische leiden wahrscheinlich unter einer Infektion des Darmes durch Flagellaten. Siehe auch Tafel 1a. D und E; Kap. 6.1.2. → Kot untersuchen. Weiter auf Tafel 8.

nein ↓

Weiter auf Tafel 5.

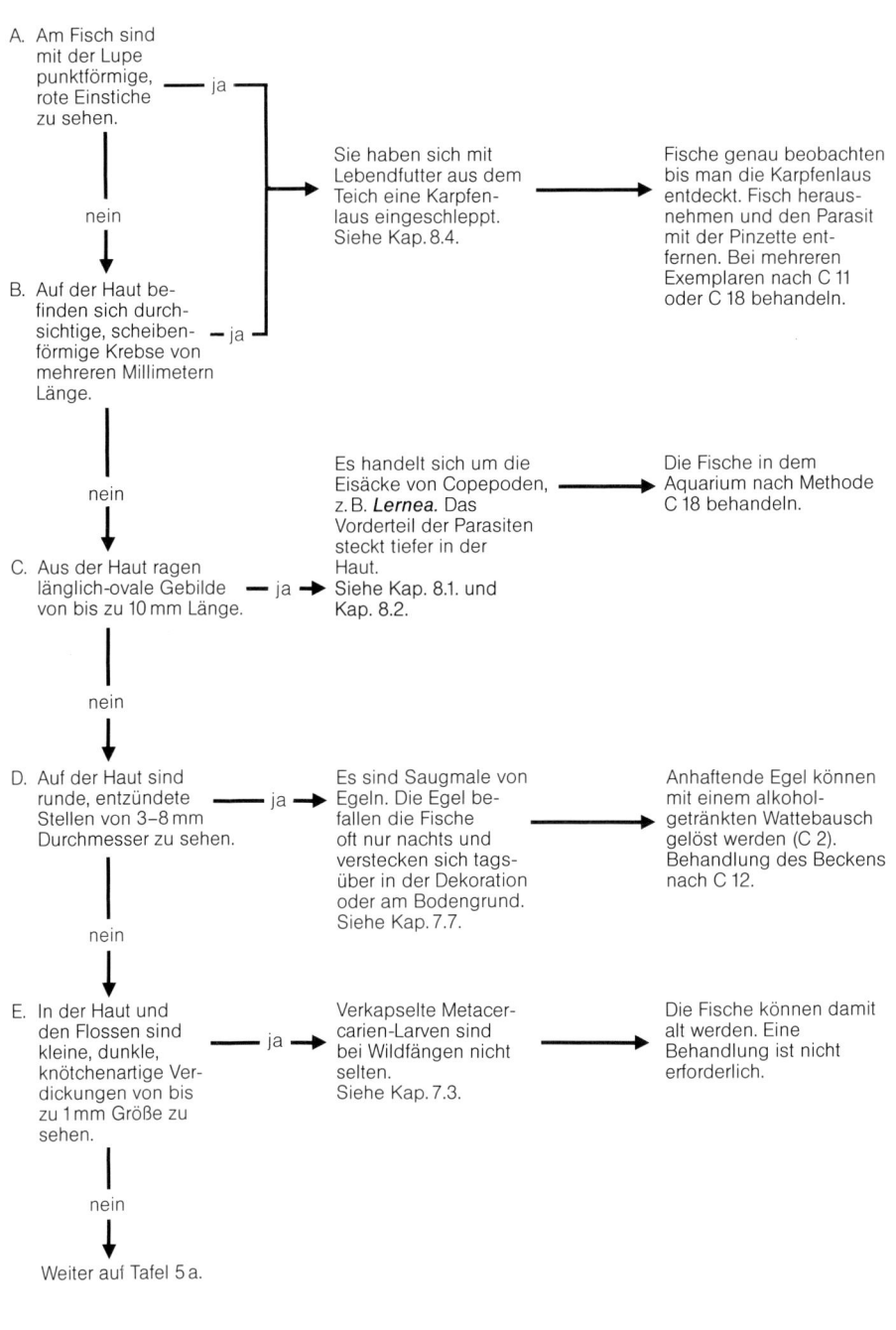

Tafel 5a: Schleimhaut

Fortsetzung von Tafel 5.
↓
F. Die Fische sehen wie mit Gries bestreut aus. Die Erhebungen sind weiß und 0,5 bis 1,5 mm im Durchmesser. Im Endstadium löst sich die Haut in Fetzen ab. → ja → Wenn es sich um Süßwasserfische handelt, sind sie von dem Einzeller *Ichthyophthirius* befallen. Siehe Kap. 6.4.1. → Abstriche nehmen und die Behandlung sofort beginnen, ein Zögern kann für viele Fische tödlich sein. Behandlung nach C 16.

nein
↓
Seewasserfische leiden unter *Cryptocarion irritans.* Siehe Kap. 6.4.2. Größe 1–2 mm. → Es kann zwischen den Methoden C 14 und C 15 gewählt werden. Diagnose durch Abstriche sichern.

nein
↓
G. Man sieht einzelne weiße Punkte an der Haut. Ihre Größe ist 0,3 bis 1 mm.
ja
↓
Sie haben eine beginnende *Ichthyophthyrius*-Infektion an Ihren Süßwasserfischen entdeckt.
↓
Die Behandlung kann nach B 1 oder B 2 durchgeführt werden. Die schnellste Methode ist C 16.

Bild 7: *Ichthyophthirius multifilii* an einem Feuermaulbuntbarsch *(Chichlasoma meeki).*

nein
↓
H. Auf der Haut bilden sich weißlich durchscheinende Stellen mit klar erkennbaren Grenzen und von 1–3 cm Größe. Oft nur zu sehen, wenn der Fisch frontal zum Beobachter steht. → ja → Ihre Fische leiden unter dem einzelligen Wimpertier *Chilodonella.* Siehe Kap. 6.4.3. → Im Abstrichpräparat sind oft mehrere der Erreger zu finden. Die Behandlung wird nach C 12, C 17, C 16 oder C 1 b durchgeführt.

nein
↓
Weiter auf Tafel 5 b.

Bild 8: *Symphysodon diskus* mit *Chilodonella*-Infektion.

Tafel 5 b: Schleimhaut

Fortsetzung von Tafel 5 a.

I. Starke Schleimabsonderung bei Seewasserfischen verbunden mit Appetitlosigkeit, Trägheit und starker Atmung. Im Endstadium treten flächige Hautablösungen auf.

— ja → Ihre Fische leiden unter einem Befall von *Brooklynella hostilis*. Siehe Kap. 6.4.4. → Bei dem geringsten Verdacht sofort Haut- und Kiemenabstriche nehmen, um den Parasiten sicher nachzuweisen. Sofort nach C 16 b oder C 7 behandeln.

Die Fische sind von *Dodinium* befallen. Es tritt in Süß- und Seewasser auf. Siehe Kap. 6.1.3.3. → Hautabstrich nehmen und das Präparat mit dem Mikroskop untersuchen.

↓ nein

K. Auf der Schleimhaut und an den Schuppenrändern sitzen winzige, schmutzigweiße bis gelblich gefärbte Pünktchen, die bis zu 0,3 mm groß werden (Lupe nehmen).

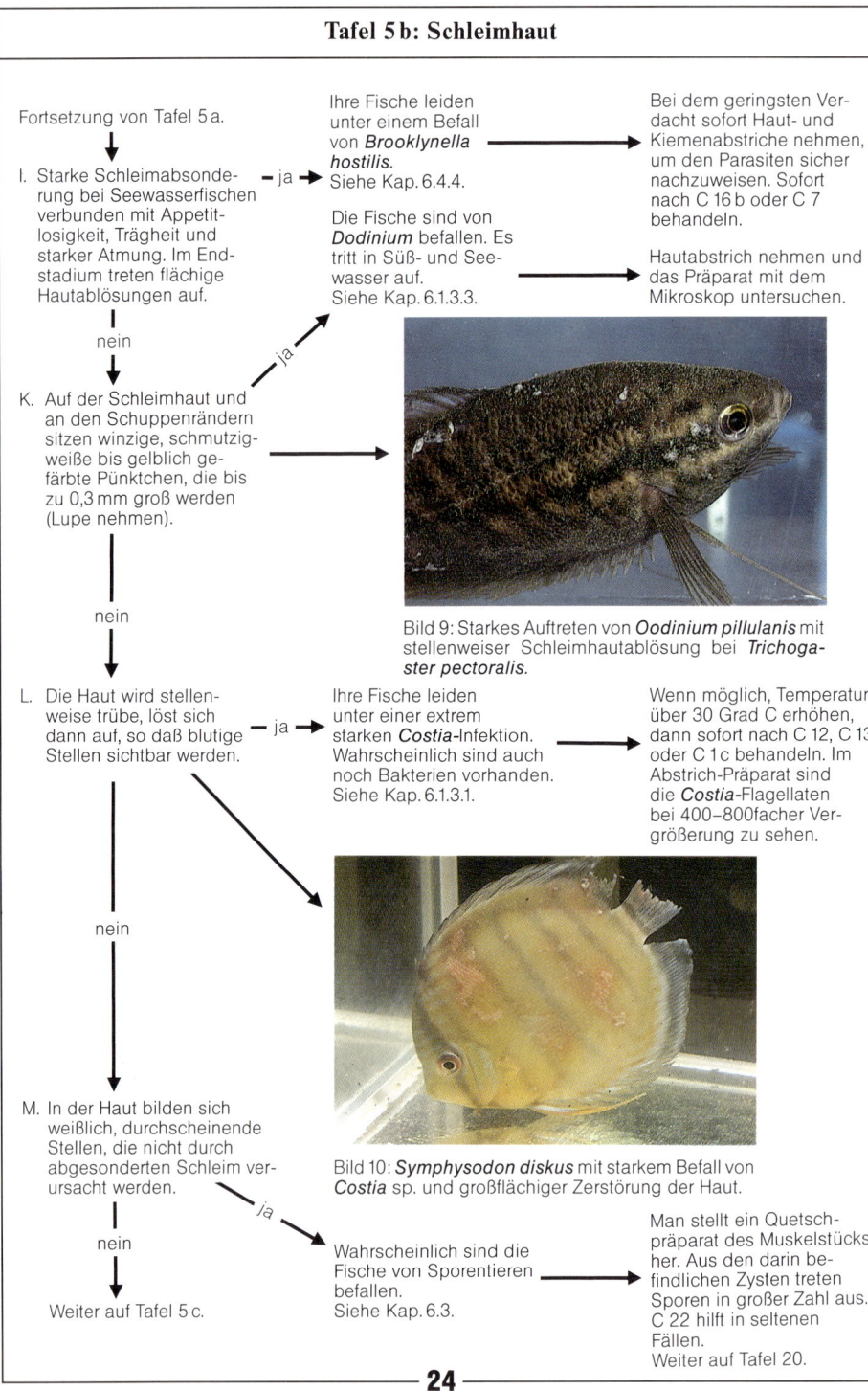

Bild 9: Starkes Auftreten von *Oodinium pillulanis* mit stellenweiser Schleimhautablösung bei *Trichogaster pectoralis*.

↓ nein

L. Die Haut wird stellenweise trübe, löst sich dann auf, so daß blutige Stellen sichtbar werden.

— ja → Ihre Fische leiden unter einer extrem starken *Costia*-Infektion. Wahrscheinlich sind auch noch Bakterien vorhanden. Siehe Kap. 6.1.3.1. → Wenn möglich, Temperatur über 30 Grad C erhöhen, dann sofort nach C 12, C 13 oder C 1c behandeln. Im Abstrich-Präparat sind die *Costia*-Flagellaten bei 400–800facher Vergrößerung zu sehen.

↓ nein

M. In der Haut bilden sich weißlich, durchscheinende Stellen, die nicht durch abgesonderten Schleim verursacht werden.

Bild 10: *Symphysodon diskus* mit starkem Befall von *Costia* sp. und großflächiger Zerstörung der Haut.

↓ nein

Weiter auf Tafel 5 c.

— ja → Wahrscheinlich sind die Fische von Sporentieren befallen. Siehe Kap. 6.3. → Man stellt ein Quetschpräparat des Muskelstücks her. Aus den darin befindlichen Zysten treten Sporen in großer Zahl aus. C 22 hilft in seltenen Fällen. Weiter auf Tafel 20.

Tafel 5 c: Schleimhaut

Fortsetzung von Tafel 5 b.
↓

N. Bei Neonfischen ist das Farbband unterbrochen, die Muskulatur scheint trübe und weiß durch. — ja → Die Fische leiden unter einem Befall der Sporentiere **Pleistophora**. Siehe Kap. 6.3.3.1. → Eine Behandlung ist nicht möglich, die Tiere sind abzutöten. Weiter auf Tafel 20.

↓ nein

O. Eine Trübung der Haut tritt auf. Das Farbband bei Neonfischen wirkt an dieser Stelle blaß. — ja → Ist der pH-Wert zu hoch? — ja → Ursache ergründen, pH-Wert durch Wasserwechsel absenken. Siehe Kap. 9.5.2.

↓ nein

Befall der Haut von Parasiten oder Bakterien. Abstrich nehmen.

↓ nein

P. Die Haut sondert stark Schleim ab. Sie ist stellenweise trübe und entzündet. — ja → Entspricht der pH-Wert den Bedürfnissen der Fische? — ja → Die Haut ist entweder stark von Parasiten oder Bakterien infiziert.

↓ nein

Auch extreme Abweichungen des pH-Wertes führen zur Schleimproduktion der Haut, pH-Wert durch Wasserwechsel wieder einstellen. Siehe Kap. 9.5.2.

↓ nein

Q. Aus weißen und rot geränderten Verletzungen der Haut wachsen weiße Fäden und bilden dann ein wattebauschartiges Gebilde. — ja → Die Wunde wurde von Pilzen infiziert. Siehe Kap. 5.1. → Schnelle Gegenmaßnahmen sind erforderlich. Fisch in Quarantäne setzen. Man behandelt nach C 12, C 17 b, C 13, C 9 oder C 23.

↓ nein

Weiter auf Tafel 5 d.

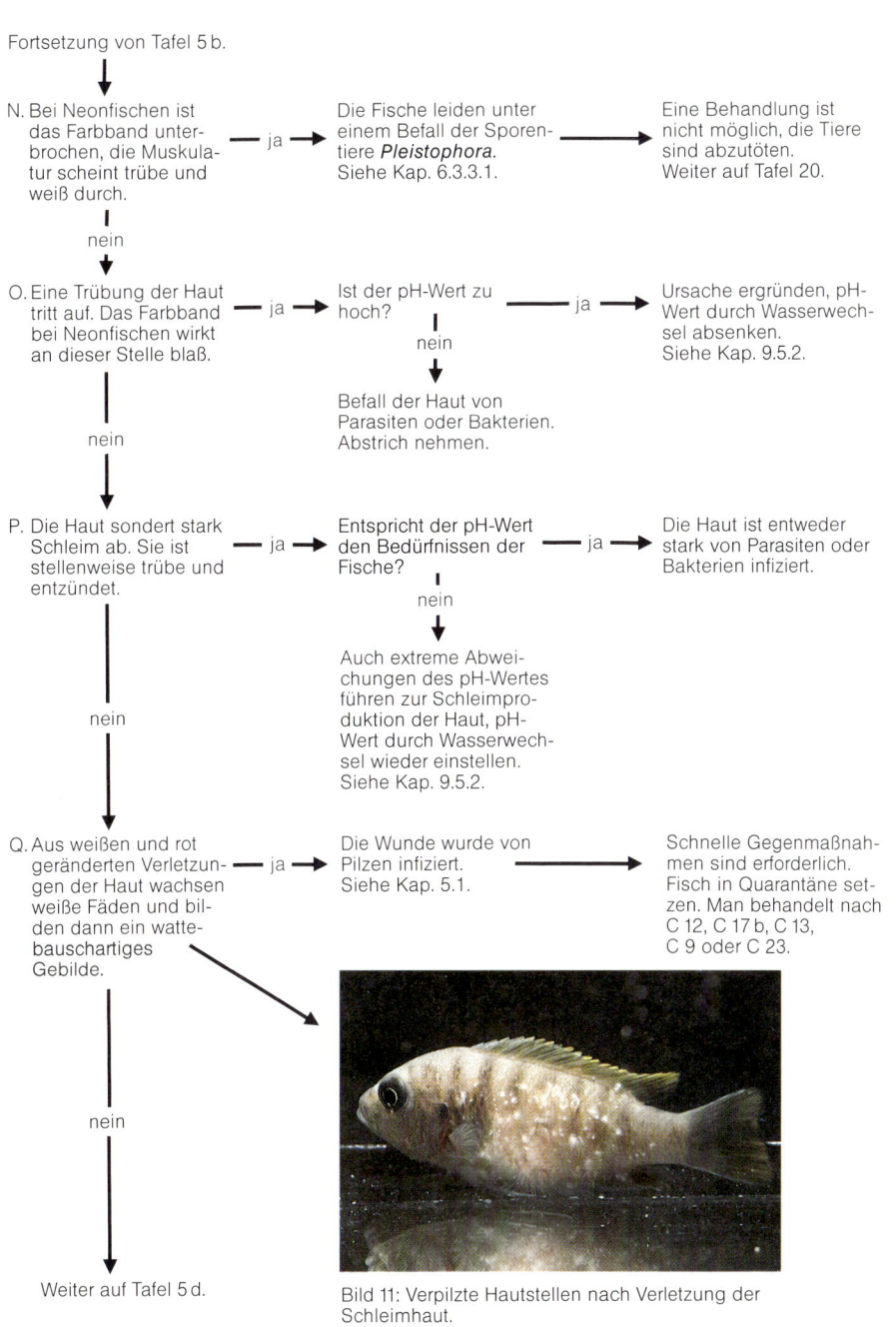

Bild 11: Verpilzte Hautstellen nach Verletzung der Schleimhaut.

Tafel 5 d: Schleimhaut

Fortsetzung von Tafel 5 c.

R. An einem oder mehreren Fischen bildet sich ein weißlicher Belag an der Mundregion. — ja → Hier liegt eine Infektion der Haut durch Bakterien, vermutlich *Columnaris*, vor. Siehe Kap. 4.4. und 4.6. → Sichere Diagnose ist nur durch Mikroskopieren eines Abstriches möglich. Weiter auf Tafel 21.

nein ↓

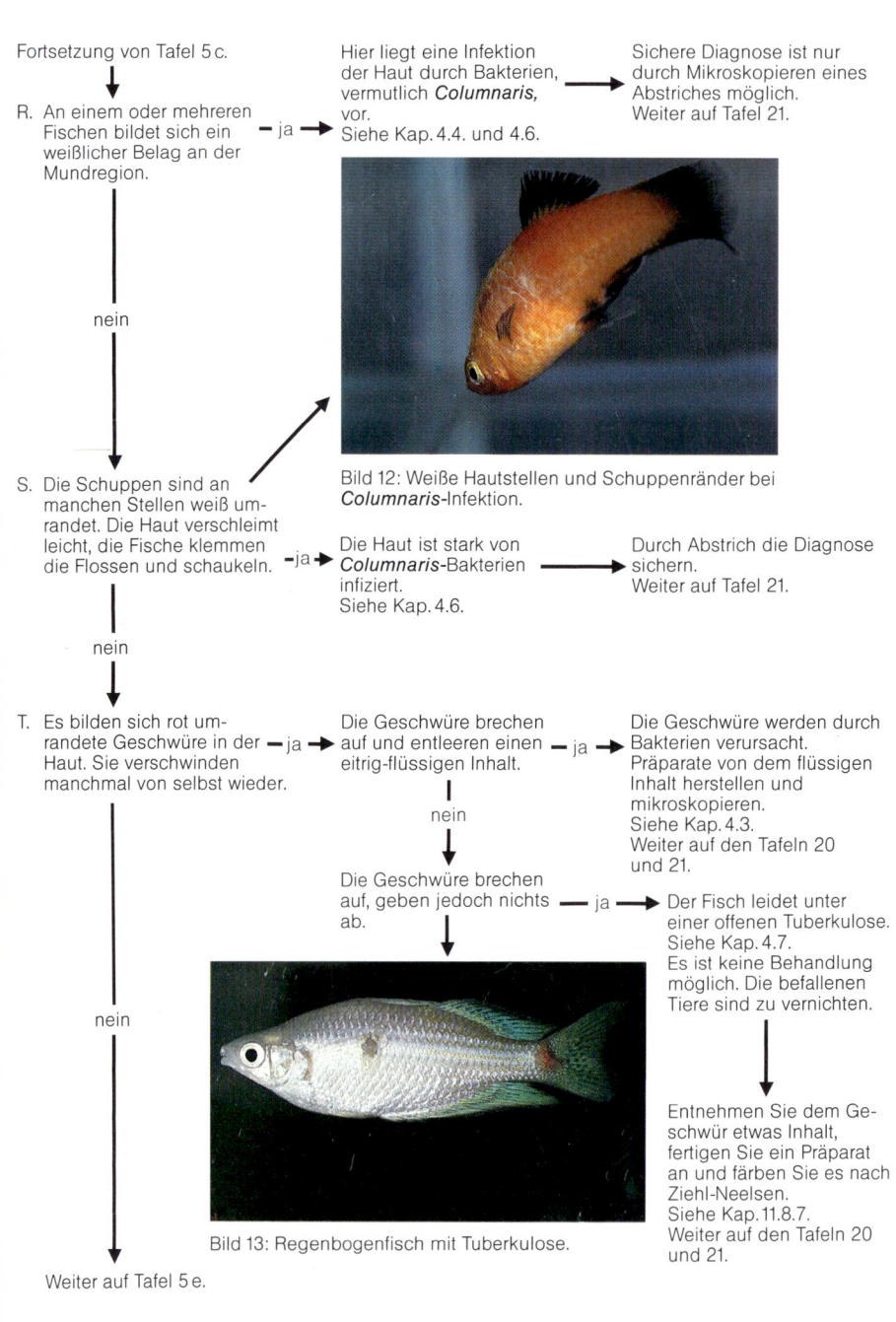

Bild 12: Weiße Hautstellen und Schuppenränder bei *Columnaris*-Infektion.

S. Die Schuppen sind an manchen Stellen weiß umrandet. Die Haut verschleimt leicht, die Fische klemmen die Flossen und schaukeln. — ja → Die Haut ist stark von *Columnaris*-Bakterien infiziert. Siehe Kap. 4.6. → Durch Abstrich die Diagnose sichern. Weiter auf Tafel 21.

nein ↓

T. Es bilden sich rot umrandete Geschwüre in der Haut. Sie verschwinden manchmal von selbst wieder. — ja → Die Geschwüre brechen auf und entleeren einen eitrig-flüssigen Inhalt. — ja → Die Geschwüre werden durch Bakterien verursacht. Präparate von dem flüssigen Inhalt herstellen und mikroskopieren. Siehe Kap. 4.3. Weiter auf den Tafeln 20 und 21.

nein ↓

Die Geschwüre brechen auf, geben jedoch nichts ab. — ja → Der Fisch leidet unter einer offenen Tuberkulose. Siehe Kap. 4.7. Es ist keine Behandlung möglich. Die befallenen Tiere sind zu vernichten.

↓

Entnehmen Sie dem Geschwür etwas Inhalt, fertigen Sie ein Präparat an und färben Sie es nach Ziehl-Neelsen. Siehe Kap. 11.8.7. Weiter auf den Tafeln 20 und 21.

Bild 13: Regenbogenfisch mit Tuberkulose.

nein ↓

Weiter auf Tafel 5 e.

Tafel 5e: Schleimhaut

Fortsetzung von Tafel 5d.

↓

U. Unter der Haut im Muskel bildet sich im Laufe mehrerer Wochen eine Wölbung, die weit über die Oberfläche des Körpers ragen kann. Die Schuppen können an dieser Stelle abstehen.

— ja → In der Muskulatur bildet sich eine Sporozoenzyste oder ein Geschwür. Siehe Kap. 6.3. und 9.1.

→ Zur Diagnose muß das Geschwür geöffnet und ein Präparat angefertigt werden. Weiter auf Tafel 20.

nein ↓

Es handelt sich doch um eine Auftreibung des Leibes.

↓

nein

↓

V. Es bilden sich Bläschen an der Seitenlinie. Oft in Verbindung mit aufgedunsenem Körper, Schuppensträube und Glotzaugen.

— ja → Der Fisch leidet unter Bauchwassersucht. Siehe auch Tafel 3a. D. u. E.

→ Durch eine Sektion ist die Diagnose zu sichern. Weiter auf Tafel 11.

nein

↓

W. Auf der Haut und den Flossen bilden sich kuglige, klare Erhebungen, die anhaftendem Laich ähnlich sehen, nicht abstreifbar sind und eine Größe von 0,5–2 mm erreichen.

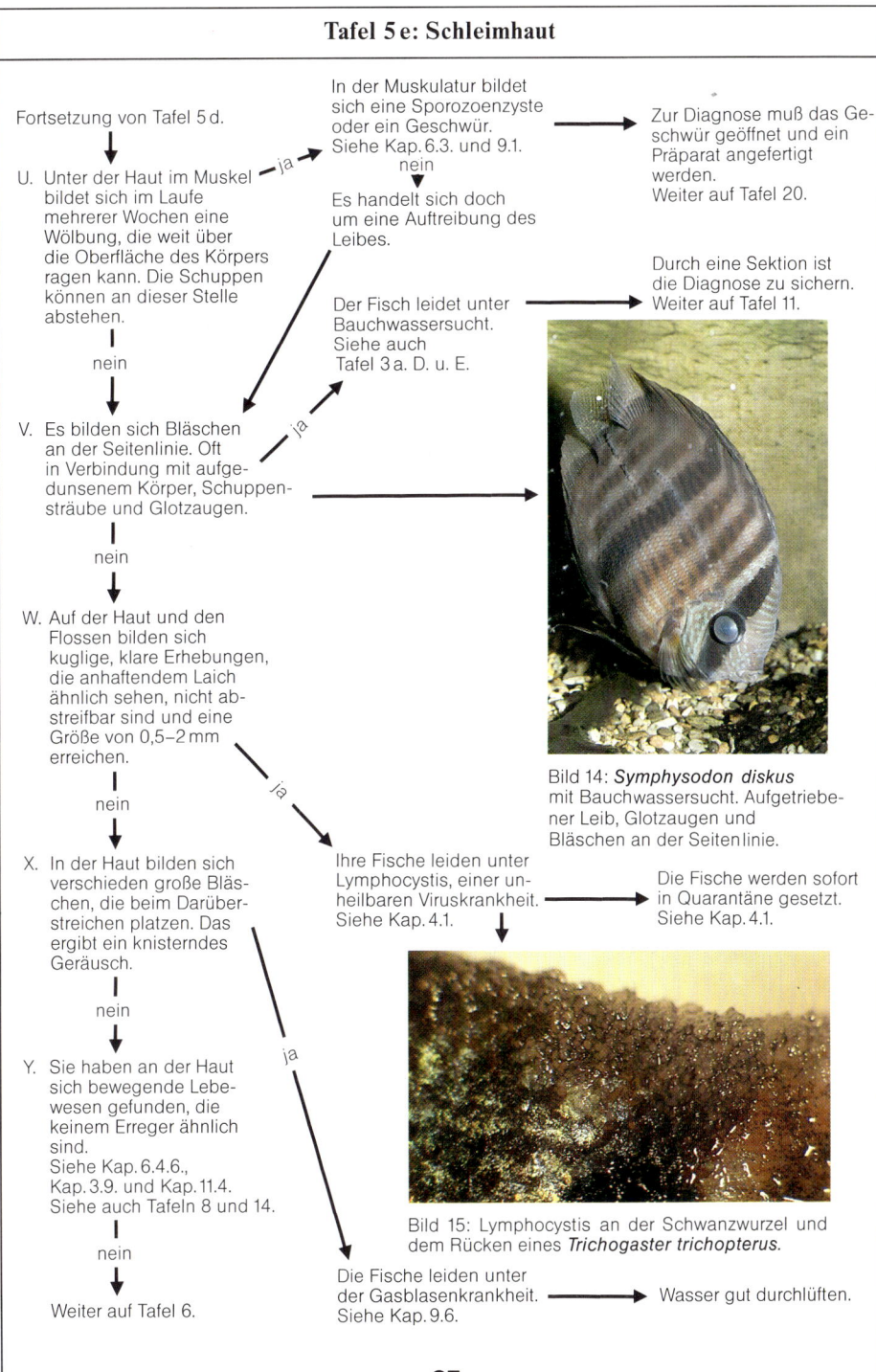

Bild 14: *Symphysodon diskus* mit Bauchwassersucht. Aufgetriebener Leib, Glotzaugen und Bläschen an der Seitenlinie.

nein

↓

— ja → Ihre Fische leiden unter Lymphocystis, einer unheilbaren Viruskrankheit. Siehe Kap. 4.1.

→ Die Fische werden sofort in Quarantäne gesetzt. Siehe Kap. 4.1.

X. In der Haut bilden sich verschieden große Bläschen, die beim Darüberstreichen platzen. Das ergibt ein knisterndes Geräusch.

nein

↓

Y. Sie haben an der Haut sich bewegende Lebewesen gefunden, die keinem Erreger ähnlich sind. Siehe Kap. 6.4.6., Kap. 3.9. und Kap. 11.4. Siehe auch Tafeln 8 und 14.

Bild 15: Lymphocystis an der Schwanzwurzel und dem Rücken eines *Trichogaster trichopterus*.

nein

↓

Weiter auf Tafel 6.

— ja → Die Fische leiden unter der Gasblasenkrankheit. Siehe Kap. 9.6. → Wasser gut durchlüften.

Tafel 6: Flossen

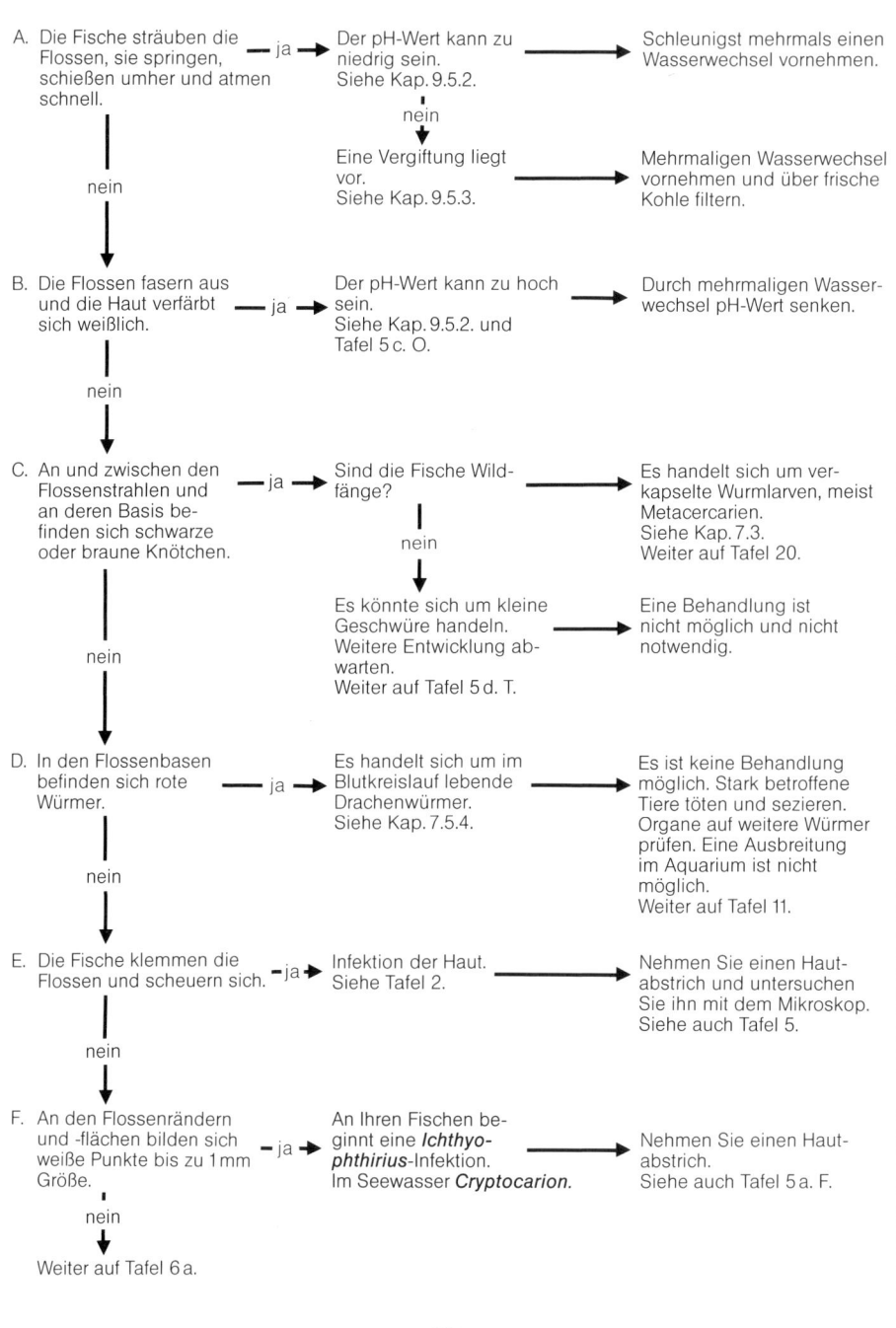

A. Die Fische sträuben die Flossen, sie springen, schießen umher und atmen schnell. — ja → Der pH-Wert kann zu niedrig sein. Siehe Kap. 9.5.2. → Schleunigst mehrmals einen Wasserwechsel vornehmen.

nein ↓ Eine Vergiftung liegt vor. Siehe Kap. 9.5.3. → Mehrmaligen Wasserwechsel vornehmen und über frische Kohle filtern.

↓ nein

B. Die Flossen fasern aus und die Haut verfärbt sich weißlich. — ja → Der pH-Wert kann zu hoch sein. Siehe Kap. 9.5.2. und Tafel 5 c. O. → Durch mehrmaligen Wasserwechsel pH-Wert senken.

↓ nein

C. An und zwischen den Flossenstrahlen und an deren Basis befinden sich schwarze oder braune Knötchen. — ja → Sind die Fische Wildfänge? → Es handelt sich um verkapselte Wurmlarven, meist Metacercarien. Siehe Kap. 7.3. Weiter auf Tafel 20.

nein ↓ Es könnte sich um kleine Geschwüre handeln. Weitere Entwicklung abwarten. Weiter auf Tafel 5 d. T. → Eine Behandlung ist nicht möglich und nicht notwendig.

↓ nein

D. In den Flossenbasen befinden sich rote Würmer. — ja → Es handelt sich um im Blutkreislauf lebende Drachenwürmer. Siehe Kap. 7.5.4. → Es ist keine Behandlung möglich. Stark betroffene Tiere töten und sezieren. Organe auf weitere Würmer prüfen. Eine Ausbreitung im Aquarium ist nicht möglich. Weiter auf Tafel 11.

↓ nein

E. Die Fische klemmen die Flossen und scheuern sich. — ja → Infektion der Haut. Siehe Tafel 2. → Nehmen Sie einen Hautabstrich und untersuchen Sie ihn mit dem Mikroskop. Siehe auch Tafel 5.

↓ nein

F. An den Flossenrändern und -flächen bilden sich weiße Punkte bis zu 1 mm Größe. — ja → An Ihren Fischen beginnt eine *Ichthyophthirius*-Infektion. Im Seewasser *Cryptocarion*. → Nehmen Sie einen Hautabstrich. Siehe auch Tafel 5 a. F.

↓ nein

Weiter auf Tafel 6 a.

Tafel 6 a: Flossen

Fortsetzung von Tafel 6.

G. An den Flossenrändern und den Seiten bildet sich ein samtiger Belag, der mit der Lupe als einzelne Punkte zu erkennen ist. —ja→ Ihre Fische sind durch *Oodinium* infiziert. → Hautabstrich nehmen. Siehe auch Tafel 5 b. K.

nein ↓

H. Die Flossen haben einen weißen Saum und werden immer kürzer. —ja→ Es handelt sich um bakterielle Flossenfäule (siehe Kap. 4.4.) oder zu hohen pH-Wert. Siehe Tafel 6. B. → Wasserqualität verbessern. Abstrich nehmen. Siehe auch Tafel 5.

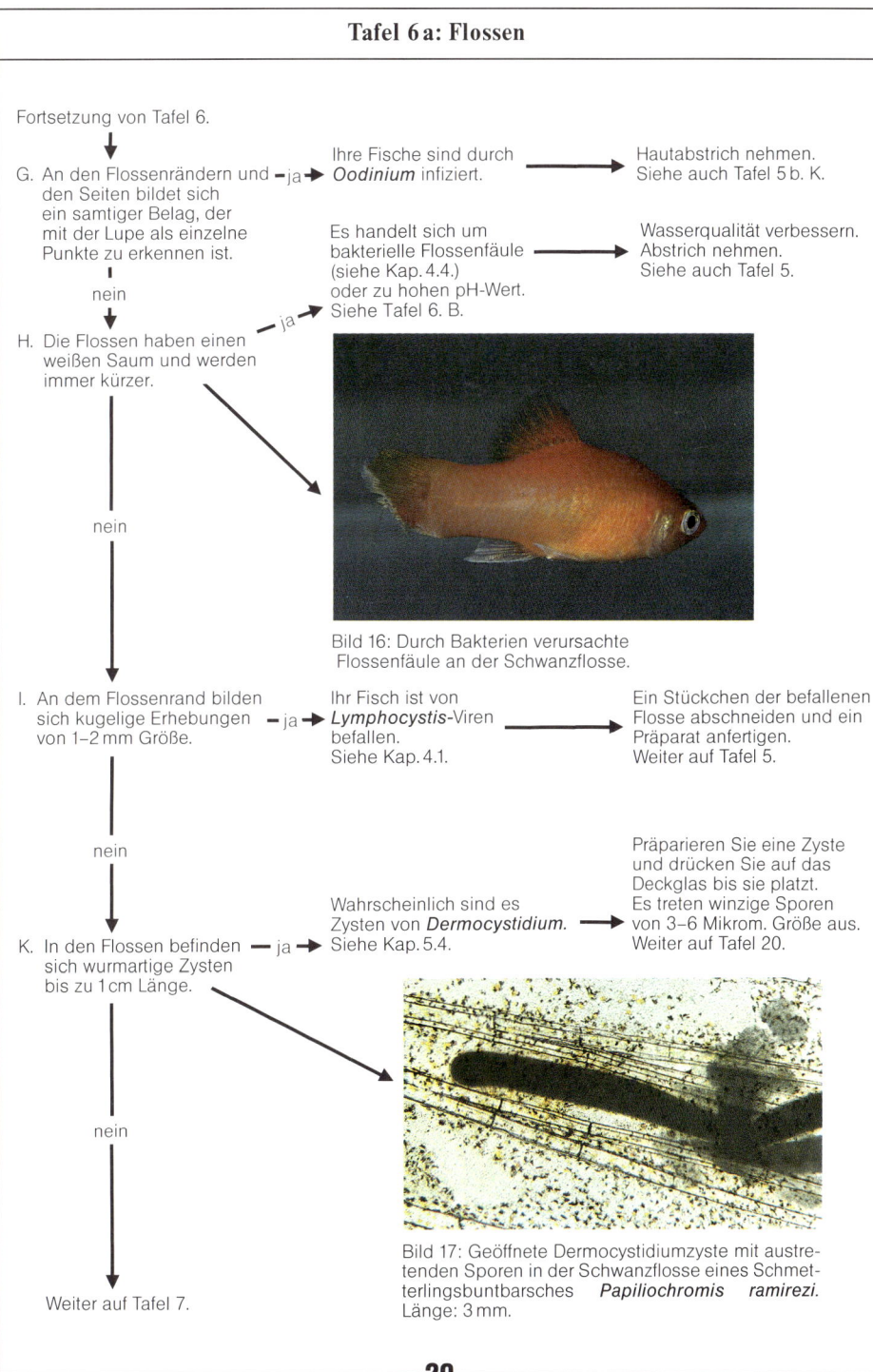

Bild 16: Durch Bakterien verursachte Flossenfäule an der Schwanzflosse.

nein ↓

I. An dem Flossenrand bilden sich kugelige Erhebungen von 1–2 mm Größe. —ja→ Ihr Fisch ist von *Lymphocystis*-Viren befallen. Siehe Kap. 4.1. → Ein Stückchen der befallenen Flosse abschneiden und ein Präparat anfertigen. Weiter auf Tafel 5.

nein ↓

K. In den Flossen befinden sich wurmartige Zysten bis zu 1 cm Länge. —ja→ Wahrscheinlich sind es Zysten von *Dermocystidium*. Siehe Kap. 5.4. → Präparieren Sie eine Zyste und drücken Sie auf das Deckglas bis sie platzt. Es treten winzige Sporen von 3–6 Mikrom. Größe aus. Weiter auf Tafel 20.

Bild 17: Geöffnete Dermocystidiumzyste mit austretenden Sporen in der Schwanzflosse eines Schmetterlingsbuntbarsches *Papiliochromis ramirezi*. Länge: 3 mm.

nein ↓

Weiter auf Tafel 7.

Tafel 7: Kiemen

Für die nun folgenden Untersuchungen sollten Sie Kapitel 2 und Kapitel 3 gelesen haben.

A. Die Kiemenblätter sind hell verfärbt. — ja → Hat sich der pH-Wert verändert? Ist Chlor im Wasser? Befindet sich Ammoniak im Wasser? Siehe Kap. 9.5. Siehe auch Tafel 6. A. und B. und Tafel 1. — ja → Sorgen Sie für optimale Wasserwerte!

nein ↓ (unter A.)

nein ↓ (unter pH-Frage)

Der Fisch kann an einer Erkrankung der Niere leiden. Weiter auf Tafel 7 c. unter M.

B. An den Kiemenblättern hängen kleine, weiße Gebilde von 1–1,5 mm Größe. Sie haften sehr fest. — ja → Es handelt sich um Kiemenkrebse. Siehe Kap. 8.1. → Vom betäubten Fisch werden mit einer spitzen Pinzette einige Exemplare abgezupft und mit dem Mikroskop untersucht. Bekämpfung nach C 18, C 11 oder C 7.

nein ↓

C. Auf der Innenseite der Kiemendeckel sind blutrote Würmer zu sehen. Meist nur bei Teichfischen. — ja → Die Fische sind von Drachenwürmern befallen. Siehe auch Tafel 6. D. und Kap. 7.5.4. → Keine Behandlung möglich. Fisch sezieren und Organe überprüfen. Weiter auf den Tafeln 9 und 11.

nein ↓

D. An den Kiemen sind helle Flecken zu sehen. Die Kiemenblätter sind an diesen Stellen abgestorben. — ja → Mit einer feinen Pinzette einige der abgestorbenen Kiemenblätter entnehmen und ab 100facher Vergrößerung betrachten. Befinden sich Eier in stark abgeplatteter Tropfenform im Präparat? — ja → Es handelt sich um die Eier der Blutwürmer *Sanguinicola*. Siehe Kap. 7.3.

nein ↓

Weiter auf Tafel 7 a.

nein ↓

Befinden sich Pilzfäden im Präparat, dann liegt eine Kiemenfäule vor.

Tafel 7a: Kiemen

Fortsetzung von Tafel 7.

E. Sind die Kiemen grau-weiß fleckig, fallen Kiemenblätter ab? → ja → Es liegt eine von dem Pilz **Branchiomyces** verursachte Kiemenfäule vor. Siehe Kap. 5.2.3. → Diagnose durch ein Präparat sichern. Behandeln nach C 12, C 17 b, C 9 oder C 3. Siehe auch Tafel 10. C.

nein

Bild 18: Kiemenfäule durch **Branchiomyces**.

F. An den Kiemendeckel oder den Kiemenblättern wachsen Fäden, die Watte ähneln. → ja → Es handelt sich um eine Verpilzung durch **Saprolegnia**. Siehe Kap. 5.1. → Diagnose durch mikroskopische Untersuchung sichern. Behandlung nach C 12, C 17 b, C 9, C 11 oder C 23. Siehe auch Tafel 10. C.

nein

G. Die Atmung ist beschleunigt, ein oder beide Kiemendeckel werden abgespreizt, die Fische scheuern sich im Kiemenbereich. Im Endstadium hängen sie unter der Oberfläche und schnappen nach Luft. → ja → Ihre Fische leiden unter Kiemenwürmern. Siehe Kap. 7.2.1. → Diagnose durch Abstriche hinter den Kiemen sichern. Weiter auf Tafel 10. A.

nein

Weiter auf Tafel 7 b.

Tafel 7 b: Kiemen

Fortsetzung von Tafel 7 a.

↓

H. Die Kiemenblätter weisen eine schwache bis weißliche Trübung der Oberfläche auf. —ja→ Hier handelt es sich um einen Befall durch Einzeller, Saugwürmer oder *Oodinium*. Siehe Kap. 6, Kap. 7.2.1. und Kap. 6.1.3.2. → Abstrich von der Rückseite des Kiemendeckels nehmen. Weiter auf den Tafeln 5 und 10.

nein ↓

I. Auf den Kiemenblättern sitzen weiße Punkte von 0,5–1,5 mm Größe, bei Seewasserfischen bis 2 mm. —ja→ Es beginnt sich eine Infektion von *Ichthyophthrius* oder *Cryptocarion* (Seewasser) auszubreiten. Siehe Kap. 6.4.1. und 6.4.2. → Abstriche an der Innenseite des Kiemendeckels nehmen oder versuchen, einen der Punkte abzustreifen und ein Präparat anzufertigen. Weiter auf Tafel 10.

nein ↓

K. An den Kiemenblättern befinden sich kleine, weiße Knötchen, die sich nicht lösen lassen. —ja→ Wahrscheinlich handelt es sich um Sporozoenzysten. Siehe Kap. 6.3. → Einen gerade gestorbenen Fisch sezieren und auf weitere Zysten an den Organen untersuchen. Weiter auf den Tafeln 11 und 20.

nein ↓

Weiter auf Tafel 7 c.

Tafel 7c: Kiemen

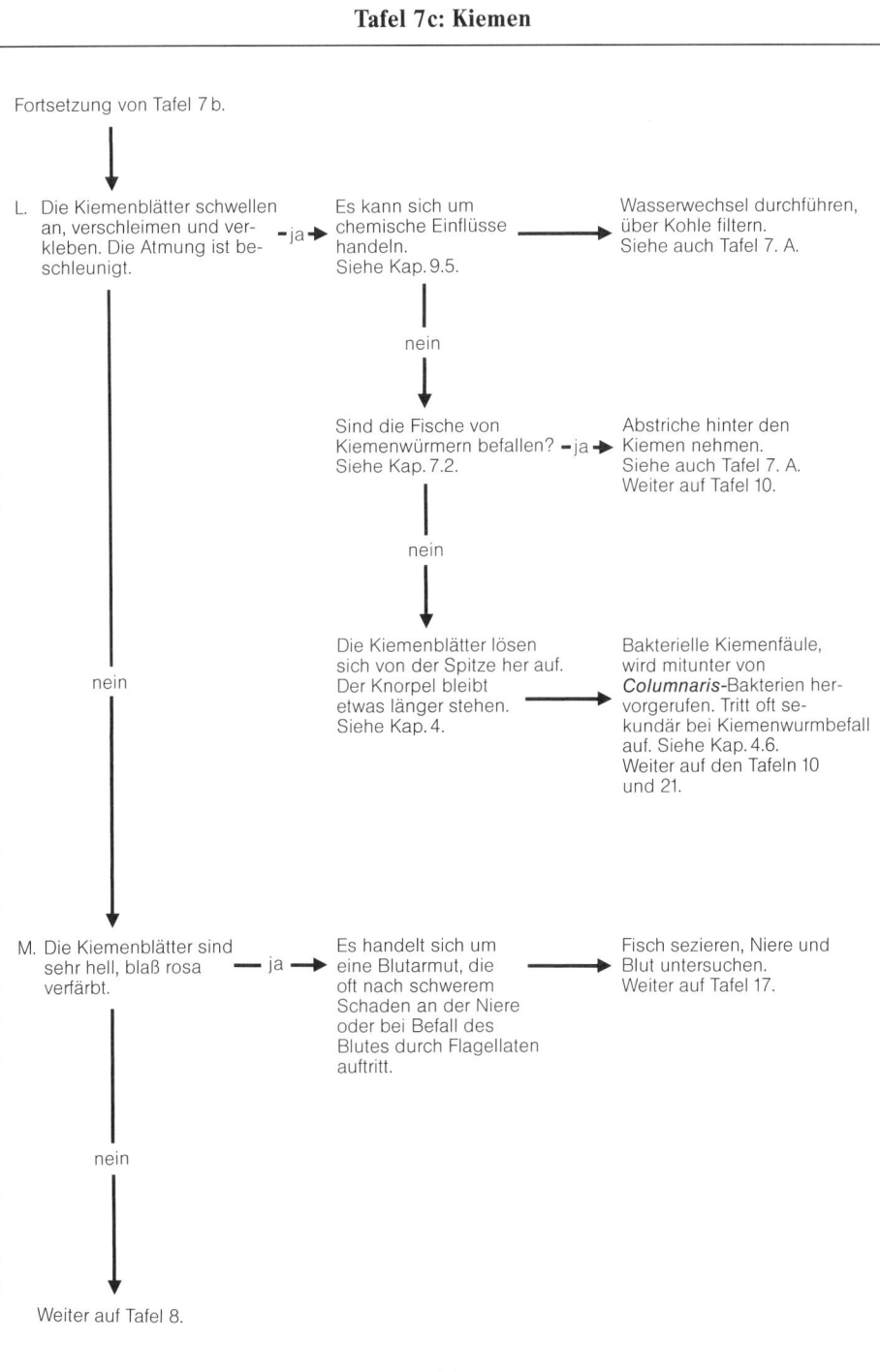

Fortsetzung von Tafel 7 b.

L. Die Kiemenblätter schwellen an, verschleimen und verkleben. Die Atmung ist beschleunigt. —ja→ Es kann sich um chemische Einflüsse handeln. Siehe Kap. 9.5. → Wasserwechsel durchführen, über Kohle filtern. Siehe auch Tafel 7. A.

nein ↓

Sind die Fische von Kiemenwürmern befallen? —ja→ Abstriche hinter den Kiemen nehmen. Siehe Kap. 7.2. Siehe auch Tafel 7. A. Weiter auf Tafel 10.

nein ↓

Die Kiemenblätter lösen sich von der Spitze her auf. Der Knorpel bleibt etwas länger stehen. Siehe Kap. 4. → Bakterielle Kiemenfäule, wird mitunter von *Columnaris*-Bakterien hervorgerufen. Tritt oft sekundär bei Kiemenwurmbefall auf. Siehe Kap. 4.6. Weiter auf den Tafeln 10 und 21.

nein

M. Die Kiemenblätter sind sehr hell, blaß rosa verfärbt. —ja→ Es handelt sich um eine Blutarmut, die oft nach schwerem Schaden an der Niere oder bei Befall des Blutes durch Flagellaten auftritt. → Fisch sezieren, Niere und Blut untersuchen. Weiter auf Tafel 17.

nein ↓

Weiter auf Tafel 8.

Tafel 8: Kot

A. Die Afterregion ist rot entzündet, oft wird schleimiger Kot abgegeben. —ja→ Der Enddarm ist entzündet. → Nehmen Sie vorsichtig einen Abstrich im After. Probieren Sie durch leichten Druck auf den Bauch etwas Kot zu gewinnen. Fertigen Sie ein Präparat an. Weiter ab Tafel 8a. E.

↓ nein

B. Der After ist nicht sichtbar entzündet, der Kot kann jedoch nicht abgesetzt werden und wird als langer oft weißer, schleimiger Faden einige Zeit nachgeschleppt. —ja→ Der Darm ist erkrankt. Die Ursache können Bakterien, Flagellaten und Würmer sein. → Stellen Sie ein frisches Kotpräparat her. Weiter ab Punkt E. auf Tafel 8a.

↓ nein

C. Der abgesetzte Kot ist weiß oder gelb und schleimig. Das Tier magert ab. —ja→ Vermutlich leidet Ihr Fisch unter Darmflagellaten, Nematoden können sekundär vorhanden sein. → Diagnose durch mikroskopische Untersuchung eines nicht älter als 5 Min. alten Kotstückes sichern. Weiter ab Punkt E auf Tafel 8a.

↓ nein

D. Wenn die Fische still im Wasser stehen, hängen rote oder braune Würmer etwa 5 bis 10 mm weit aus dem After. Der After ist geweitet. —ja→ Der Enddarm ist von dem lebende Larven gebärenden Fräskopfwurm *Camallanus* befallen. → Die Würmer nicht mit der Pinzette aus dem After reißen, sonst wird der Darm beschädigt. Behandlung nach B 3, C 5, C 6 und C 18a. Siehe auch Tafel 14. D.

↓ nein

Weiter auf Tafel 8a.

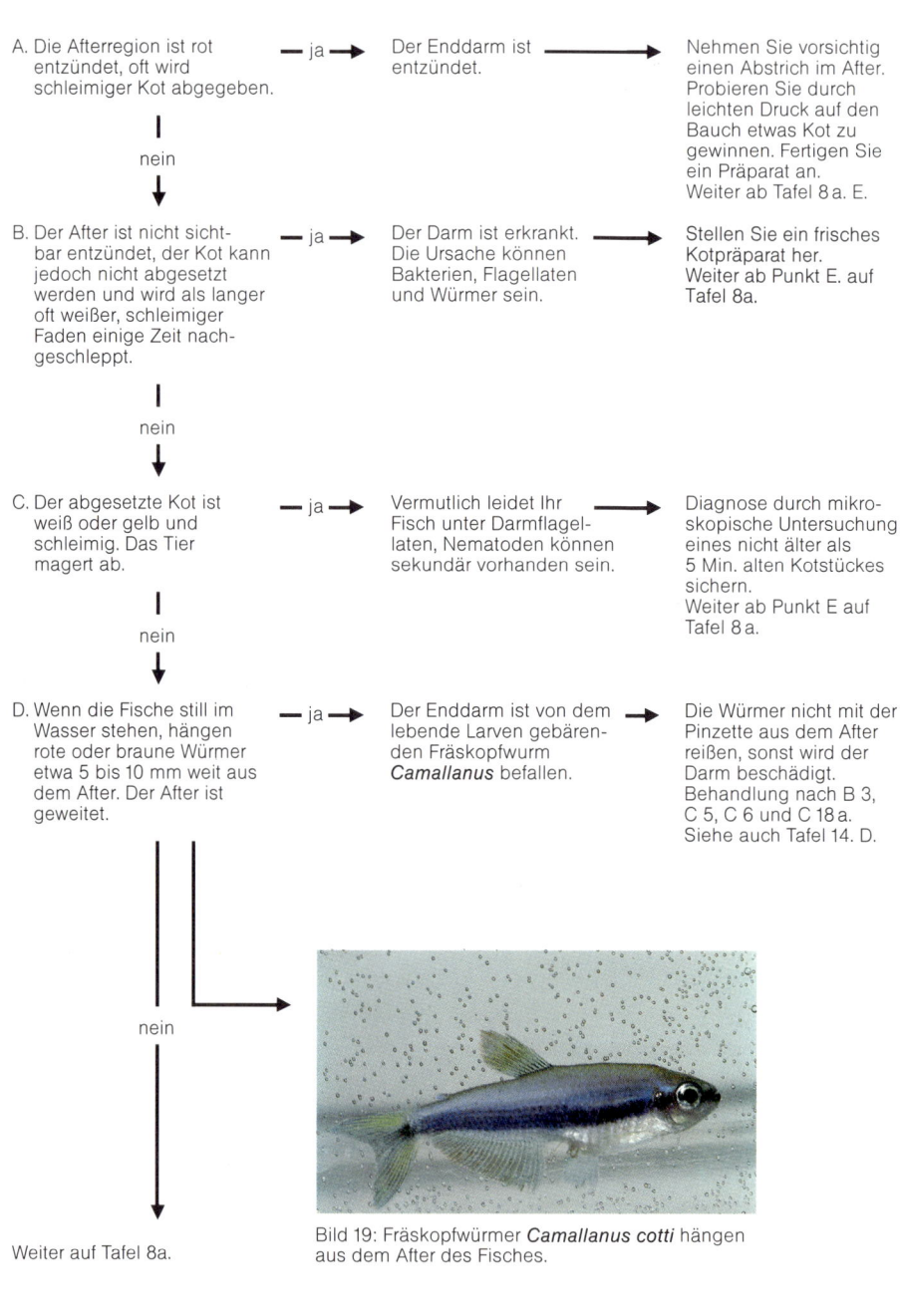

Bild 19: Fräskopfwürmer *Camallanus cotti* hängen aus dem After des Fisches.

Tafel 8 a: Kot

Fortsetzung von Tafel 8.

Sie haben ein Kotpräparat hergestellt und mikroskopieren es nun mit 50 bis 100 facher Vergrößerung. Das Vorgehen ist in Kapitel 11.4 beschrieben.

E. Im Kot befinden sich Würmer, die sehr klein und dünn sind. Länge: 1 mm bis wesentlich kleiner.

→ ja → Es handelt sich um die Larven lebendgebärender Nematoden. Siehe Kap. 7.5.3.

→ Die Behandlung erfolgt nach B 3, C 5, C 6 oder C 18a. Siehe Tafel 8 D und 14 D

↓ nein

F. Im Präparat befinden sich weißliche, länglich platte, fast rechteckige Segmente mit vielfältiger innerer Struktur. Oft hängen mehrere Segmente hintereinander.

→ ja → Ihr Fisch hat sich einen Bandwurm zugezogen. Meist nur bei Wildfängen und Teichnachzuchten anzutreffen. Sie Kap. 7.4. und Bild Nr. 96.

→ Die Bekämpfung kann nur über die Fütterung von Medizinalfutter erfolgen (C 24). Es ist nicht unbedingt notwendig zu behandeln, wenn die Fische gesund sind und normales Verhalten zeigen. Siehe Tafel 14 B.

↓ nein

G. Im Kot befinden sich unzählige, spindelförmige Eier mit spitzen Enden. Manche Arten haben lange Fäden an den Enden.

→ ja → Die Eier stammen von Kratzern. Meist nur bei Freilandfischen. Die Fische infizieren sich durch Bachflohkrebse, die Kratzerlarven tragen. Siehe Kap. 7.6.

→ Die Behandlung ist bald zu beginnen, da die Würmer den Darm verletzen. Behandlung nach C 24. Flohkrebse (Futter) drei Tage lang tiefgefrieren. Siehe Tafel 14 A.

↓ nein

H. Es befinden sich längliche Eier mit sektkorkenartigen Deckeln im Kot. Vergrößerung 200-400fach.

→ ja → Der Fisch beherbergt einen oder mehrere *Capillaria*-Würmer. Siehe Kap. 7.5.1.

→ Die Würmer vermehren sich nur langsam. Die Behandlung erfolgt nach C 6 oder C 5 im Futter B 5. Siehe Tafel 14 a. G.

↓ nein

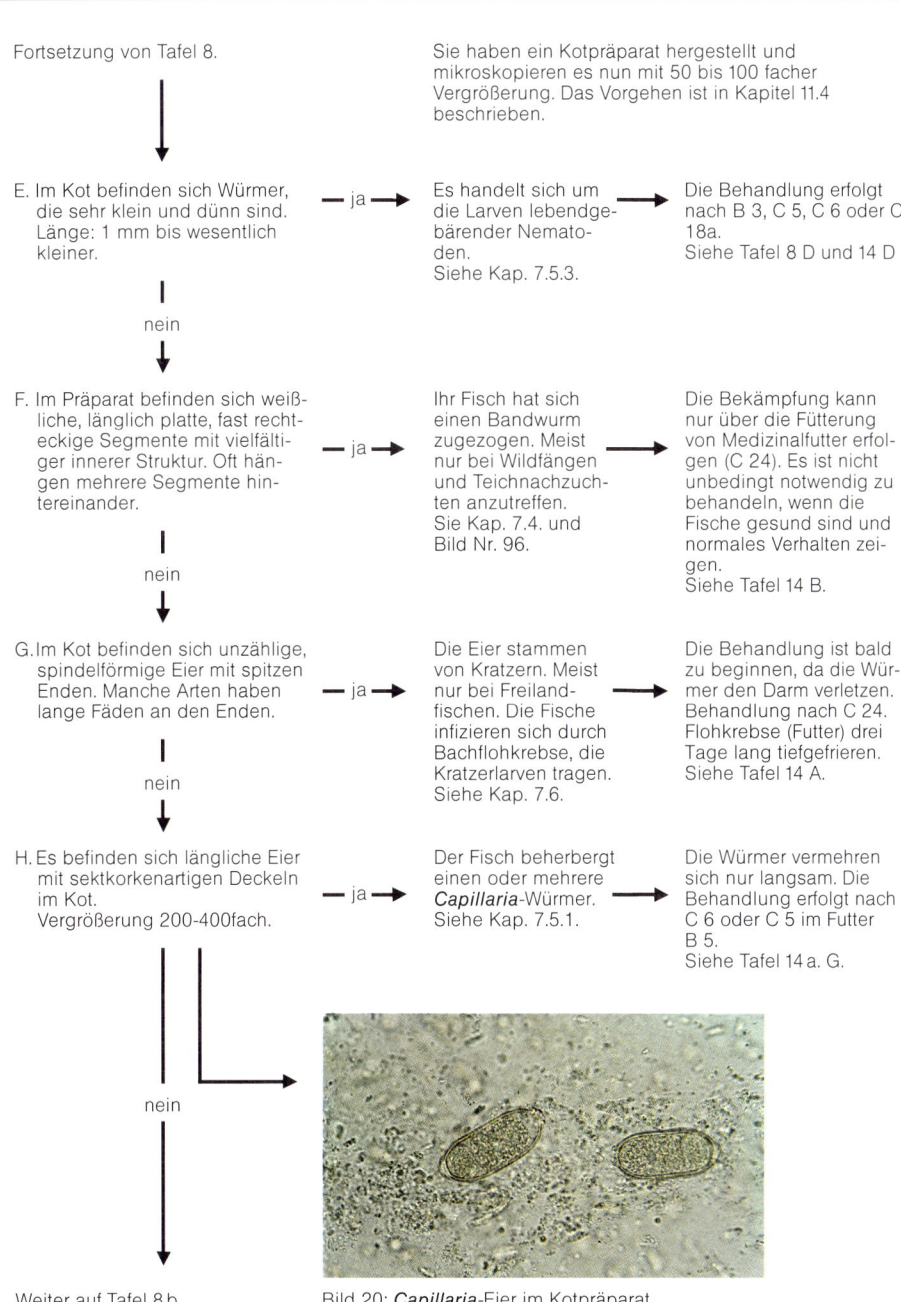

Weiter auf Tafel 8 b.

Bild 20: *Capillaria*-Eier im Kotpräparat. Größe: 50–60 Mikrometer.

Tafel 8 b: Kot

Fortsetzung von Tafel 8 a.

I. Im Kotpräparat sind bei 200- bis 600facher Vergrößerung länglich ovale Eier von 120 Mikrom. Länge zu sehen. Sie haben oft lange Fäden an den Enden. —ja→ Sie haben Eier der Nematodenordnung Oxyruidae gefunden. Sie wurden bisher nur bei Diskusfischen nachgewiesen. Siehe Kap. 7.5.2. → Die Behandlung mit Medizinalfutter B 5 nach Methode C 6 oder C 5 ist erfolgreich. Siehe auch Tafel 14 a. G.

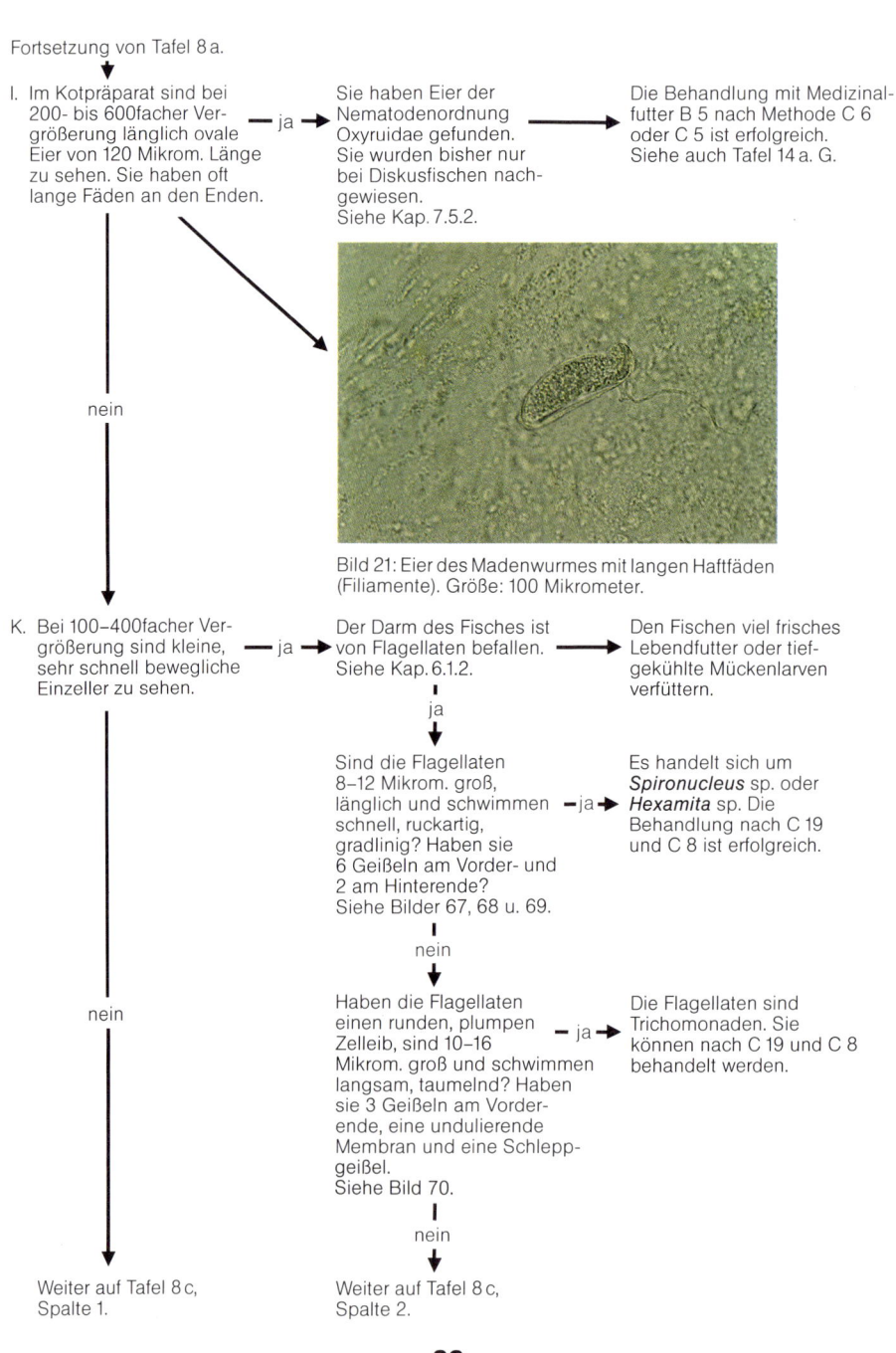

Bild 21: Eier des Madenwurmes mit langen Haftfäden (Filiamente). Größe: 100 Mikrometer.

↓ nein

K. Bei 100–400facher Vergrößerung sind kleine, sehr schnell bewegliche Einzeller zu sehen. —ja→ Der Darm des Fisches ist von Flagellaten befallen. Siehe Kap. 6.1.2. → Den Fischen viel frisches Lebendfutter oder tiefgekühlte Mückenlarven verfüttern.

↓ ja

Sind die Flagellaten 8–12 Mikrom. groß, länglich und schwimmen schnell, ruckartig, gradlinig? Haben sie 6 Geißeln am Vorder- und 2 am Hinterende? Siehe Bilder 67, 68 u. 69. —ja→ Es handelt sich um *Spironucleus* sp. oder *Hexamita* sp. Die Behandlung nach C 19 und C 8 ist erfolgreich.

↓ nein

Haben die Flagellaten einen runden, plumpen Zelleib, sind 10–16 Mikrom. groß und schwimmen langsam, taumelnd? Haben sie 3 Geißeln am Vorderende, eine undulierende Membran und eine Schleppgeißel. Siehe Bild 70. —ja→ Die Flagellaten sind Trichomonaden. Sie können nach C 19 und C 8 behandelt werden.

↓ nein

↓ nein

Weiter auf Tafel 8 c, Spalte 1.

Weiter auf Tafel 8 c, Spalte 2.

Tafel 8 c: Kot

Fortsetzung von Tafel 8 b, Spalte 1.

↓

Fortsetzung von Tafel 8 b, Spalte 2.

↓

Sehen Sie 12–18 Mikrom. große Flagellaten, die sich schnell wellenlinig fortbewegen? — ja → Sieht man zwei Frontgeißeln, von denen eine eng am Körper liegt und am Ende eine Schleppgeißel bildet? Siehe Bild 71 und 72.

|
nein
↓

Sind die Flagellaten 16–24 Mikrom. groß und haben zwei Geißeln? Ist eine Geißel am Vorderende und wird die zweite am Zellkörper entlang nach hinten geführt? Ist sie mit der Zelloberfläche durch eine undulierende Membran verbunden? Siehe Bild 66. — ja →

↓ ja

Es handelt sich um Flagellaten der Gattung *Bodomonas*. Behandlung nach C 8 oder C 19 zweimal im Abstand von 5 Tagen.

Die Flagellatren gehören der Gattung *Cryptobia* an. Sie können nach C 8 behandelt werden, oder C 19 zweimal im Abstand von 5 Tagen'.

L. Im Präparat befinden sich Einzeller von 100 Mikrom. Größe. Sie sind vorn rund und haben am Hinterende eine stachelförmige Spitze. Sie sind spiralig bewimpert und drehen sich beim Schwimmen. Sie schwimmen ähnlich wie Pantoffeltiere. Siehe Bild 77. — ja → Die Fische sind von dem Diskusparasit *Protoopalina symphysodonis* befallen. Wurde bisher nur bei Diskusfischen gefunden. Siehe Kap. 6.1.4. → Dieser Flagellat schädigt die Fische nur bei Massenauftreten. Behandlung mit C 19. Siehe Tafel 14 a. H.

↓ nein

M. Sie haben im Kot Mikroorganismen entdeckt, die Sie nicht unter den abgebildeten Erregern finden konnten. — ja → Schon wenige Minuten nach dem Ausscheiden des Kotes finden sich Mikroorganismen ein, die den Kot abbauen. Sie leben im Filter, im Wasser und im Bodengrund des Aquariums und sind völlig harmlos. Siehe Bilder in Kap. 6.4.6., Kap. 3.9. und Kap. 11.4.

↓ nein

Weiter auf Tafel 9.

Tafel 9: Blut

Die folgenden Untersuchungen werden am gerade gestorbenen Fisch durchgeführt. Sie sollten Kapitel 2, 3, und 11 gelesen haben. Gehen Sie nach dem Sektionsschema von Kapitel 3 vor. Wenn Sie eine separate Blutuntersuchung durchführen möchten, gehen Sie nach Kapitel 3.3. vor. Wenn Sie gründlich arbeiten wollen, dann führen Sie die Untersuchungen nach den Tfeln 5 und 6 noch einmal durch. Schaben Sie dazu mit einem scharfen Skalpell Schleimhaut ab und schneiden Sie Flossenstücke ab, um Präparate anzufertigen.

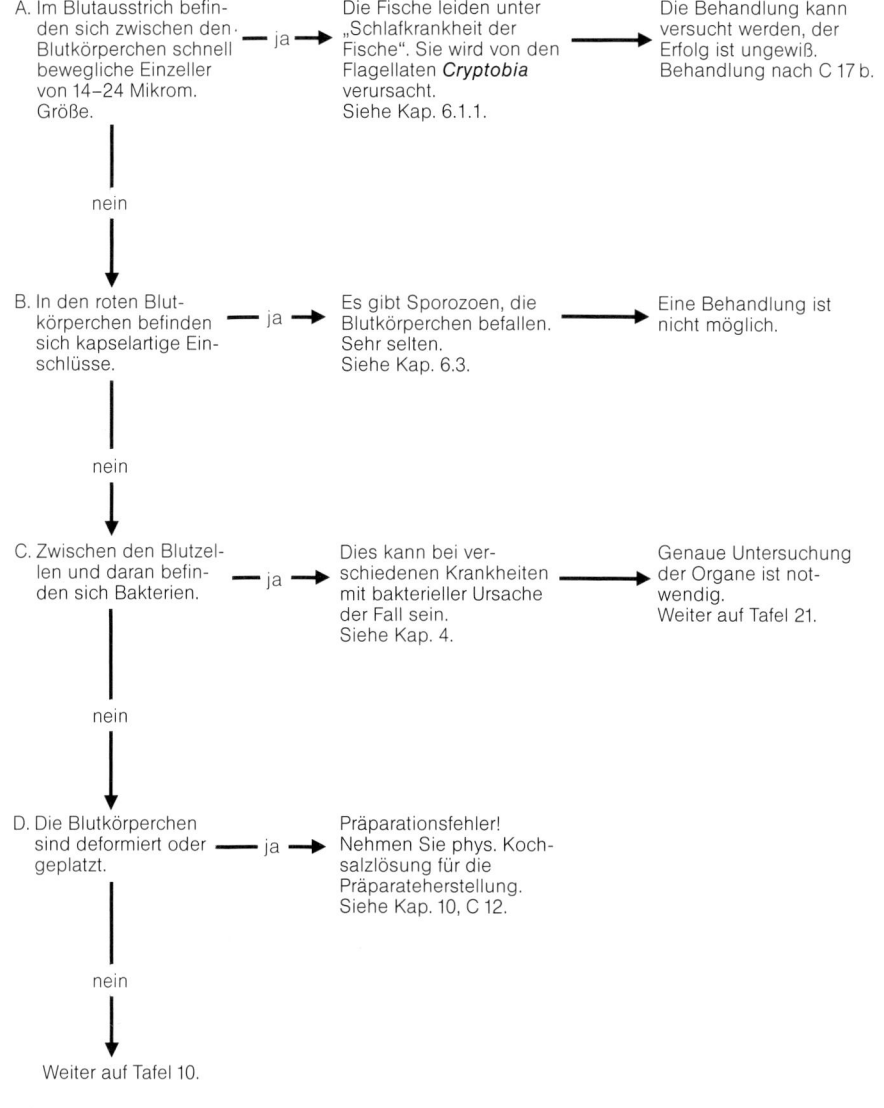

A. Im Blutausstrich befinden sich zwischen den Blutkörperchen schnell bewegliche Einzeller von 14–24 Mikrom. Größe. — ja → Die Fische leiden unter „Schlafkrankheit der Fische". Sie wird von den Flagellaten *Cryptobia* verursacht. Siehe Kap. 6.1.1. → Die Behandlung kann versucht werden, der Erfolg ist ungewiß. Behandlung nach C 17 b.

↓ nein

B. In den roten Blutkörperchen befinden sich kapselartige Einschlüsse. — ja → Es gibt Sporozoen, die Blutkörperchen befallen. Sehr selten. Siehe Kap. 6.3. → Eine Behandlung ist nicht möglich.

↓ nein

C. Zwischen den Blutzellen und daran befinden sich Bakterien. — ja → Dies kann bei verschiedenen Krankheiten mit bakterieller Ursache der Fall sein. Siehe Kap. 4. → Genaue Untersuchung der Organe ist notwendig. Weiter auf Tafel 21.

↓ nein

D. Die Blutkörperchen sind deformiert oder geplatzt. — ja → Präparationsfehler! Nehmen Sie phys. Kochsalzlösung für die Präparateherstellung. Siehe Kap. 10, C 12.

↓ nein

Weiter auf Tafel 10.

Tafel 10: Kiemenblätter

Präparieren Sie abgeschnittene Kiemenblätter. Das austretende Blut kann nach Tafel 9 untersucht werden.

A. An den Kiemenblättern hängen Würmer mit Haken besetzten Hinterenden fest und führen mit dem Vorderende suchende Bewegungen aus. — ja → Die Kiemen sind von Saugwürmern befallen. Siehe Kap. 7.2. → Bei Jungfischen ist eine schnelle Behandlung notwendig. Sie kann nach C 6, C 18, C 11 oder C 7 erfolgen.

Bei Diskusfischen hilft nur C 18 oder C 6.

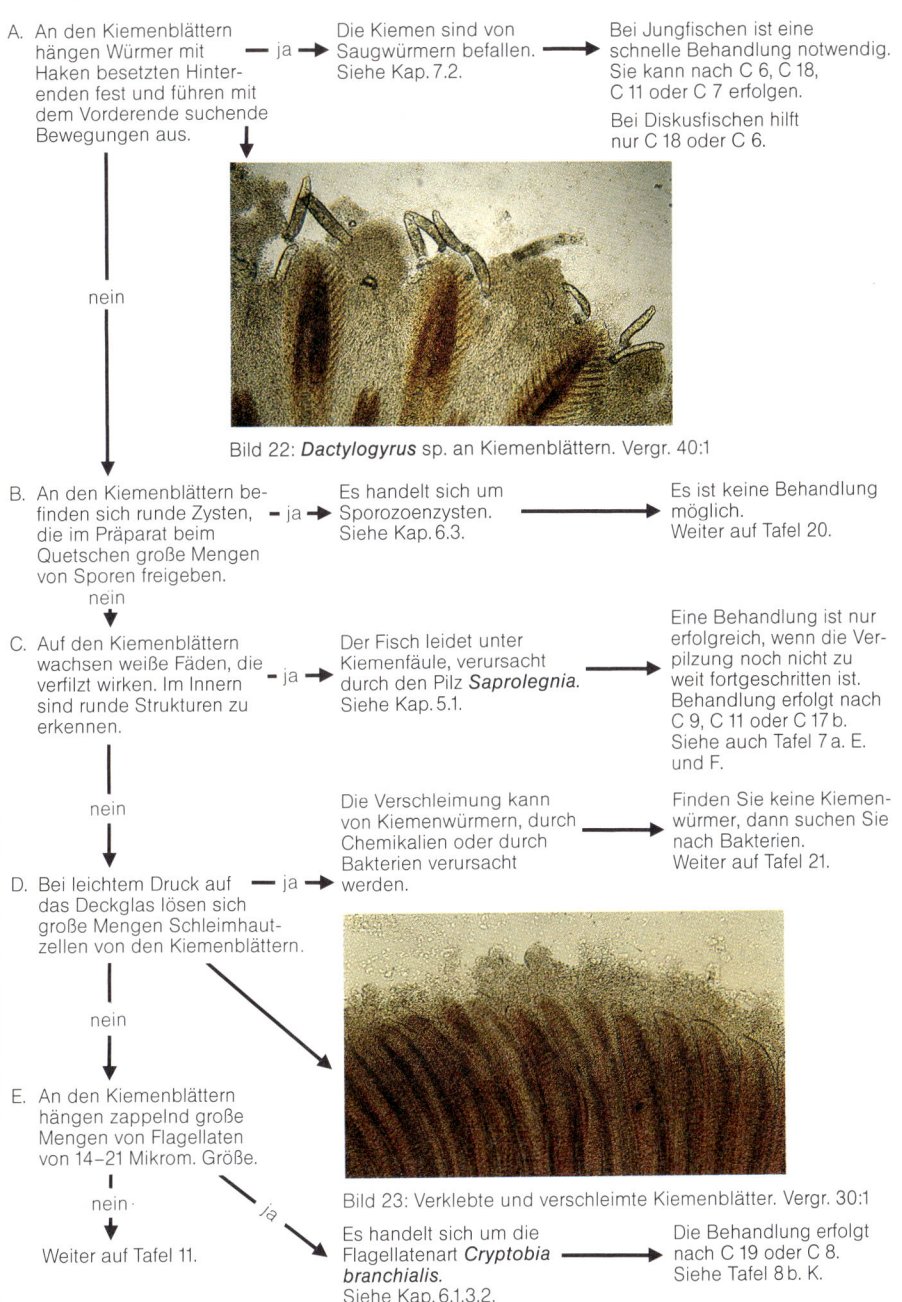

Bild 22: *Dactylogyrus* sp. an Kiemenblättern. Vergr. 40:1

B. An den Kiemenblättern befinden sich runde Zysten, die im Präparat beim Quetschen große Mengen von Sporen freigeben. — ja → Es handelt sich um Sporozoenzysten. Siehe Kap. 6.3. → Es ist keine Behandlung möglich. Weiter auf Tafel 20.

C. Auf den Kiemenblättern wachsen weiße Fäden, die verfilzt wirken. Im Innern sind runde Strukturen zu erkennen. — ja → Der Fisch leidet unter Kiemenfäule, verursacht durch den Pilz *Saprolegnia*. Siehe Kap. 5.1. → Eine Behandlung ist nur erfolgreich, wenn die Verpilzung noch nicht zu weit fortgeschritten ist. Behandlung erfolgt nach C 9, C 11 oder C 17 b. Siehe auch Tafel 7 a. E. und F.

D. Bei leichtem Druck auf das Deckglas lösen sich große Mengen Schleimhautzellen von den Kiemenblättern. — ja → Die Verschleimung kann von Kiemenwürmern, durch Chemikalien oder durch Bakterien verursacht werden. → Finden Sie keine Kiemenwürmer, dann suchen Sie nach Bakterien. Weiter auf Tafel 21.

Bild 23: Verklebte und verschleimte Kiemenblätter. Vergr. 30:1

E. An den Kiemenblättern hängen zappelnd große Mengen von Flagellaten von 14–21 Mikrom. Größe. — ja → Es handelt sich um die Flagellatenart *Cryptobia branchialis*. Siehe Kap. 6.1.3.2. → Die Behandlung erfolgt nach C 19 oder C 8. Siehe Tafel 8 b. K.

nein → Weiter auf Tafel 11.

Tafel 11: Leibeshöhle

A. Die Leibeshöhle ist mit Flüssigkeit gefüllt. Diese läuft manchmal schon beim Aufschneiden der Bauckdecke aus. —ja→ Der Fisch leidet unter Bauchwassersucht. Siehe Kap. 4.2. → Präparat der Flüssigkeit anfertigen und auf Blut und Bakterien untersuchen. Die Behandlung kann nach C 25, A 5, A 6 oder A 1 erfolgen. Weiter auf Tafel 21.

↓ nein

B. Die Flüssigkeit in der Leibeshöhle ist gallertartig, die Organe sind zurückgebildet und der Darm ist glasig. —ja→ Auch hier handelt es sich um Bauchwassersucht. Siehe Kap. 4.2.

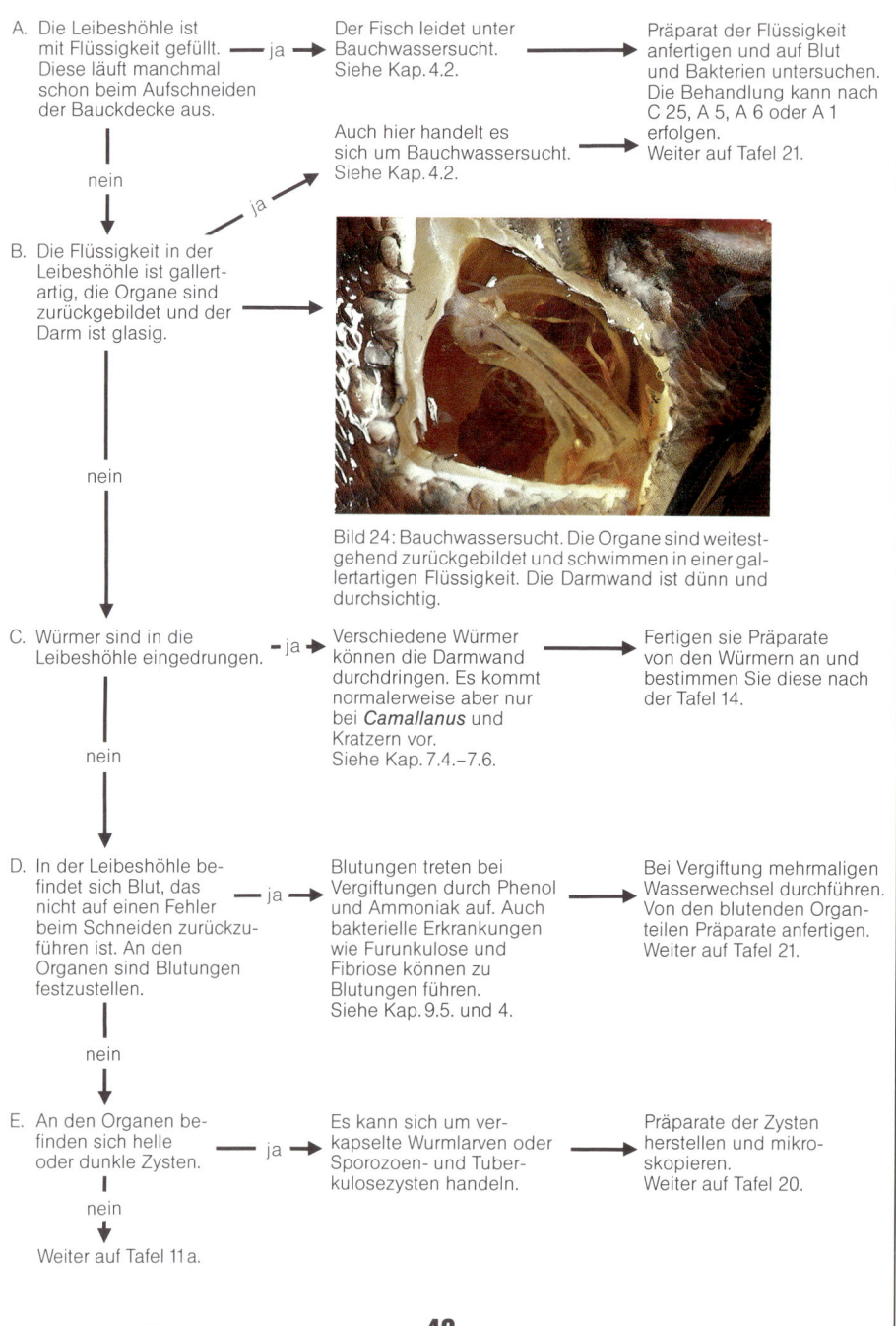

Bild 24: Bauchwassersucht. Die Organe sind weitestgehend zurückgebildet und schwimmen in einer gallertartigen Flüssigkeit. Die Darmwand ist dünn und durchsichtig.

↓ nein

C. Würmer sind in die Leibeshöhle eingedrungen. —ja→ Verschiedene Würmer können die Darmwand durchdringen. Es kommt normalerweise aber nur bei **Camallanus** und Kratzern vor. Siehe Kap. 7.4.–7.6. → Fertigen sie Präparate von den Würmern an und bestimmen Sie diese nach der Tafel 14.

↓ nein

D. In der Leibeshöhle befindet sich Blut, das nicht auf einen Fehler beim Schneiden zurückzuführen ist. An den Organen sind Blutungen festzustellen. —ja→ Blutungen treten bei Vergiftungen durch Phenol und Ammoniak auf. Auch bakterielle Erkrankungen wie Furunkulose und Fibriose können zu Blutungen führen. Siehe Kap. 9.5. und 4. → Bei Vergiftung mehrmaligen Wasserwechsel durchführen. Von den blutenden Organteilen Präparate anfertigen. Weiter auf Tafel 21.

↓ nein

E. An den Organen befinden sich helle oder dunkle Zysten. —ja→ Es kann sich um verkapselte Wurmlarven oder Sporozoen- und Tuberkulosezysten handeln. → Präparate der Zysten herstellen und mikroskopieren. Weiter auf Tafel 20.

↓ nein

Weiter auf Tafel 11a.

Tafel 11 a: Leibeshöhle

Fortsetzung von Tafel 11.

F. Nach dem Abheben der Körperseite fällt der prall gefüllte Vorderdarm auf, der die Leber zur Seite geschoben hat. → ja → Der Fisch hatte einen Darmverschluß. Man erkennt die unverdaute Nahrung im Darm. Siehe Kap. 9.3. → Zeigen auch andere Fische einen aufgetriebenen Leib? Setzen Sie die Temperatur um 3–5 Grad C höher und füttern Sie in Zukunft abwechslungsreicher, balaststoffreicher, vitaminreicher und vor allem kein kaltes Futter.

↓ nein

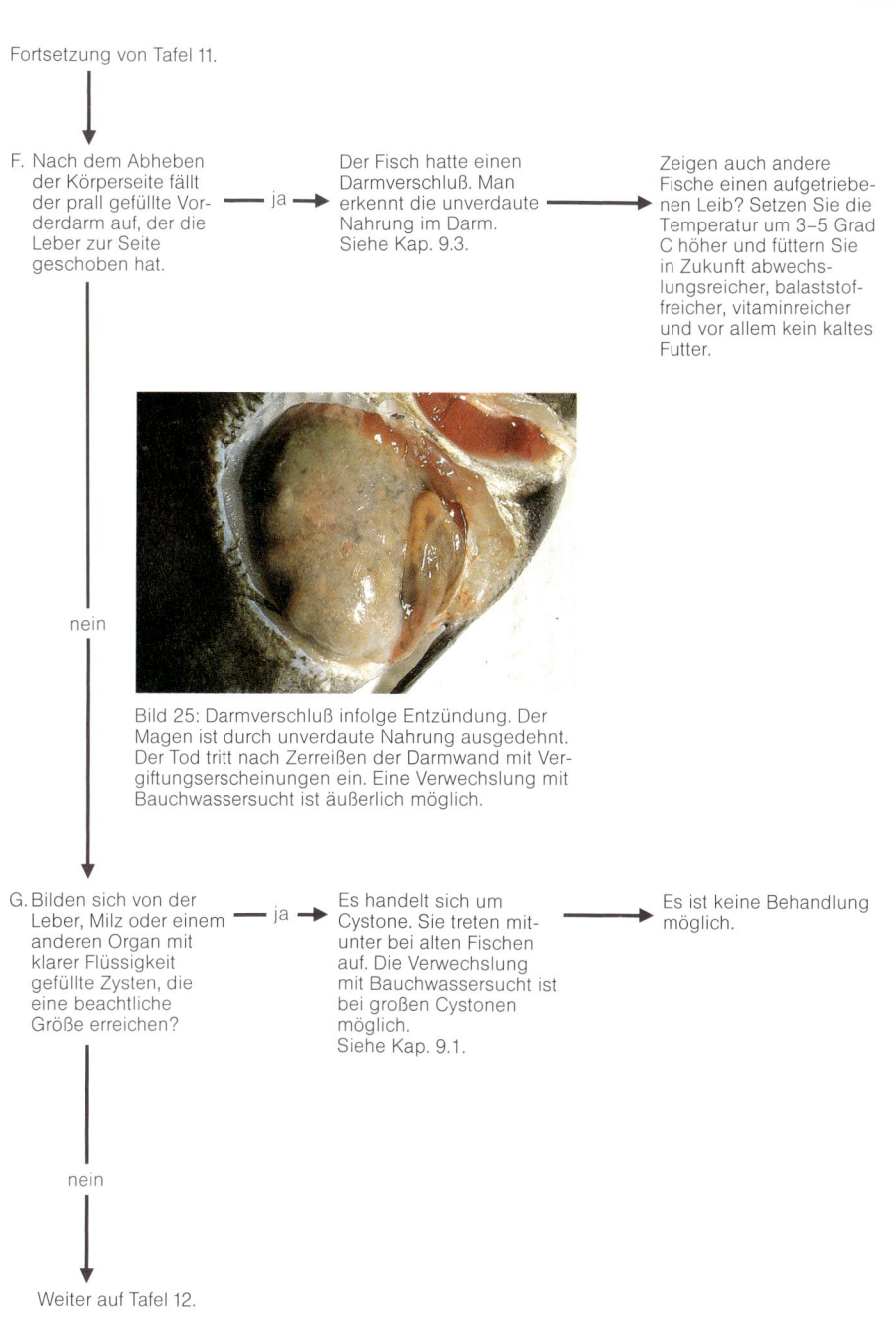

Bild 25: Darmverschluß infolge Entzündung. Der Magen ist durch unverdaute Nahrung ausgedehnt. Der Tod tritt nach Zerreißen der Darmwand mit Vergiftungserscheinungen ein. Eine Verwechslung mit Bauchwassersucht ist äußerlich möglich.

G. Bilden sich von der Leber, Milz oder einem anderen Organ mit klarer Flüssigkeit gefüllte Zysten, die eine beachtliche Größe erreichen? → ja → Es handelt sich um Cystone. Sie treten mitunter bei alten Fischen auf. Die Verwechslung mit Bauchwassersucht ist bei großen Cystonen möglich. Siehe Kap. 9.1. → Es ist keine Behandlung möglich.

↓ nein

Weiter auf Tafel 12.

Tafel 12: Leber

Beim Herausnehmen der Organe wird Leber, Galle, Darm und Milz meist zusammen herausgenommen. Organe, die Sie nicht sofort präparieren, legen Sie in ein kleines Schälchen mit phys. Kochsalzlösung ein. Die Bilder 45 bis 47 zeigen, wie eine gesunde Leber aussieht.

A. Die Leber ist braun oder gelb verfärbt. Im Präparat befinden sich unzählige helle Fettkügelchen mit dunklem Rand. Siehe Bild Nr. 48 — ja → Die Ursache kann Bauchwassersucht oder Leberverfettung durch falsche Ernährung oder bakterielle Infektion sein. Siehe Kap. 9.3. u. Kap. 4. → Den Fischen ist beste Wasserqualität und abwechslungsreiche Fütterung zu bieten. Fertigen Sie Präparate an und untersuchen Sie diese nach Tafel 21 auf Bakterien.

↓ nein

B. Die Leber ist grünlich verfärbt. — ja → Der Gallenkanal ist entzündet oder verstopft. Die Gallenflüssigkeit staut sich in die Leber und verfärbt diese. → Es dürfte sich um einen Einzelfall handeln. Die Behandlung der anderen Fische ist nicht notwendig.

↓ nein

C. An und in der Leber befinden sich kleine Zysten von 1 bis 1,5 mm Größe. — ja → Es handelt sich sehr wahrscheinlich um Metacercarienzysten. Siehe Kap. 7.3. → Präparat anfertigen und Diagnose durch mikroskopische Untersuchung sichern. Weiter auf Tafel 20.

↓ nein

D. An der Leber sind kleine weiße Knötchen zu sehen. — ja → Hier kann es sich um Sporozoen-, Tuberkulose- oder Ichthyophonuszysten handeln. → Präparat dieser Zysten herstellen und ab 50facher Vergrößerung mikroskopen. Weiter auf Tafel 20 und Tafel 21.

↓ nein

E. Im Quetschpräparat von Lebergewebe befinden sich kleine Eier (sehr selten). — ja → Ihr Fisch kann von Blutwürmern befallen sein. Siehe Kap. 7.3. → Präparat herstellen. Weiter auf Tafel 7 D.

↓ nein

Weiter auf Tafel 13.

Tafel 13: Gallenblase

Nehmen Sie die Gallenblase vorsichtig heraus und stechen Sie sie erst auf dem Objektträger an.

A. In der Gallenflüssigkeit schwimmen schnelle Einzeller. — ja → Es können Flagellaten verschiedener Gattungen sein. Siehe Kap. 6.1.2. → Zur Bestimmung muß ein neues Präparat hergestellt werden. Zur Bestimmung weiter auf Tafel 8 b K.

↓ nein

B. In der Gallenflüssigkeit und an der Wand der Gallenblase befinden sich große Mengen von Bakterien. — ja → Eine starke Infektion durch Bakterien kann bei Bauchwassersucht und anderen Erkrankungen auftreten. Siehe Kap. 4. → Stellen Sie Präparate auch von anderen Organen her. Weiter auf Tafel 21.

↓ nein

C. In der Gallenblase befinden sich größere Objekte und kleine kristalline Gebilde. — ja → Es handelt sich um die Vorstufe von Gallensteinen. → Die anderen Organe müssen untersucht werden. Die Kristalle sind nicht die Ursache der Krankheit.

↓ nein

Weiter auf Tafel 14.

Tafel 14: Darm

Sie haben Präparte von der Darmwand und dem Darminhalt hergestellt. Beurteilen Sie diese nach der nun folgenden Tafel.

A. Im Darm befinden sich undurchsichtige Würmer mit einziehbarem Rüssel, der gänzlich mit Hacken besetzt ist. Siehe Bild Nr. 99.

→ ja → Der Fisch ist von Kratzern befallen. Siehe Kap. 7.6.

→ Verfüttern Sie keine lebenden Bachflohkrebse, eingefrorene Bachflohkrebse sind unbedenklich. Behandlung nach C 24. Siehe Tafel 8 a G.

↓ nein

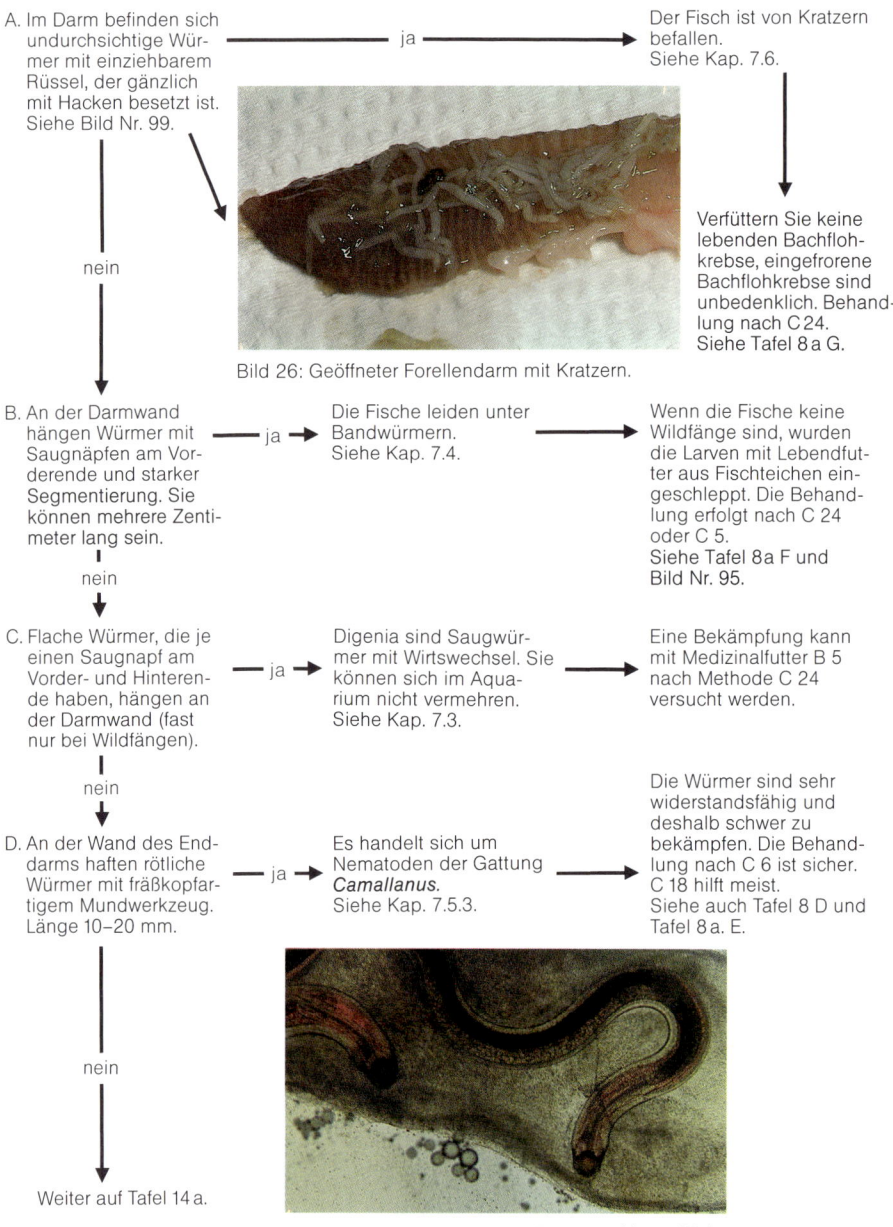

Bild 26: Geöffneter Forellendarm mit Kratzern.

B. An der Darmwand hängen Würmer mit Saugnäpfen am Vorderende und starker Segmentierung. Sie können mehrere Zentimeter lang sein.

→ ja → Die Fische leiden unter Bandwürmern. Siehe Kap. 7.4.

→ Wenn die Fische keine Wildfänge sind, wurden die Larven mit Lebendfutter aus Fischteichen eingeschleppt. Die Behandlung erfolgt nach C 24 oder C 5. Siehe Tafel 8 a F und Bild Nr. 95.

↓ nein

C. Flache Würmer, die je einen Saugnapf am Vorder- und Hinterende haben, hängen an der Darmwand (fast nur bei Wildfängen).

→ ja → Digenia sind Saugwürmer mit Wirtswechsel. Sie können sich im Aquarium nicht vermehren. Siehe Kap. 7.3.

→ Eine Bekämpfung kann mit Medizinalfutter B 5 nach Methode C 24 versucht werden.

↓ nein

D. An der Wand des Enddarms haften rötliche Würmer mit fräßkopfartigem Mundwerkzeug. Länge 10–20 mm.

→ ja → Es handelt sich um Nematoden der Gattung *Camallanus*. Siehe Kap. 7.5.3.

→ Die Würmer sind sehr widerstandsfähig und deshalb schwer zu bekämpfen. Die Behandlung nach C 6 ist sicher. C 18 hilft meist. Siehe auch Tafel 8 D und Tafel 8 a. E.

↓ nein

Weiter auf Tafel 14 a.

Bild 27: *Camallanus* cotti im Enddarm. Vergr. 30:1.

Tafel 14 a: Darm

Fortsetzung von Tafel 14.

E. Lange sehr dünne Würmer bewegen sich langsam im Darm. Bei weiblichen Exemplaren sind im Darm viele Eier zu sehen. Länge bis 20 mm.
— ja → Es handelt sich um Haarwürmer, *Capillaria*. Siehe Kap. 7.5. und Kap. 7.5.1.
→ Führen Sie bei den anderen Fischen eine Kotuntersuchung durch und stellen Sie fest, ob sich Nematodeneier darin befinden. Behandlung nach C 6 und C 5. Siehe auch Tafel 8 a. E.

nein ↓

F. In der Darmwand befinden sich Zysten, in denen sich aufgerollte Würmer schwach bewegen. Größe der Zysten: 250–350 Mikrom.
— ja → Sie haben verkapselte Nematodenlarven gefunden. Siehe Kap. 7.5 und Bild 34 auf Tafel 20.
→ Eine Behandlung ist nicht erforderlich.

nein ↓

G. Große, dicke Würmer bewegen sich schlängelnd im Darm. Länge 1–4 mm, wurden bisher nur bei Diskusfischen gefunden.
— ja → Die Madenwürmer der Ordnung Oxyurida sind noch nicht näher bestimmt. Siehe Kap. 7.5.2. und Bild 98.
→ Suchen Sie bei den anderen Fischen nach den Eiern im Kot. Die Behandlung erfolgt mit Medizinalfutter nach Methode C 6 oder C 5. Siehe auch Tafel 8 b.).

nein ↓

H. Relativ große Einzeller schwimmen im Darminhalt herum. Sie haben ein leicht abgewinkeltes, rundes Vorderende und ein bis zur Spitze ausgezogenes Hinterende.
— ja → Der Diskusparasit *Protoopalina symphysodonis* wurde bisher nur bei Diskusfischen gefunden. Sie Kap. 6.1.4.
→ Die Behandlung nach C19 tötet die Flagellaten schnell ab. Siehe auch Tafel 8 b l.).

nein ↓

Weiter auf Tafel 14 b.

Tafel 14 b: Darm

Fortsetzung von Tafel 14 a.

I. Im Darminhalt bewegen sich sehr schnell winzige Einzeller. Größe: 8–24 Mikrom. — ja → Der Darm des Fisches ist von Flagellaten befallen. Siehe Kap. 6.1.2. → Die genaue Bestimmung der Flagellaten können Sie nach Tafel 8 b. K. durchführen.

nein ↓

K. In der Darmwand befinden sich längliche Zysten mit deutlich sichtbarem Kern. — ja → Es handelt sich um Fremdkörper, die in die Darmwand eingedrungen sind und dort verkapselt wurden. (Z. B. Borsten von *Cyclops*). siehe Kap. 9.1. → Geben Sie Fischen, die eine derartige Nahrung nicht gewöhnt sind, keine *Cyclops*.

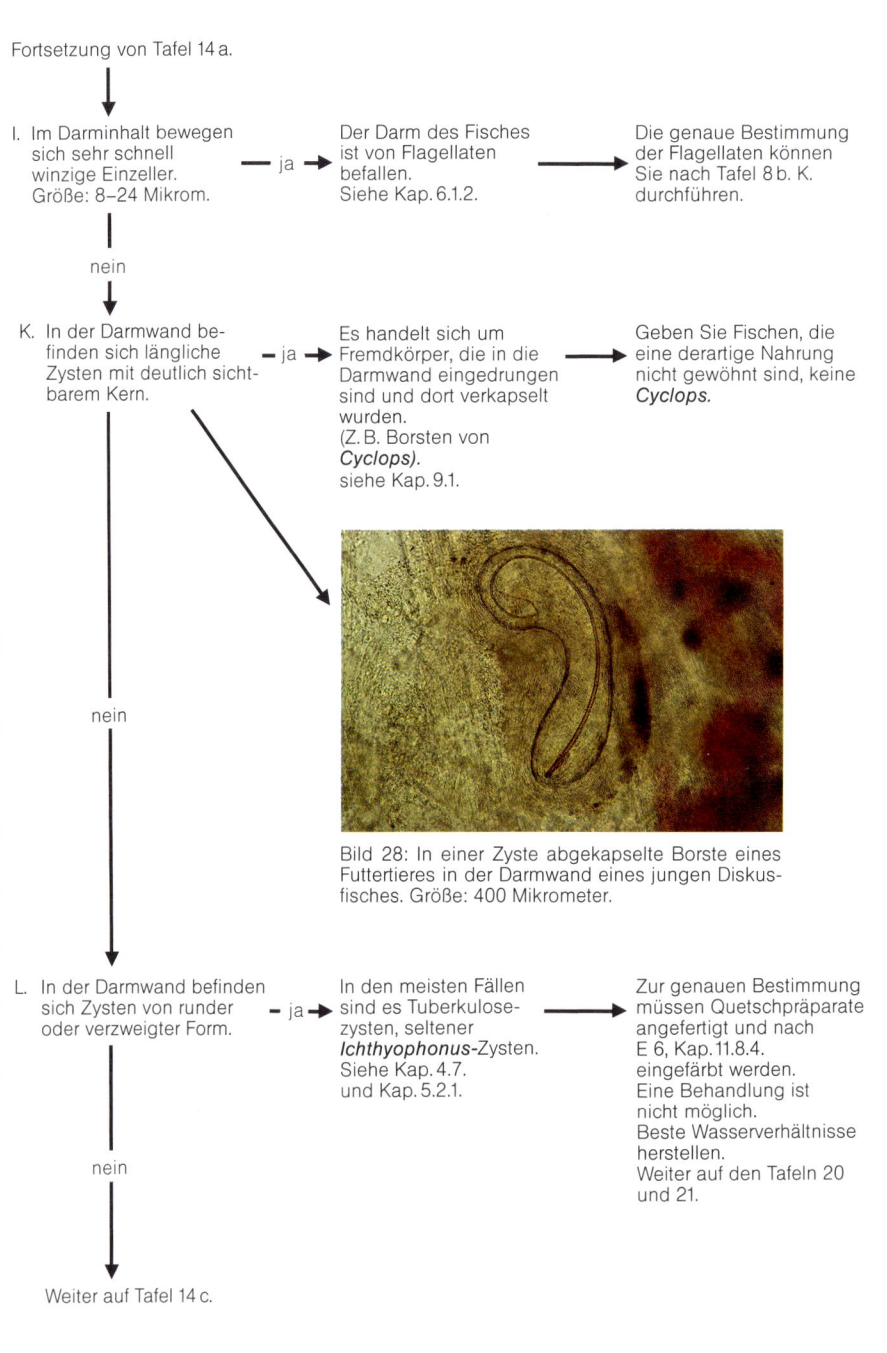

Bild 28: In einer Zyste abgekapselte Borste eines Futtertieres in der Darmwand eines jungen Diskusfisches. Größe: 400 Mikrometer.

nein ↓

L. In der Darmwand befinden sich Zysten von runder oder verzweigter Form. — ja → In den meisten Fällen sind es Tuberkulosezysten, seltener *Ichthyophonus*-Zysten. Siehe Kap. 4.7. und Kap. 5.2.1. → Zur genauen Bestimmung müssen Quetschpräparate angefertigt und nach E 6, Kap. 11.8.4. eingefärbt werden. Eine Behandlung ist nicht möglich. Beste Wasserverhältnisse herstellen. Weiter auf den Tafeln 20 und 21.

nein ↓

Weiter auf Tafel 14 c.

Tafel 14 c: Darm

Fortsetzung von Tafel 14 b.

M. In der Darmwand sind Stellen zu sehen, die rot verfärbt sind. Bei hoher Vergrößerung können Blutkörperchen erkannt werden. — ja → Hier handelt es sich um eine Darmentzündung oder eine Vibriose. Siehe Kap. 9.3. und Kap. 4.5. → Fertigen Sie ein Präparat an und untersuchen Sie es auf Bakterien. Weiter auf Tafel 21.

nein ↓

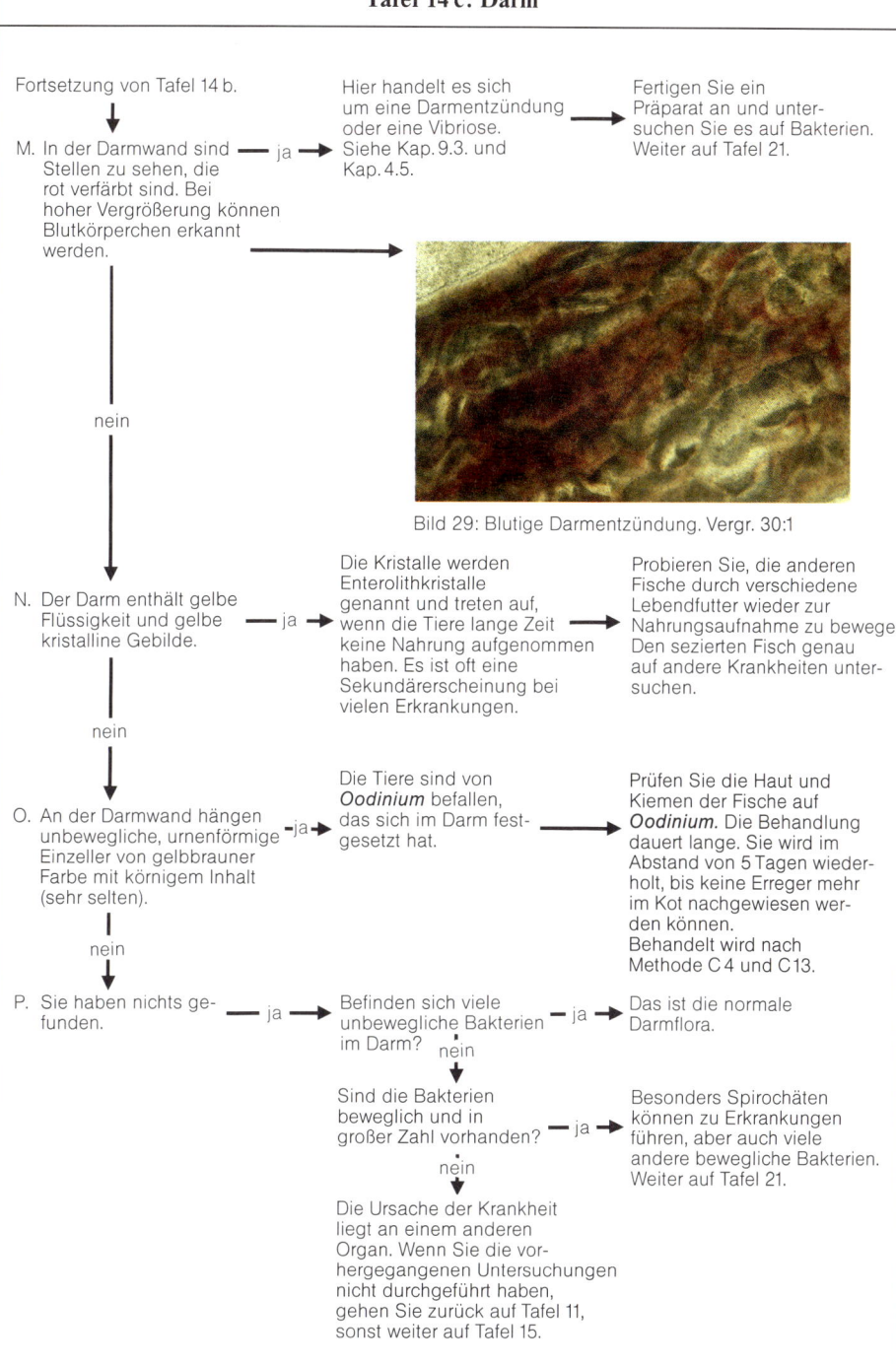

Bild 29: Blutige Darmentzündung. Vergr. 30:1

N. Der Darm enthält gelbe Flüssigkeit und gelbe kristalline Gebilde. — ja → Die Kristalle werden Enterolithkristalle genannt und treten auf, wenn die Tiere lange Zeit keine Nahrung aufgenommen haben. Es ist oft eine Sekundärerscheinung bei vielen Erkrankungen. → Probieren Sie, die anderen Fische durch verschiedene Lebendfutter wieder zur Nahrungsaufnahme zu bewegen. Den sezierten Fisch genau auf andere Krankheiten untersuchen.

nein ↓

O. An der Darmwand hängen unbewegliche, urnenförmige Einzeller von gelbbrauner Farbe mit körnigem Inhalt (sehr selten). — ja → Die Tiere sind von *Oodinium* befallen, das sich im Darm festgesetzt hat. → Prüfen Sie die Haut und Kiemen der Fische auf *Oodinium*. Die Behandlung dauert lange. Sie wird im Abstand von 5 Tagen wiederholt, bis keine Erreger mehr im Kot nachgewiesen werden können. Behandelt wird nach Methode C 4 und C 13.

nein ↓

P. Sie haben nichts gefunden. — ja → Befinden sich viele unbewegliche Bakterien im Darm? — ja → Das ist die normale Darmflora.

nein ↓

Sind die Bakterien beweglich und in großer Zahl vorhanden? — ja → Besonders Spirochäten können zu Erkrankungen führen, aber auch viele andere bewegliche Bakterien. Weiter auf Tafel 21.

nein ↓

Die Ursache der Krankheit liegt an einem anderen Organ. Wenn Sie die vorhergegangenen Untersuchungen nicht durchgeführt haben, gehen Sie zurück auf Tafel 11, sonst weiter auf Tafel 15.

Tafel 15: Milz, Herz, Geschlechtsorgane

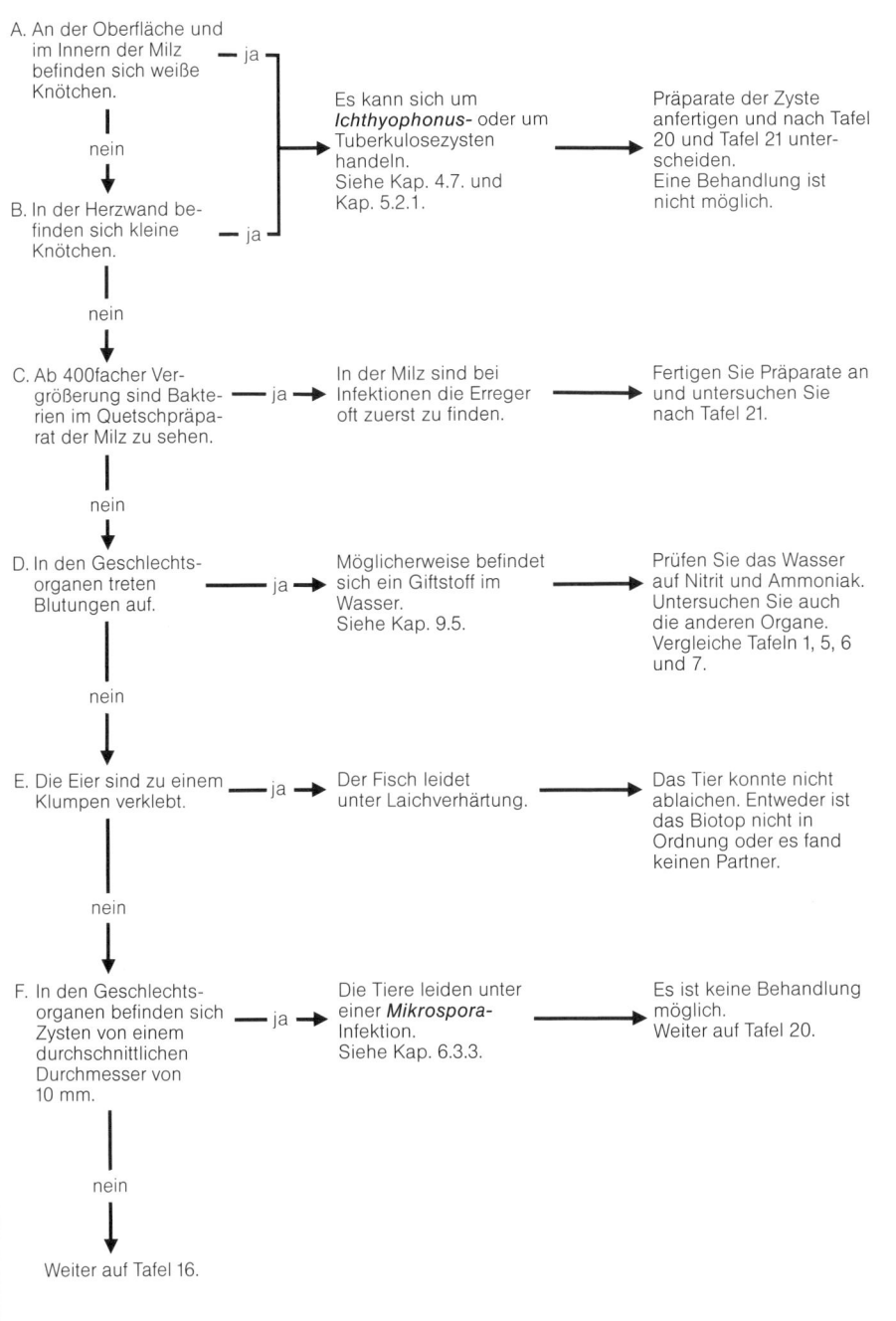

Tafel 16: Schwimmblase

A. Die Schwimmblase enthält eitrige Flüssigkeit. In der Wand und dem Inhalt befinden sich große Mengen von Bakterien. — ja → Es handelt sich um eine bakterielle Infektion, meist als Folge einer Entzündung. → Prüfen Sie auch die anderen Organe. Weiter auf Tafel 21.

↓ nein

B. Die Wand der Schwimmblase ist verhärtet. — ja → Die Schwimmblase ist entzündet. → Erhöhen Sie die Wassertemperaturen um 3–5 Grad C über 5 Tage.

↓ nein

C. In der Schwimmblasenwand befinden sich runde Zysten von unterschiedlicher Größe. Meist kleiner als 1 mm. — ja → Die Fische sind von den Sporentierchen *Eimeria* befallen. Siehe Kap. 6.3.1. → Püfen Sie auch die anderen Organe auf Zysten. Eine Behandlung nach C 22 ist nur selten erfolgreich. Weiter auf Tafel 20.

↓ nein

D. In der Schwimmblasenwand sind große Einschlüsse bis 10 mm Größe. — ja → Das Tier ist von *Microspora* befallen. Siehe Kap. 6.3.3. → Eine Behandlung ist nicht möglich. Prüfen Sie auch die anderen Organe. Weiter auf Tafel 20.

↓ nein

E. Der vordere, bauchseitige Teil der Schwimmblase ist rot entzündet. Die Tiere waren Kopfsteher oder lagen am Boden. — ja → Die Ursache ist eine bakterielle Infektion. Siehe Kap. 3.11. → Die Behandlung nach C 26 ist nicht in allen Fällen erfolgreich. Sie führt jedoch meistens zur Ausheilung. Die Temperatur sollte in diesem Fall nicht erhöht werden.

↓ nein

Weiter auf Tafel 17.

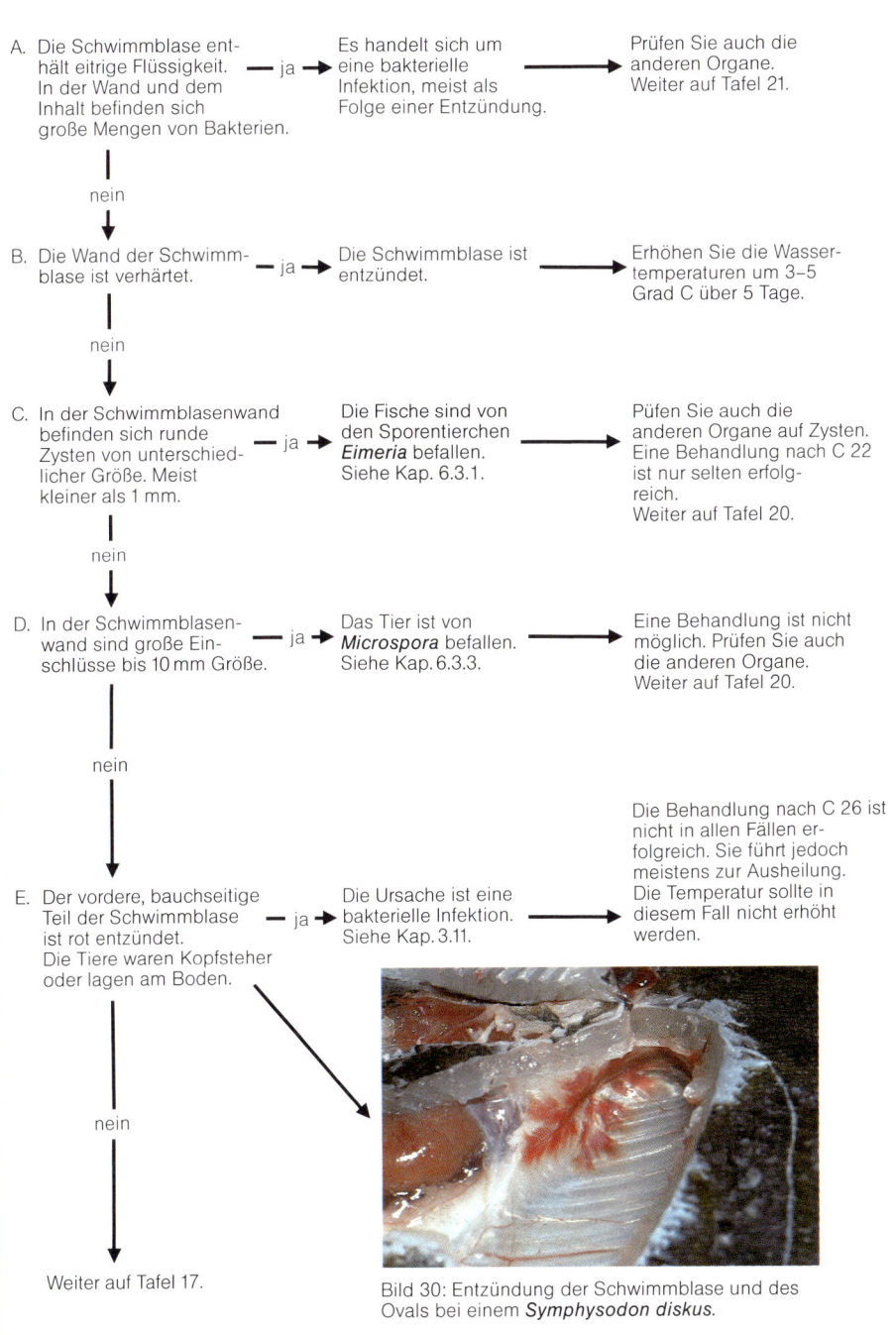

Bild 30: Entzündung der Schwimmblase und des Ovals bei einem *Symphysodon diskus*.

Tafel 17: Niere

A. Im Quetschpräparat des Nierengewebes befinden sich kleine, bewegliche Einzeller. — ja → Es handelt sich um Flagellaten, die über das Blut in die Niere gelangt sind. → Da sie Darm und Galle schon überprüft haben, sind Ihnen die Flagellaten schon bekannt. Die anderen Fische sind mit Sicherheit auch infiziert, deswegen ist eine schnelle Behandlung erforderlich. Siehe Kap. 6.1. Methode C 8 und C 19.

↓ nein

B. Im Gewebe befinden sich große Mengen Bakterien. Manchmal treten auch Blutungen auf. — ja → Wenn Bakterien in die Niere eingedrungen sind, ist sicher auch der übrige Organismus befallen. → Überprüfen Sie auch Milz und Leber. Weiter auf Tafel 21. Siehe auch Tafel 7. Methode C 21, C 25, C 22, A 5, A 6 und A 1.

↓ nein

C. Im Gewebe der Niere befinden sich Zysten unterschiedlicher Größe. — ja → Manchmal sind Tuberkulose- und *Ichthyophonus*zysten in der Niere zu finden. → Zur genauen Bestimmung gehen Sie bitte auf Tafel 20 und 21. Eine Behandlung ist nicht möglich.

↓ nein

D. In den Nierenkanälen befinden sich Kristalle und Einschlüsse. — ja → An die Kristalle lagern sich oft organische Stoffe an, so daß mehrschichtige Gebilde entstehen, die Nierensteine. Siehe Bild 31. → Es gibt mehrere Ursachen, die bei Fischen zu Nierensteinen führen. Es können z. B. Medikamente und Kalk in der Niere auskristallisieren.

↓ nein

Weiter auf Tafel 18.

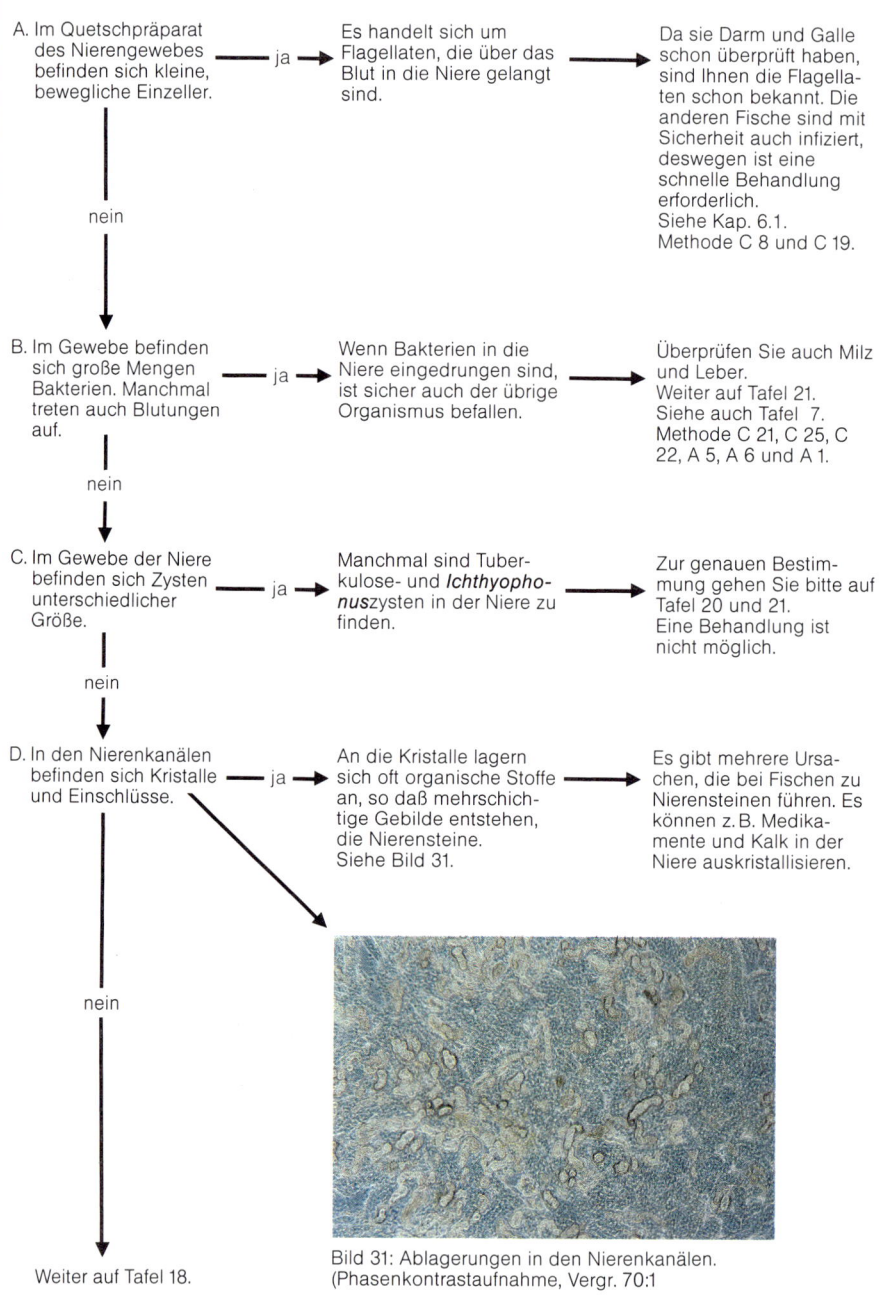

Bild 31: Ablagerungen in den Nierenkanälen. (Phasenkontrastaufnahme, Vergr. 70:1)

Tafel 18: Gehirn und Muskel

A. Im Quetschpräparat der Gehirnmasse befinden sich Zysten unterschiedlicher Größe mit dunklem Inhalt. — ja → Vermutlich handelt es sich um Tuberkulosezysten. Siehe Kap. 4.7. → Fertigen Sie Doppelquetschpräparate an und untersuchen Sie diese nach Tafel 21.

B. Manchmal sind auch nur dichtere, kontrastreichere Stellen im Quetschpräparat des Gehirns festzustellen. — ja ↗

nein ↓

C. Im Muskelzupfpräparat befinden sich Zysten mit Larven und Würmern. — ja → Bei diesen Würmern stellt der Fisch den Zwischenwirt dar. Siehe Kap. 7.3. → Wildfänge sind oft davon befallen. Treten die Larven bei Aquariennachzuchten auf, so wurden die Larven mit ihren Zwischenwirten eingeschleppt. Kein Lebendfutter aus Fischteichen verfüttern. Siehe auch Tafel 20.

nein ↓

D. Die Muskulatur ist stellenweise wich und weiß, sie enthält Zysten, die beim Quetschen viele Sporen entlassen. — ja → Es handelt sich um Sporozoenzysten der Gattung *Pleistophora*. → Eine Behandlung kann mit C 22 versucht werden, ist aber nur selten erfolgreich. Zur genauen Bestimmung weiter auf Tafel 20.

nein ↓

Weiter auf Tafel 19.

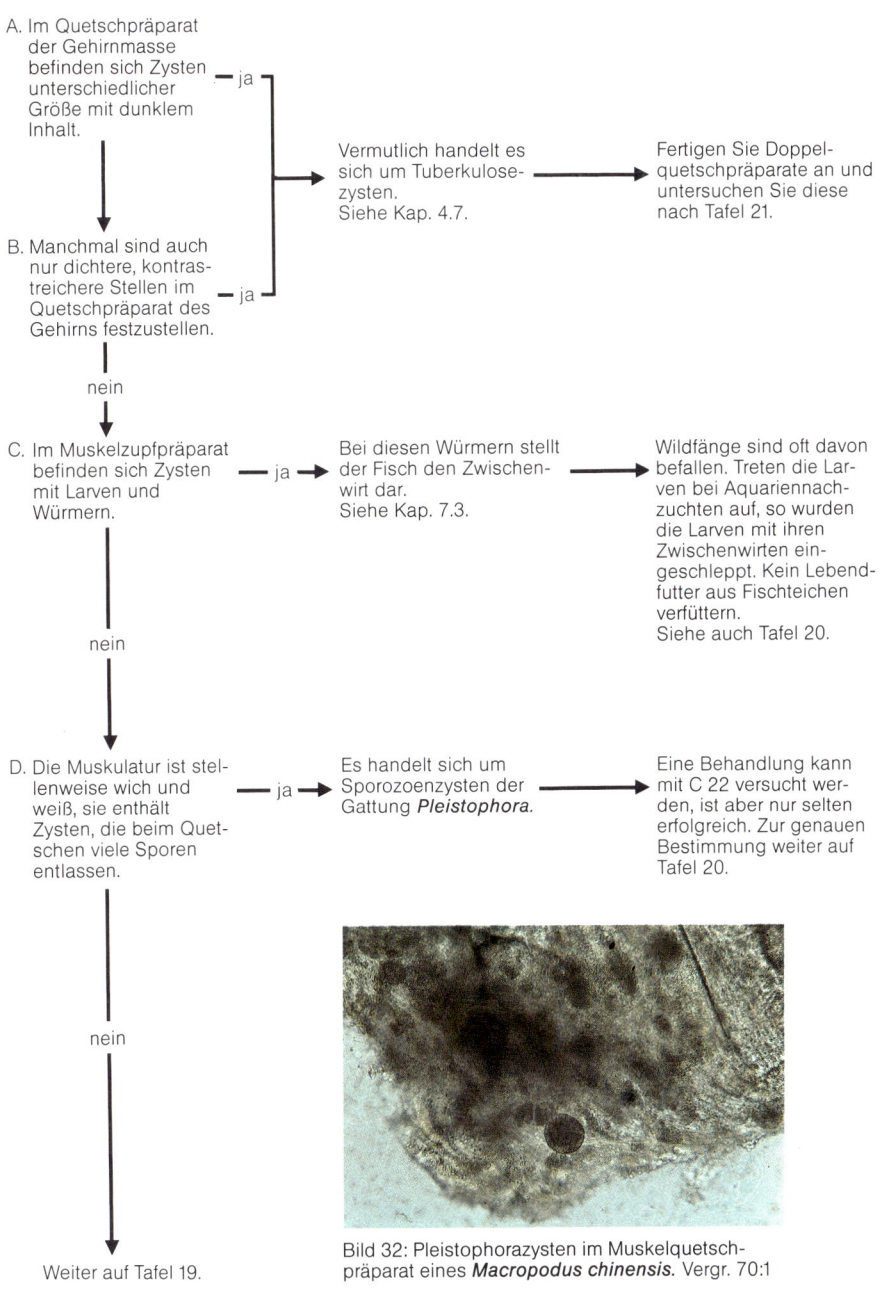

Bild 32: Pleistophorazysten im Muskelquetschpräparat eines *Macropodus chinensis*. Vergr. 70:1

Tafel 19: Eier und Brut

A. Die Eier eines Geleges werden erst trübe, dann weiß. Die weißen Eier verpilzen schließlich. — ja → Die Eier sind durch äußere Einflüsse abgestorben. Meist befinden sich Einzeller und Bakterien im Wasser, welche die Eier angreifen. Später überzieht der Pilz *Saprolegnia* die abgestorbenen Eier. → Zunächst ist das Laichsubstrat zu desinfizieren (Methode D 2, D 3 u. D 5) und ein Desinfektionsmittel dem Wasser zuzugeben (C 17e). Führt dies zu keinem Erfolg, muß das ganze Becken gründlich desinfiziert werden.

nein ↓

B. Bei der jungen Brut ist der Dottersack vergrößert, manchmal treten Blutungen auf. Die Larven sterben nach kurzer Zeit. — ja → Die Brut ist von der Dotterblasenwassersucht befallen. Sie tritt meist nur bei Teichfischen auf. → Es ist keine Behandlung möglich.

nein ↓

Weiter auf Tafel 20.

Tafel 20: Zysten

Sie wurden auf diese Tafel verwiesen, weil Sie aus Organen, Haut und Flossen Zysten isoliert haben und nun die Ursache ergründen möchten. Fertigen Sie ein Präparat der Zyste an, ohne sie zu zerquetschen.

A. Im Innern der Zyste ist eine sich bewegende Larve zu erkennen. — ja → Der Fisch ist von Metacercarien befallen. Eine Übertragung auf andere Tiere ist nicht möglich. → Sie sollten nichts unternehmen, da die Larven in geringer Zahl den Fisch nur wenig behindern.

nein ↓

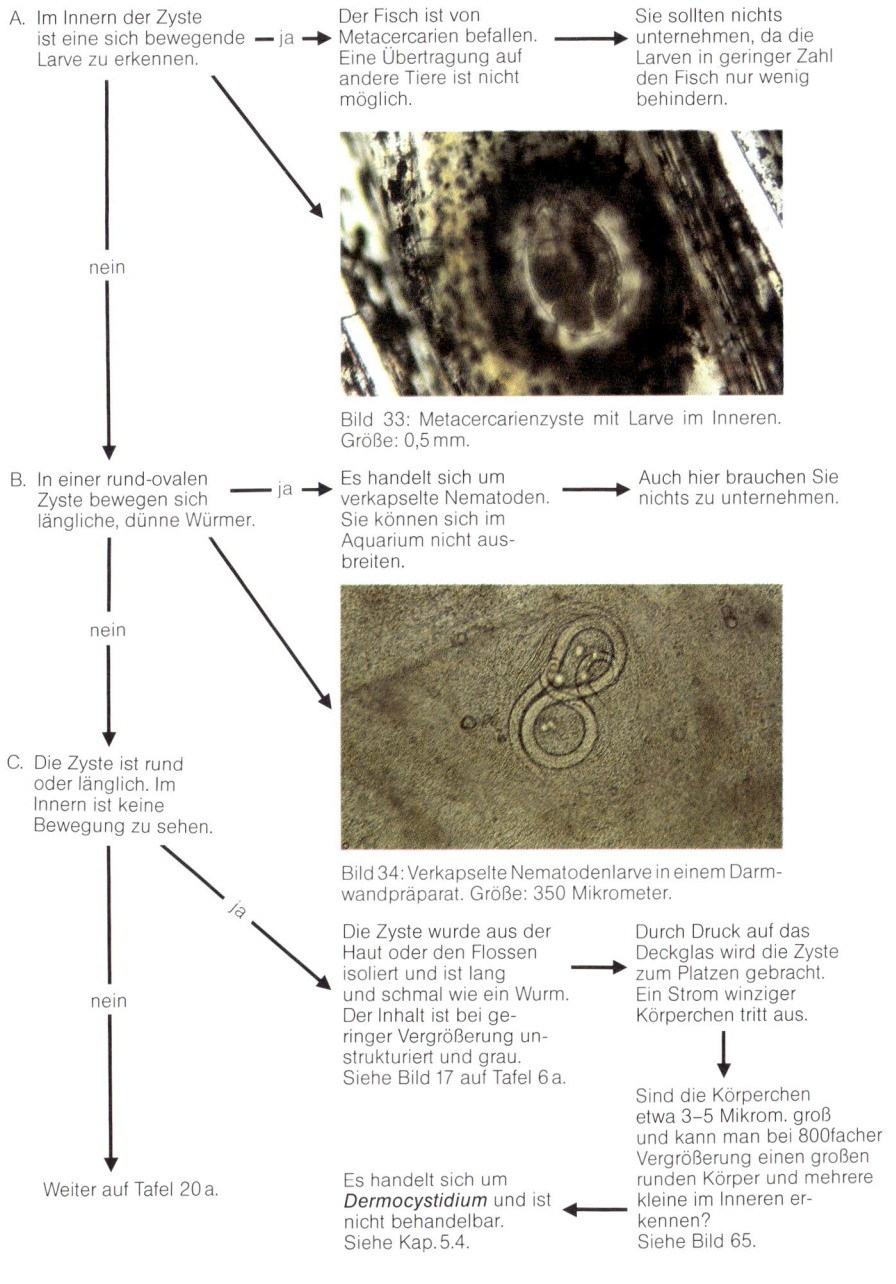

Bild 33: Metacercarienzyste mit Larve im Inneren. Größe: 0,5 mm.

B. In einer rund-ovalen Zyste bewegen sich längliche, dünne Würmer. — ja → Es handelt sich um verkapselte Nematoden. Sie können sich im Aquarium nicht ausbreiten. → Auch hier brauchen Sie nichts zu unternehmen.

nein ↓

Bild 34: Verkapselte Nematodenlarve in einem Darmwandpräparat. Größe: 350 Mikrometer.

C. Die Zyste ist rund oder länglich. Im Innern ist keine Bewegung zu sehen.

ja → Die Zyste wurde aus der Haut oder den Flossen isoliert und ist lang und schmal wie ein Wurm. Der Inhalt ist bei geringer Vergrößerung unstrukturiert und grau. Siehe Bild 17 auf Tafel 6a. → Durch Druck auf das Deckglas wird die Zyste zum Platzen gebracht. Ein Strom winziger Körperchen tritt aus.

↓

Sind die Körperchen etwa 3–5 Mikrom. groß und kann man bei 800facher Vergrößerung einen großen runden Körper und mehrere kleine im Inneren erkennen? Siehe Bild 65.

nein ↓

Weiter auf Tafel 20a.

← Es handelt sich um *Dermocystidium* und ist nicht behandelbar. Siehe Kap. 5.4.

Tafel 20 a: Zysten

Fortsetzung von Tafel 20.

D. Die Zysten stammen aus Organen oder der Muskulatur.

ja →

Es hängen oft mehrere runde Zysten von 30 Mikrom. Größe beisammen. Siehe Bild 32 auf Tafel 18. — ja → Beim Quetschen treten die etwa 4 Mikrom. langen, eiförmigen Sporen aus. Siehe Bilder 80 und 81. → Es handelt sich um Microsporidien, vielleicht *Pleistophora.* Siehe Kap. 6.3.3.

nein ↓

Die Zysten liegen einzeln im Gewebe und können sehr groß sein. Beim Quetschen entlassen sie gleich große und gleichförmige Sporen. ja → Die Sporen enthalten vier kleine Körperchen. Siehe Bild 78. → Die Fische sind von Coccidida, wahrscheinlich *Eimeria* sp., befallen. Siehe Kap. 6.3.1.

nein ↓

Die Sporen sind spindelförmig und haben an jedem Ende ein Polkörperchen. → Die Tiere sind von Myxosporidien befallen. Siehe Kap. 6.3.2.

nein ↓

Die Sporen sind rund oder einseitig spitz mit zwei nebeneinander liegenden Polkörperchen. Siehe Bild 79. → Auch hier handelt es sich um Myxosporidien. Siehe Kap. 6.3.2.

nein ↓

Sie entlassen beim Quetschen keine Sporen. — ja → Es sind keine Sporozoenzysten. Weiter auf Tafel 21.

nein ↓

Weiter auf Tafel 20 b.

Tafel 20 b: Zysten

Fortsetzung von Tafel 20 a.

E. Die Zysten stammen aus einem Geschwür oder einer Gewebeverdickung. — ja → Die Zysten sind von hellem Gewebe eingekapselt. Im Innern ist keine Struktur zu erkennen. Sie sind hell bis dunkelbraun gefärbt. Siehe Bild 61. — ja → Wahrscheinlich handelt es sich um Tuberkulose. Siehe Kap. 4.7. Weiter auf Tafel 21.

nein ↓

Das Gewebe ist fest und beim Quetschen treten nur einzelne Zellen aus. Es ist extrem von schwarzen Pigmentzellen durchsetzt. — ja → Es handelt sich wahrscheinlich um ein bösartiges Krebsgeschwür, ein Melanosarkom. Oft bei lebendgebärenden Zahnkarpfen, selten bei anderen Fischen. Siehe auch Bild 106. → Beobachten Sie die anderen Fische genau. Siehe Kap. 9.1. Siehe Tafeln 3 und 4 a. D.

nein ↓

Das Gewebe im Innern ist zersetzt und schmierig. Das Geschwür kann geschlossen oder offen sein. — ja → Das Geschwür ist eitrig. Fertigen Sie ein Präparat an und prüfen Sie es auf Bakterien. Weiter auf Tafel 21.

nein ↓

F. Unter der Haut hat sich im Laufe von mehreren Wochen eine Wölbung gebildet. — ja → Nach dem Aufschneiden der Haut kann ein festes, annähernd kugelförmiges Gebilde entnommen werden. Es ist nicht mit der Muskulatur verwachsen. — ja → Solche gutartigen Geschwulste können sich auch an Organen bilden. Sie sind für die anderen Fische nicht gefährlich. Siehe Kap. 9.1.

nein ↓

Bild 35: Wölbung an der linken Körperseite eines *Pseudotropheus* kobalt mottled blue.

Die Wölbung wird immer größer und bricht schließlich nach außen auf.

ja ↓

Es handelt sich um eine Sporozoenerkrankung. Fertigen Sie ein Präparat des Inhalts an und bestimmen Sie die Sporen nach Tafel 20 a. D.

nein ↓

Weiter auf Tafel 20 c.

Tafel 20 c: Zysten

Fortsetzung von Tafel 20 b.

↓

G. In der Darmwand befinden sich einzelne bis sehr viele unregelmäßige längliche Zysten. In ihnen ist ein deutlich sichtbarer Fremdkörper eingeschlossen.

– ja → Spitze Futterteile sind in die Darmwand eingedrungen und wurden vom Gewebe abgekapselt. Meistens handelt es sich um Borsten von ***Cyclops,*** seltener von schwarzen Mückenlarven. Siehe Bild 28 auf Tafel 14 b.

→ Geben Sie Ihren Fischen das Futter nicht mehr.

nein ↓

H. In den Organen befinden sich Zysten von 50–500 Mikrom. Größe mit dunklem, unbeweglichem Inhalt. Die Zysten sind von hellem Gewebe umgeben. Siehe Bild 61.

– ja → Es kann sich um Tuberkulose oder *Ichthyophonus* handeln.

→ Stellen Sie Doppelquetschpräparate her und untersuchen Sie es auf Bakterien. Weiter auf Tafel 21.

nein ↓

I. Die Zysten sind unregelmäßig und verzweigt oder sehr klein.

– ja → Es ist möglich, daß winzige Fremdkörper abgekapselt wurden oder es sind Tuberkulosezysten.

→ Stellen Sie Doppelquetschpräparate her und untersuchen Sie es auf Bakterien. Weiter auf Tafel 21.

nein ↓

K. An den Kiemenblättchen befinden sich kleine, runde Zysten von max. 0,8 mm.

– ja → Beim Quetschen treten keine Sporen aus, sondern kleine, kokkenartige Erreger von 0,3–1 Mikrom. Größe.

→ Die Ursache sind Chlamidien. Die winzigen, kugelförmigen Bakterien sind nur mit sehr guter Optik und in erstklassigen Präparaten zu sehen. Weiter auf Tafel 21.

nein ↓

Weiter auf Tafel 21.

Tafel 21: Bakterien

Sie haben in einem Ausstrich oder Quetschpräparat Bakterien festgestellt. Fertigen Sie zuerst ein extrem dünnes Präparat mit Wasser an und beobachten Sie die Bakterien bei 400–800-facher Vergrößerung. Dunkelfeld- oder Phasenkontrastbeleuchtung sind sehr hilfreich.
Im Gegensatz zu anderen Lebewesen lassen sich Bakterien nicht nach Größe und Aussehen bestimmen. Es sind aufwendige Methoden notwendig, um eine Bestimmung durchzuführen. Es müssen Kulturen angelegt werden und das Wuchsverhalten auf verschieden zusammengesetzten Nährböden beobachtet werden. So können die gezüchteten Bakterien aufgrund ihrer Stoffwechselleistungen systematisch eingeordnet werden. Bakterien zu züchten ist nicht ungefährlich und sollte aus diesem Grund ausgebildeten Fachleuten und dafür eingerichteten Instituten vorbehalten sein. So gesehen ist diese Tafel keine richtige Diagnosetafel, sondern eine Entscheidungshilfe für die Wahl eines Medikamentes.

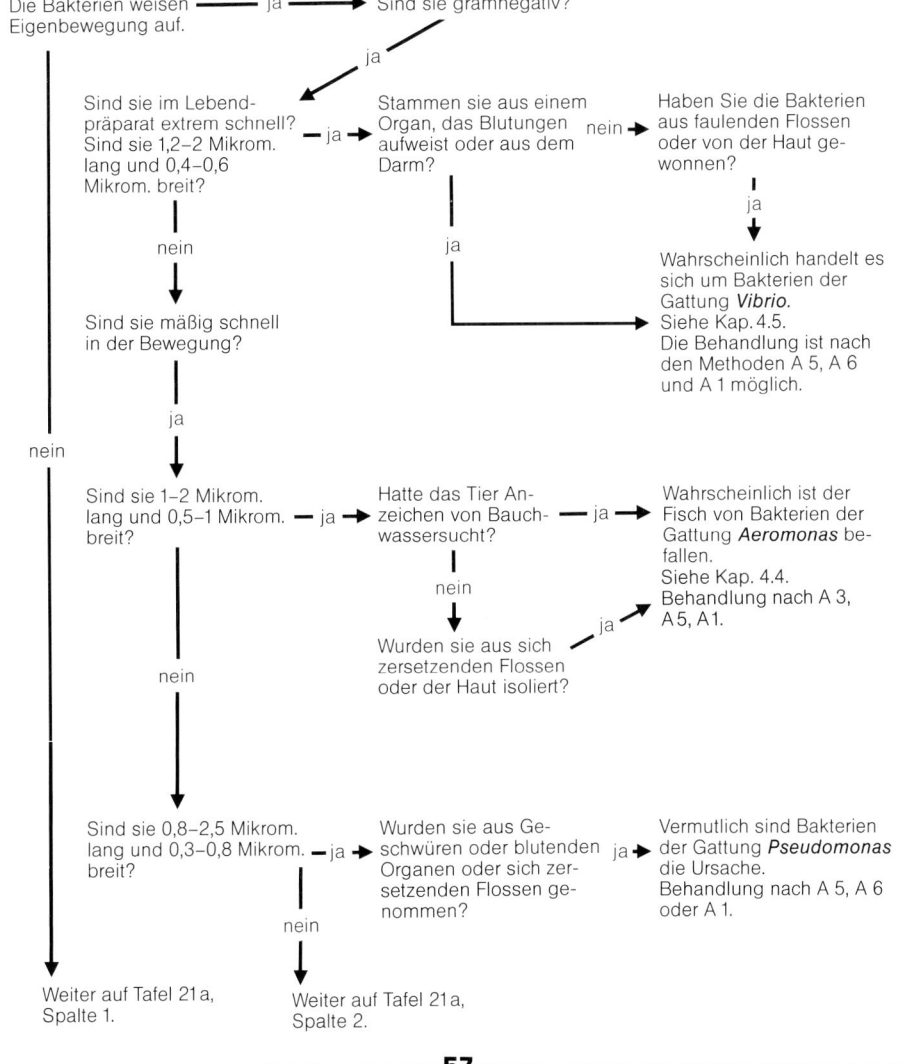

Tafel 21 a: Bakterien

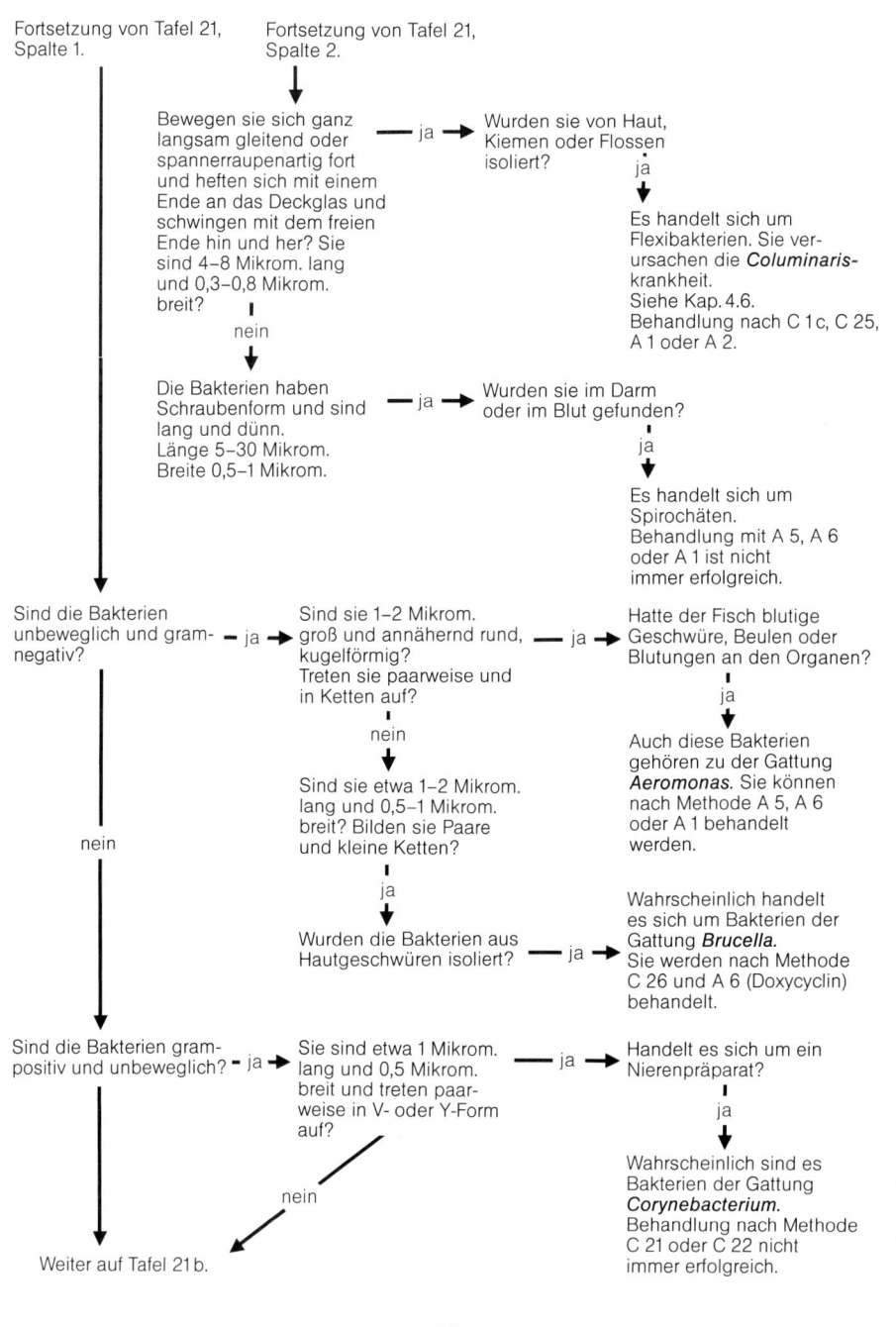

Tafel 21 b: Bakterien

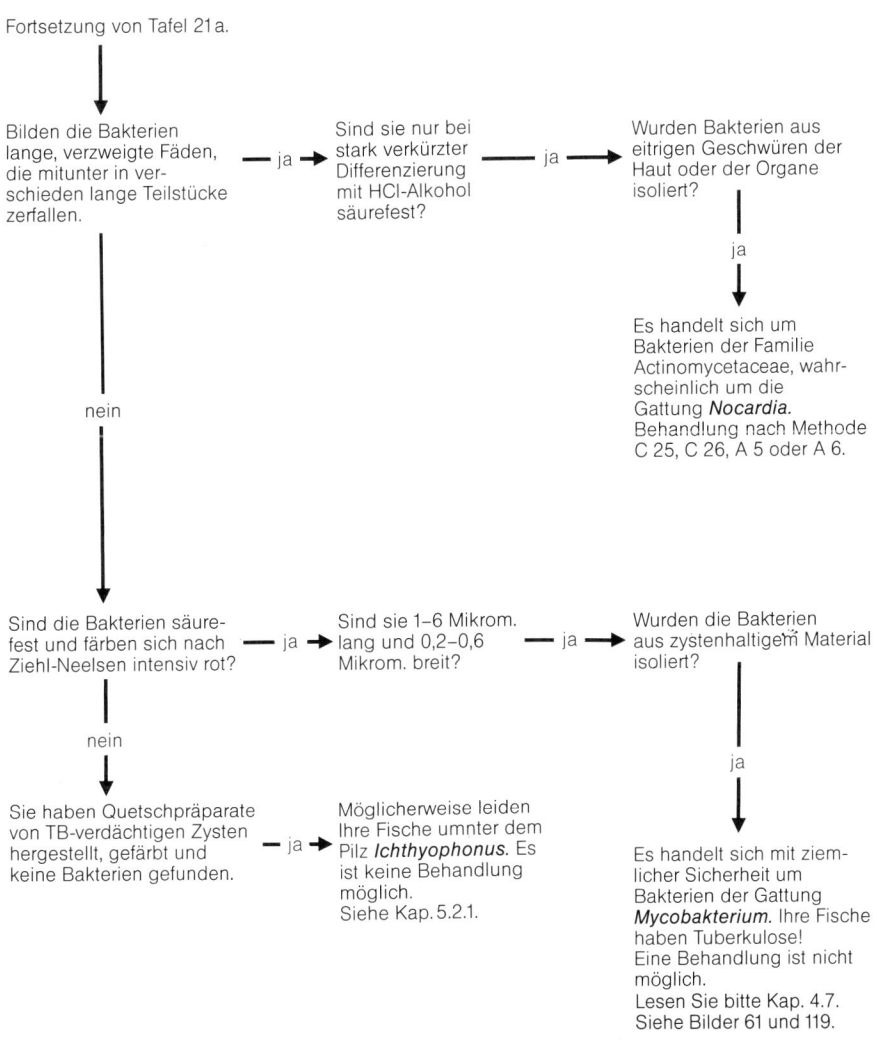

In der Bevölkerung ist die Meinung weit verbreitet, daß Antibiotika und Chemotherapeutika die Krankheitserreger im Organismus abtöten. Diese Meinung ist falsch. Nur sehr wenige Medikamente wirken in den verwendbaren Mengen bakterizid, das heißt bakterientötend. Die meisten wirken bakteriostatisch, wachstumshemmend. Auf die Praxis bezogen bedeutet dies, daß die Bakterien im Organismus in ihrer Vermehrung gehemmt werden, so daß die Abwehrkräfte des Körpers sich erholen können und dann die Bakterien vernichten.
Ein Fisch, dessen Abwehrkraft total geschwächt ist, wird auch mit Antibiotika nicht mehr gesund werden, sondern bis zum Tod dahinsiechen.

2. Kapitel

2. Das Erkennen von Krankheiten

2.1. Fische im Streß

Nicht nur der Mensch, auch Fische leiden unter Streß. Besonders Aquarienfische können vielen Arten von Streß ausgesetzt sein. Die Ursache ist meist umweltbedingt. Es sind als Streßfaktoren für Fische im Aquarium definiert: häufige Temperaturschwankungen, nicht der Art entsprechende chemische Wasserwerte, chemische Mittel (falsche Düngung, Medikamente), unsauberes Wasser, überbesetzte Becken, durch Ausscheidungen belastetes Wasser, falsche Ernährung, Umsetzen, Transport, zu starke Wasserbewegung, Quarantäne in nicht eingerichteten Glasbecken. Auch die Angst der Fische ist ein nicht zu unterschätzender Streßfaktor. So können häufig Angstzustände durch Hantieren im Becken, Fangen der Fische mit dem Kescher oder durch schnelle Bewegung vor dem Aquarium ausgelöst werden. Die Rangkämpfe mancher Arten bedeuten starken Streß für die unterlegenen Tiere, wenn das Becken zu klein ist und zu wenig Verstecke bietet. Extremer Streß kann zur Schockwirkung und dem Tod des Fisches führen. Oft sind die Tiere einem geringen, aber steten Streß durch das Wasser belastende Stoffe ausgesetzt. Eine Zeitlang kann der Fisch sein Körpergleichgewicht (Homöostase) durch Anpassung an die veränderten Faktoren wieder herstellen. Ist dies nicht mehr möglich, tritt ein Erschöpfungszustand ein, der mit dem Tode endet. WEDEMEYER (1970, 1974) und PETERS (1988) konnten nachweisen, daß Streß direkt die Abwehrkraft gegen Infektionen schwächt. Der Ausbruch von Krankheiten durch latente Stadien von Parasiten oder durch im Aquarium befindliche Erreger ist häufig die Folge (Kapitel 6.4.).

Gleich mehrfachen Streß bedeutet die Überbesetzung des Aquariums für seine Bewohner. Selbst bei guter Filterung steigt die Wasserbelastung durch die anfallenden Abfälle. Die Fische stören sich gegenseitig und haben nicht genug Versteckmöglichkeiten. Als Richtwert für die optimale Besetzung eines Beckens wird oft fünf Liter Wasser pro Fisch angegeben. Ein Aquarium mit 100 Litern Inhalt darf demnach zwanzig Fische beherbergen. Große oder kleine Fische? Die Rechnung geht nicht auf. Beste Erfahrungen wurden mit folgendem Schema gemacht, bei dem man den Besatz nach Wassermenge pro Fischlänge berechnet.

Fischgröße	Wassermenge pro 1 cm Fischlänge
unter 2 cm	1 Liter je cm Fischlänge
2 cm bis 5 cm	1,5 Liter je cm Fischlänge
6 cm bis 9 cm	2 Liter je cm Fischlänge
10 cm bis 13 cm	3 Liter je cm Fischlänge
14 cm und größer	4 Liter je cm Fischlänge

Beim Besetzen des Beckens mit Jungfischen muß natürlich die zu erwartende Größe als Maß angenommen werden. Mit diesem Besetzungsschema, einer guten Filterung und einem regelmäßigen Wasserwechsel von einem Viertel der Gesamtwassermenge wöchentlich wird es zu keiner hohen Belastung des Wassers durch Abbauprodukte kommen.

2.2. Das Verhüten von Krankheiten

Um seine Fische im Aquarium gesund zu erhalten und ihnen eine hohe Lebenserwartung zu bieten, ist es notwendig, durch Beherzigen der in diesem Kapitel genannten Ratschläge den Ausbruch einer Krankheit zu verhindern und mit entsprechenden Maßnahmen das Einschleppen von Krankheiten zu vermeiden. Deshalb sollen Neuzugänge erst nach einer Quarantänezeit in das Aquarium eingebürgert werden (Kapitel 2.4.). Es sind mehrere Kescher anzuschaffen, am besten für jedes Aquarium einen. Ein Eimer mit konzentrierter Desinfektionslösung dient der Sterilisation von gebrauchten Keschern und anderen Teilen, die mit Aquarienwasser in Berührung kommen (Kapitel 10. Nr. D1 bis D6). Die Gegenstände sollen nur zum Gebrauch aus der Lösung entnommen und kurz in sauberem Wasser gespült werden. Weder Geräte noch die Hände darf man von einem Aquarium in das andere tauchen, damit man keine Erreger verschleppt. Auch Wasser darf zwischen den Becken nicht ausgetauscht werden. Außer bei den täglichen Beobachtungen sollen bei der Aufzucht von Jungfischen mindestens alle zwei Wochen Gesundheitskontrollen durchgeführt werden. Dabei sind in erster Linie frisch abgesetzte Kotstücke bei 50- und 200facher Vergrößerung zu mikroskopieren.

Auch mit Pflanzen können Parasiten eingeschleppt werden, wenn sie nicht in Behältern gezogen wurden, die fischfrei waren. Aus Wasserpflanzengärtnereien stammende Pflanzen können in der Regel als erregerfrei angesehen werden. Pflanzen, die mit Fischen in Berührung kamen, können in Alaunlösung desinfiziert werden (Kapitel 10, Methode Nr. D4). Zusammenfassend ist zu bemerken, daß das erfolgreiche Verhüten von Krankheiten zum großen Teil davon abhängt, wie konsequent die Wartungsarbeiten ausgeführt werden und die Vorsichtsregeln eingehalten werden.

Ein regelmäßiger Wasserwechsel ist auch bei dem heutigen Stand der Filtertechnik obligatorisch. Er soll lieber oft mit wenig Wasser als selten mit viel Wasser durchgeführt werden. Die biologischen Selbstreinigungsprozesse des Wassers sind durch aktive biologische Filter zu unterstützen. Alle bakteriellen und parasitären Infektionen kann der Fisch besser abwehren, wenn er in gesunden Verhältnissen lebt. Da jedoch das Aquarium ein eng begrenzter Lebensraum ist, haben die Parasiten sowie deren Schwärmer und Larven eine viel bessere Chance, einen Fisch zu finden, als in freier Natur.

2.3. Vergiftung und Krankheit

Das Erkennen der Ursache einer Fischkrankheit ist die Voraussetzung für die erfolgreiche Behandlung derselben. Grundsätzlich muß zwischen erregerbedingten Krankheiten und solchen unterschieden werden, deren Ursache im Fisch selbst oder dessen Umwelt liegt. Unter letzteres fallen Erbkrankheiten, Mißbildungen, Vergiftungen, Verletzungen und falsche Ernährung. Das Erkennen und Beheben dieser Ursachen wird, sofern möglich, im 9. Kapitel beschrieben. Häufiger treten Krankheiten auf, die durch Erreger verursacht werden. Unter Erregern sind alle Lebewesen zu verstehen, die Krankheiten hervorrufen können.

Zeigen die Fische ein abnormales Verhalten, muß zunächst ergründet werden, ob es bei allen Fischen, nur bei einer Art oder bei einzelnen Tieren auftritt. Treten die Symptome in kurzer Zeit bei allen Fischen auf oder zeigen zumindest die empfindlicheren Arten das gleiche, abweichende Verhalten, liegt mit hoher Wahrscheinlichkeit eine Vergiftung vor. Sie äußert sich auf die unterschiedlichste Art und Weise. So können während und nach der Gifteinwirkung Gleichgewichtsstörungen, Lähmungen, Zuckungen, Krämpfe, Herumschießen im Becken auf geringe Reize hin und Anstoßen aufgrund beschränkter Wahrnehmungsfähigkeit, schnelle Atmung und Luftschnappen unter der Wasseroberfläche, Verblassen der Farben, Verfärben der Kiemen und Flossen, rötliche Stellen am Körper, weißliche Hauttrübung oder starke Schleimabsonderung beobachtet werden. Diese Anzeichen können vereinzelt oder zu mehreren gleichzeitig auftreten. Je nach Art des Giftes kann nach Beseitigen der Ursache eine Besserung eintreten. Hat ein starkes Gift auf die Fische eingewirkt, so können die Tiere auch später noch in giftfreiem Wasser an den Folgen der Vergiftung sterben.

Sehr schwer ist eine Vergiftung zu erkennen, wenn sich nur geringe Mengen eines Giftes im Wasser befinden. Die Schäden treten dann erst im Laufe der Zeit auf. So wurde beobachtet, daß Fische erst in einem bestimmten Alter an Organschäden starben, während Jungfische nicht betroffen waren. Mitunter äußert sich die Vergiftung nur durch die starke Vermehrung verschiedener Ektoparasiten.

Krankheiten, die primär von Erregern verursacht werden, breiten sich in gepflegten Aquarien selten in kurzer Zeit über den ganzen Bestand aus. Es sind immer erst einige Fische befallen, wenn nicht gerade das Becken mit schon kranken Fischen neu besetzt wurde. Dem aufmerksamen Pfleger fällt das geänderte Verhalten einzelner Fische sicher nach kurzer Zeit auf, so daß noch genügend Zeit besteht, Gegenmaßnahmen zu ergreifen.

Um ein verändertes Verhalten der Fische als Krankheit zu erkennen, muß die Voraussetzung gegeben sein, daß der Aquarianer die Lebensgewohnheiten seiner Pfleglinge in gesundem Zustand genau kennt. Diese Erfahrung kann natürlich nur durch öfteres Beobachten erlangt werden. Verhaltensänderungen, die auf eine Krankheit schließen lassen, müssen sich nicht bei allen Fischarten auf gleiche Art und Weise äußern. Ebenso ist es nicht möglich, aufgrund einer Änderung des Verhaltens auf eine bestimmte Krankheit zu schließen, da viele Ursachen eine identische Verhaltensänderung bewirken können. So sind taumelnde Schwimmweise, blasse Farben oder Dunkelwerden, Flossenklemmen ein Zeichen für Schwäche und extremes Unwohlsein, das möglicherweise auf einen inneren Schaden hinweist. Ebenso können extrem hoher oder niedriger pH-Wert, Hitze, Kälte und Sauerstoffmangel die Ursache sein. Seitenlage, Gleichgewichtsstörungen, Kopfstehen und Überschlagen zeigen schon schwere Schäden an, die auf eine Infektion des Gehirns, der Schwimmblase, des Gleichgewichtsorgans zurückzuführen sind oder das Endstadium einer Krankheit anzeigen. Futterverweigerung, verbunden mit Absondern von anderen Fischen, Schreckhaftigkeit, Dunkelfärben, Löcher in den Flossen, läßt den Schluß auf Endoparasiten im Darm zu. Zeigt ein Fisch keine Reaktion und ist extrem träge, kann er unter Blutflagellaten leiden.

Bakterielle Infektionen der verschiedenen inneren Organe führen zu Trägheit, Verblassen der Farben, Absondern vom Schwarm, Dunkelfärben, Futterverweigerung, entzündetem After, schleimigem Kot, manchmal zu schneller Atmung und zu blassen Kiemen. Scheuern sich die Fische an Dekoration und Pflanzen, zucken heftig mit den Flossen oder klemmen sie, so sind sie von Ektoparasiten befallen. Abspreizen der Kiemendeckel, verbunden mit Scheuern und öfterem, schnellen Vorstülpen des Maules, ist häufig auf einen Befall von Kiemenwürmern zurückzuführen. Schnelles Atmen ist dagegen kein sicheres Zeichen für Kiemenwürmer. Die Ursache kann auch ein Giftstoff im Wasser, Sauerstoffmangel, falscher pH-Wert oder ein anderer streßauslösender Faktor sein (Kapitel 1, Diagnosetafeln).

2.4. Quarantäne und Desinfektion

Ein Quarantänebecken sollte zum festen Inventar eines jeden engagierten Aquarianers gehören. Es muß nicht sehr groß, aber der Größe und Menge der zu beobachtenden Fische angepaßt sein.

Die Einrichtung und die Wasserqualität sollen nach Möglichkeit auf das Aquarium, das die spätere Heimat der Aquarienfische darstellt, abgestimmt sein.

Dabei ist jedoch darauf zu achten, daß die gesamte Dekoration kurzfristig herausgenommen werden kann, wenn Fische behandelt oder gefangen werden müssen.

Grundsätzlich sind alle Neuzugänge zuerst drei bis sechs Wochen in Quarantäne zu halten. Dabei ist täglich ihr Befinden zu kontrollieren. Drei Wochen ist die Mindestzeit für in Aquarien nachgezogene Fische, da die Entwicklung mancher Parasiten bis zu einem Stadium, bei dem sich die Anzeichen einer Krankheit äußerlich bemerkbar machen, schon zwei Wochen dauern kann. Bei Wildfängen und Teichnachzuchten, die manchmal unbekannte Parasiten beherbergen, sind fünf bis sechs Wochen angebracht. Während dieser Zeit ist mehrmals etwas Wasser vom Aquarium in das Quarantänebecken zu übertragen, damit sich die Fische auch an die Mikroflora und -fauna anpassen können. Die zweite Funktion des Quarantänebeckens ist die einer Krankenstation für Fische, die krankheitsverdächtig sind. Sie können darin über längere Zeit beobachtet werden, ohne ihre Artgenossen im Aquarium zu gefährden. Zu spät erkannte Krankheiten können nur sehr schwer behandelt werden. Ist der gesamte Fischbestand bei seuchenhaftem Auftreten einer Krankheit zugrunde gegangen, ist es ratsam, Aquarium und Quarantänebecken gründlich zu desinfizieren. Die Pflanzen sind in diesem Fall zu vernichten. Bei systematisch über Bakterien und Viren stehenden Erregern kann eine Desinfektion der Pflanzen mit Alaun in Erwägung gezogen werden (Kapitel 10, Methode D 4). Dekoration, Wurzeln, Steine, Kies und Filterinhalt sind eine Stunde lang zu kochen. Die Anwärmzeit darf nicht mitgerechnet werden. Das leere Aquarium und die nicht kochbaren Gegenstände (z. B. Schaumstoff-Filter) werden mit einer starken Kaliumpermanganatlösung nach D1 sterilisiert. Den Filter läßt man ohne Substrat laufen, so werden Topf, Pumpe und Schläuche mitdesinfiziert. Nach gründlichem Spülen aller Teile und des Aquariums wird das Becken wieder eingerichtet. Der Filter wird mit neuem oder dem alten, ausgekochten Substrat gefüllt. Nach Inbetriebnahme benötigt der Filter wieder eine Einlaufzeit von drei bis sechs Wochen, bis sich genügend Bakterien gebildet haben.

2.5. Die Untersuchung lebender Fische

Wenn ein Fisch krank geworden ist und eine Vergiftung des Wassers ausgeschlossen werden kann, so ist dieser sofort in das Quarantänebecken umzusetzen. Die Untersuchung beginnt mit der Beobachtung (Tafel 1 bis 4). Dazu ist mehrmals am Tag eine gewisse Zeit zu opfern. Die dem Beobachter auffallenden Unregelmäßigkeiten sind schriftlich festzuhalten, damit später der Krankheitsverlauf nachvollzogen werden kann. Protokollbögen nach dem unten aufgeführten Muster vereinfachen die Arbeit und sparen Zeit. Man kann die Vorlage mit Schreibmaschine abtippen und dann Fotokopien anfertigen. Die Protokolle werden gesammelt und für spätere Vergleiche aufgehoben. Ebenso wird die Vorgeschichte, Verhalten, letzter Wasserwechsel, chemische Wasserwerte, letztes Futter usw. auf dem Bogen vermerkt. Ein Protokollbogen kann die folgenden Stichpunkte enthalten und nach eigenen Bedürfnissen abgewandelt werden. Giftige Fische (z. B. Rotfeuerfische, Stachelrochen) dürfen auf keinen Fall von Laien untersucht werden!

Bitte beachten Sie die Anleitungen in Kapitel 3.

Meistens treten Verhaltensänderungen erst in einem schon fortgeschrittenen Stadium der Erkrankung auf, so daß eine sofortige Behandlung der Fische angebracht ist. Dazu werden die Fische in einer Fangglocke oder einem größeren Glas dicht an die Scheibe herangeführt und ihre Hautoberfläche mit einer Lupe genau abgesucht (Tafel 5 und 6). Größere Parasiten wie die Karpfenlaus oder *Ichthyophthirius* sind dabei leicht zu erkennen. Zu weiteren Untersuchungen muß der Fisch kurz aus dem Wasser genommen werden. Dabei

Untersuchungsprotokoll

Protokollnummer:
Datum:
Geschlecht:
Fischart:
wie lange in Pflege:
Herkunft/Besitzer:

Vorgeschichte (Anamnese)
Wasservolumen:
Besatzdichte:
Filterung:
Wasserwerte:
Fütterungen mit welchem Futter:
Todesfälle:
in welchen Zeitabständen:
bei welchen Arten:
Verhalten der erkrankten Fische:

Vorbeugende Maßnahmen
eventuell erfolgte Behandlung:

Untersuchung am lebenden Fisch
äußeres Erscheinungsbild:
Farbe:
Abstriche Haut:
Abstriche Flossen:
Abstriche Kiemen:
Kotuntersuchung:

Untersuchung am getöteten Fisch
  1) Hautabstriche:
  2) Flossenteile:
  3) Schuppen:
  4) Blut:
  5) Kiemen:
  6) Leibeshöhle:
  7) Leber:
  8) Gallenblase:
  9) Magen:
10) Darm:
11) Milz:
12) Herz:
13) Geschlechtsorgane:
14) Schwimmblase:
15) Niere:
16) Gehirn:
17) Muskulatur:

Diagnose:
Therapie:
Erfolg der Therapie:

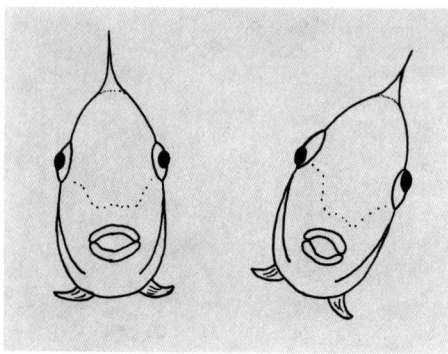

Bild 36 (oben): Gesunde Fische halten die Augen waagrecht, wenn der Körper um die Längsachse gedreht wird.

kann gleich der Augenreflex geprüft werden. Wie im Bild gezeigt, versucht der Fisch bei Drehung um die Längsachse, die Blickrichtung waagrecht zu halten und verdreht so die Augen entgegengesetzt zur eingenommenen Seitenlage (Bild Nr. 36). Bleiben die Augen in Normallage zum Körper, dann liegt eine Erkrankung des Labyrinths, dem Gleichgewichtsorgan, vor. Bei großen Fischen kann noch der Schwanzreflex geprüft werden. Dazu wird der Fisch an der vorderen Hälfte des Körpers in normaler Schwimmlage kurze Zeit außerhalb des Wassers gehalten. Ein noch kräftiger Fisch hält den Schwanz waagrecht, schwache Tiere lassen ihn herunterhängen.

Wer ein Stereomikroskop besitzt, kann die Haut bei 10-, 20- und 30facher Vergrößerung durchmustern. Es ist jedoch zu beachten, daß die Fische dabei nicht allzu lange außerhalb des Wassers bleiben. Nach Möglichkeit sind drei Minuten nicht zu überschreiten. Um bei weiteren Untersuchungen das Herabspringen vom Tisch zu verhindern, schlägt man den Fisch in ein nasses Tuch ein. Aber auch dann soll die Untersuchung nicht länger als drei Minuten dauern. Einzelne Körperpartien können zur Begutachtung und der Entnahme von Abstrichen aufgedeckt werden. Dazu führt man einen Spatel unter leichtem Druck von vorn nach hinten über die entsprechenden Hautpartien. Abstriche werden genommen: an der Rumpfseite, der Schwanzflosse, in den Winkeln zwischen den Ansätzen der Seitenflossen und an den Kiemendeckeln (Bild Nr. 37). Der abgestreifte Schleim eines jeden Abstrichs wird auf einem separaten Objektträger mit einem Tropfen Wasser vermischt und ein Deckglas aufgelegt (Kapitel 11.4.).

Bild 37 (unten): Abstriche nimmt man an den Seiten, den Kiemendeckeln und den Winkeln zwischen Brustflosse und Körper.

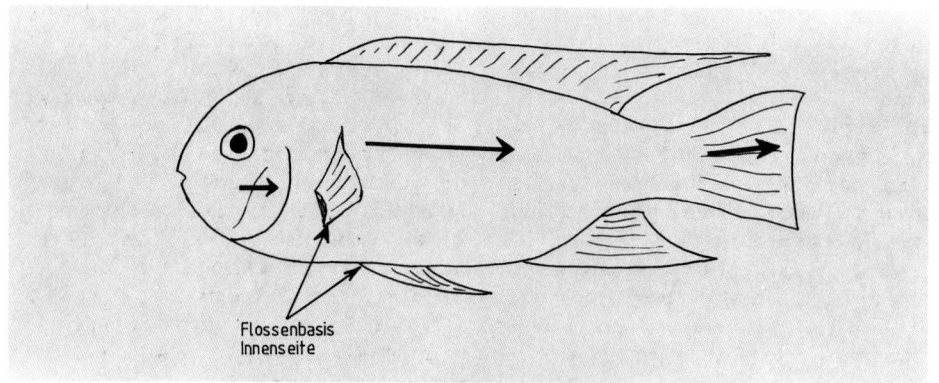

Grundsätzlich darf man gesunde Tiere nicht töten. Eine Ausnahme bilden Jungfische, die wegen <u>Verkrüppelung</u> und <u>Degenerationserscheinungen</u> ausgesondert werden müssen. Man darf solche Exemplare herausfangen, töten und sezieren. So hat man eine <u>Kontrolle</u> über die Gesundheit der Fische und wird von keiner Seuche überrascht. Denn gerade bei Aufzuchtfischen, die ja oft in großen Schwärmen zusammen leben, ist die Gefahr der Massenvermehrung von Parasiten besonders hoch.

Das Töten der Fische geschieht am schnellsten durch einen <u>Kopf-</u> oder <u>Genickschnitt</u>. Dazu setzt man eine starke Schere oder ein spitzes Skalpell hinter den Augen an und schneidet dann schnell und tief bis zum oberen Ende des Kiemendeckels ein. Das Gehirn wird auf diese Weise sofort zerstört. Wird es noch zu Untersuchungen benötigt, schneidet man etwas weiter hinten und trennt die Wirbelsäule durch. Bei diesem Genickschnitt ist eine Wartezeit von einigen Minuten angebracht, bis das Gehirn abgestorben ist und auch am Kopfteil keine Wahrnehmungen mehr möglich sind. Wer noch ungeübt ist oder sich den schnellen Schnitt nicht zutraut, kann den Fisch auch vorher stark narkotisieren. Wenn keine Atembewegungen mehr zu sehen sind und er bauchoben schwimmt, ist die Betäubung so tief, daß er den Schnitt nicht mehr spürt. Grundsätzlich sollte man aus humanitären Gründen das Töten des Fisches mit einer Überdosis eines Narkosemittels vornehmen (Kapitel 10, C 20) und danach trotzdem noch zur Sicherheit den Genickschnitt durchführen.

Eine Sektion ist auch dann angebracht, wenn ein Fisch sichtbar krank ist, die Abstriche und Kotuntersuchung keine Ergebnisse brachten und keine Chance der Heilung besteht. Tiere, die von selbst gestorben sind, eignen sich nur dann zur Sektion, wenn sie nicht länger als 20 Minuten im Aquarium gelegen haben, da sonst viele Parasiten nicht mehr nachweisbar sind. Besonders Hautflagellaten und Kiemenwürmer verlassen den toten Fisch nach kurzer Zeit. Frisch gestorbene Fische können ohne Wasser in einem Plastikbeutel im Kühlschrank noch einige Stunden aufbewahrt werden, wenn keine Zeit zur sofortigen Sektion besteht. In diesem Fall ist auch das wenige Wasser, das sich im Beutel gesammelt hat, auf Parasiten zu untersuchen.

Vor jedem Abstrich muß der Spatel wieder saubergewischt werden. Nun mustert man die Präparate bei 25- bis 50facher Vergrößerung durch. Größere Parasiten sind dabei gut zu sehen. Werden höhere Vergrößerungen benötigt, kann das Deckglas mit einer Nadel leicht angedrückt und das seitlich hervortretende Wasser mit Fließpapier abgesaugt werden. Das ist notwendig, weil zu dicke Präparate bei hoher Vergrößerung nicht bis zur Oberfläche des Objektträgers scharf gestellt werden können (Kapitel 11.4.). Die weiteren Untersuchungen führt man besser am narkotisierten Fisch durch (Anwendung der Narkose: Kapitel 10, C 20). Besonders beim Anheben der Kiemendeckel für einen <u>Kiemenabstrich</u>, beginnen die Fische sich so kräftig zu bewegen, daß man leicht die Kiemen verletzt. An <u>Kiemenblutungen</u> kann der Fisch sterben, und außerdem sind den Tieren unnötige Qualen zu ersparen. Kiemenabstriche sind grundsätzlich bei jeder Untersuchung durchzuführen, da sich viele Parasiten an diesem geschützten Ort verbergen können.

Hat sich der Fisch nun in dem nassen Tuch beruhigt, kann man die Kiemenpartie abdecken. Mit dem Ballen der linken Hand hält man den Kopf des Tieres fest, mit Daumen und kleinem Finger den Rumpf und mit dem rechten Handballen den Schwanz. Der Fingernagel des Mittel- oder Zeigefingers der linken Hand hebt nun den Kiemendeckel an, während mit dem Daumen und Zeigefinger der rechten Hand eine kleine Lupe, Pinzette oder Pipette gehalten werden kann. Diese Vorgehensweise ist natürlich nur bei Fischen mit einer Mindestlänge von zehn Zentimetern möglich. Zunächst prüft man die Kiemenblätter mit einer Lupe auf ihre Farbe und ob sich größere Parasiten daran befinden (Tafel 7). Diese können mit einer feinen Pinzette abgenommen und zur mikroskopischen Untersuchung vorbereitet werden (Kapitel 11.6.). Dann probiert man, noch einen Abstrich von den Kiemen zu nehmen. Dabei ist wegen der Verletzungsgefahr noch vorsichtiger vorzugehen als bei Hautabstrichen. Eine weitere Möglichkeit, an Kiemenparasiten heranzukommen, ist, mit einer vorn stumpf geschmolzenen Glaspipette Wasser auf die Kiemenbögen zu geben und gleich wieder einzusaugen. Nicht allzu fest verankerte Parasiten lösen sich dabei und können, auf Objektträger übertragen, beim Mikroskopieren mit 100facher Vergrößerung gefunden werden. Auch wenn man bei den bisherigen Methoden fündig geworden ist, sollte noch der Kot untersucht werden (Tafel 8). Durch mehrmaligen kurzen und leichten Druck auf den Bauch wird versucht, ein Stückchen Kot zu erhalten. Dieses überträgt man auf einen Objektträger, verrührt es mit einem Tropfen Wasser und mikroskopiert dann bei 100facher Vergrößerung. *Protoopalina* und Würmer können nun gut erkannt werden. Um kleinere Objekte wie Wurmeier und Geißeltierchen zu finden, muß man auf 200- bis 400fache Vergrößerung umschalten. Der Abstand zwischen Objektträger und Deckglas, also die Dicke des Objektes, ist sehr gering zu halten, damit sich die Objekte und Kotteilchen nicht überlagern und undurchsichtig werden (Präparatanfertigung: Kapitel 11.4.). Parasiten, die bei den eben beschriebenen Untersuchungen nicht gefunden wurden, sind, wenn vorhanden, in ihrer Menge für den Fisch ungefährlich. Das kann sich jedoch in kurzer Zeit durch veränderte Umweltbedingungen und Streß ändern. Es ist empfehlenswert, den Kot der Fische im Aquarium, auch wenn kein Verdacht auf Krankheit vorliegt, zeitweise zu untersuchen. Dazu wartet man, bis ein Fisch Kot absetzt und saugt diesen mit einer langen Pipette an, bevor er den Boden erreicht. Bleibt der Kotfaden länger als 10 Minuten am After des Fisches hängen, ist er nur bedingt zur Untersuchung geeignet, da viele lebende Parasiten ihn schon verlassen haben.

Außerdem finden sich nach kurzer Zeit abbauende Organismen ein, die vom Laien leicht für Parasiten gehalten werden (Kap. 11.4. Bilder 111 bis 115 und Kap. 6.4.6. Bilder 87 bis 89). Manchmal können Fische ihren Kot nicht richtig absetzen. Sie ziehen dann stundenlang einen immer länger werdenden Faden, oft weißlich verfärbt und schleimig, hinter sich her. In diesem Fall liegt eine ernsthafte Erkrankung des Darmes vor. Oft ist eine Flagelateninfektion oder eine Darmentzündung die Ursache (Kapitel 6.1.2., Kapitel 9.3.).

2.6. Das Töten von Fischen

Mitunter sind Fische so schwer erkrankt, daß auf Heilung keine Aussicht besteht. Dann ist es humaner, den Fisch schnell und schmerzlos zu töten, als ihn langsam verenden zu lassen. Keinesfalls darf man lebende Fische in die Toilette oder in kochendes Wasser werfen. In beiden Fällen steht ihnen ein qualvoller Tod bevor, den ein echter Tierfreund nicht gutheißen kann.

Dazu ein kurzer Blick auf das Tierschutzgesetz. Es schreibt vor, daß Tiere artgemäß gehalten, gepflegt und ernährt werden müssen. Dem Tier dürfen keine Leiden, Schäden oder Schmerzen zugefügt werden. Unter Schäden sind körperliche und seelische Zustandsverschlechterungen sowie Abmagerung und Überfütterung zu verstehen. Als Leiden sind alle Beeinträchtigungen des Wohlbefindens definiert, z. B.: Aufregung, Bewegungsmangel, Hunger, zu hohe und zu niedrige Temperaturen, Überbelastung bestimmter Organe, Vergesellschaftung unverträglicher Tiere.

Das Töten von Wirbeltieren ist verboten. Ausgenommen sind Tiere, die Speisezwecken dienen und solche, die nicht behebbare Schmerzen oder Leiden ertragen müssen. Diese müssen getötet werden. Ein Wirbeltier darf nur der töten, wer die notwendigen Kenntnisse und Fähigkeiten besitzt. Es darf nur unter Vermeidung von Schmerzen, gegebenenfalls unter Betäubung, getötet werden.

2.7. Der Versand von kranken Fischen

Vielen Aquarianern wird der Aufwand, der zur Untersuchung von Fischen notwendig ist, zu groß sein. Für sie gibt es die Möglichkeit, sich an ein Institut oder den Arbeitskreis Fischkrankheiten des VDA zu wenden. Die erkrankten, aber noch lebenden Fische werden einzeln in Plastikbeuteln, die halb mit Wasser und halb mit Luft gefüllt sind, in einem gut isolierten Karton verpackt und per Bahnexpreß verschickt. Wird die Sendung vor 17 Uhr aufgegeben, erreicht sie den Empfänger am nächsten Morgen. Dies gilt innerhalb der Bundesrepublik Deutschland. Der Empfänger ist vorher telefonisch zu benachrichtigen und nach der Empfangsstation zu befragen.

Der Versand in Formalin oder Alkohol hat keinen Sinn, da die inneren Organe sich oft schon zersetzt haben, bis das Fixiermittel eingedrungen ist. Es ist dann sinnvoller, dem toten Fisch Kiemenbögen, Milz, Galle und Stücke von den Flossen, der Niere, der Leber, des Darmes und des Muskelfleisches zu entnehmen und, jedes separat, in einem kleinen Gläschen, in die in Kapitel 11.8 (E 1) genannte Fixierlösung einzulegen. Die Gläser werden dann, bruchsicher verpackt, zum Versand gebracht. Auch hier werden viele einzellige Parasiten kaum noch nachweisbar sein. Dem Paket ist ein Schreiben beizulegen, in dem die gesamte Vorgeschichte aufgeführt ist. Verhaltensänderungen, Farbveränderungen, die Schwimmweise, die letzte Futtergabe und die verzehrte Menge sind darin zu beschreiben. Ebenso ist anzugeben, ob Fische in letzter Zeit gestorben sind und wie viele in welchen Zeitabständen.

Eine Wasserprobe von ein bis zwei Litern ist bei Verdacht auf Vergiftung der Sendung beizufügen.

3. Kapitel

3. Anatomie der Fische

3.1. Die Instrumente

Um Fische fachgerecht sezieren und untersuchen zu können, benötigt man eine Grundausstattung von Arbeitsmitteln, die unter dem Sammelbegriff „Instrumente" zusammengefaßt werden. Eine kräftige Schere mit einem spitzen und einem stumpfen Schenkel braucht man zum Töten mittelgroßer Fische und zur Sektion großer Fische, sowie eine kleine gerade und eine kleine gebogene Schere mit spitzen Enden zum Sezieren von kleineren Fischen und den inneren Organen. Zwei bis drei Präpariernadeln, davon eine mit Lanzettspitze, dienen zum Zerrupfen von Organteilen und dem Übertragen kleinerer Objekte beim Präparieren. Drei Pinzetten werden zum Halten bei der Sektion benötigt. Eine soll gerade und vorn spitz, die andere vorn abgewinkelt sein und die dritte Haken an den Enden haben. Des weiteren sind ein Skalpell mit auswechselbaren Klingen, eine bis zwei Spatel in verschiedenen Größen und eine starke Lupe notwendig. Ein Präparierbecken ist eine 2 cm hohe, mit Wachs gefüllte Zinkwanne (20 × 15 cm groß) mit einigen Stecknadeln zum Festhalten der Fische bei der Sektion. Zum Herstellen der Wachsfüllung schmilzt man alte Kerzen und mischt 10–15% Bienenwachs zu. Nach dem Ausgießen der Wanne und Wiedererkalten des Wachses entsteht eine sehr glatte Oberfläche, auf der die Fische mit den Nadeln festgesteckt werden können. Als Präparierbecken sind 1–3 cm hohe Konservendosen (Fischkonserven) ebenso geeignet. Alle benötigten Arbeitsmittel sind beim Kosmos-Service erhältlich.

3.2. Die Haut

Die Haut der Fische besteht aus drei Schichten: der Oberhaut (Epidermis), der Lederhaut (Dermis) und der Unterhaut (Hypodermis). Die Lederhaut enthält die Schuppen. Sie wachsen aus ihr heraus und sitzen darin mehr oder weniger fest. Farbstoffzellen (Chromatophoren) sind in der Lederhaut in großen Mengen vorhanden. Die oft mit langen Ausläufern versehenen Zellen enthalten große Mengen winziger Pigmentkörner, die auf einen Nervenreiz hin im Plasma bewegt werden können. Als Folge der Reizimpulse konzentrieren sie sich an einem Punkt der Zelle, die Farbe erscheint schwach. Bleiben die Steuerimpulse aus, so verteilen sich die Farbkörner gleichmäßig im Plasma und lassen die Farbe hervortreten (Bild Nr. 38). Wird der farbsteuernde Nerv eines Körperteils gequetscht oder abgeklemmt, dann tritt an dem betreffenden Körperteil die Farbe sehr intensiv hervor (Bild Nr. 5, Tafel 4).
Die Schuppen und Farbzellen werden von der Epidermis überdeckt. Sie besteht aus zwei bis mehreren Zellschichten, in denen sich viele schleimabsondernde Drüsenzellen befinden. Die Haut der Fische kann von vielen Parasiten und Infektionskrankheiten befallen werden. Darum nimmt man vor der Sektion des Fisches noch einmal Abstriche von der Haut (Tafel 5). Am toten Fisch kann jetzt

www.obs-ev.de

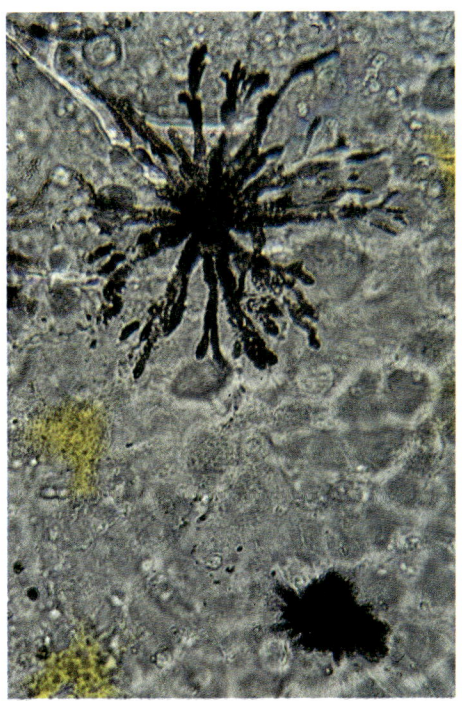 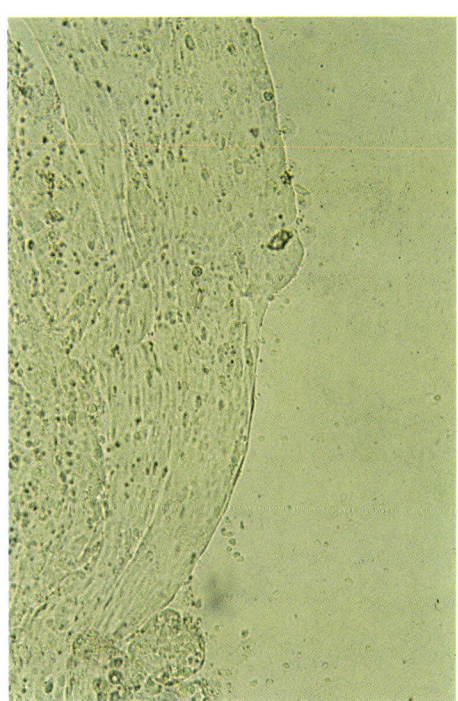

Bild 38 (links): Zwei Pigmentzellen der Schleimhaut; oben: Pigmentkörner ausgebreitet, unten: Pigmentkörner zusammengezogen. Vergr. 440:1.

Bild 39 (rechts): Das Schleimhautstück eines jungen Diskusfisches wurde durch Abstrich gewonnen. Der klar abgesetzte Rand der gesunden Schleimhaut ist zu erkennen. Vergr. 160:1.

schonungsloser vorgegangen werden. Man schabt mit der senkrecht gestellten Schneide des Skalpells über die Schleimhaut und streift das Material auf einen mit einem Wassertropfen vorbereiteten Objektträger ab. Ebenso können große Flossenstücke abgeschnitten und Schuppen ausgezupft werden. Gesunde Schleimhaut läßt sich mitunter schlecht abstreifen, man erhält nur wenig Material. Ein solches Schleimhautstück hat beim Betrachten mit dem Mikroskop bei geringer Vergrößerung klar erkennbare Ränder und löst sich erst nach mehr als zehn Minuten auf (Bild Nr. 39). Ist die Schleimhaut erkrankt, dann lösen sich schon beim Präparieren große Mengen von Zellen aus dem Hautstück (Bild Nr. 23, Tafel 10).

3.3. Das Blut

Wenn Fische träge werden, keinen Fluchtreflex mehr zeigen, abmagern und sich drehen, liegt der Verdacht nahe, daß sich Flagellaten im Blut befinden (Kapitel 6.1.1.). Zur Durchführung der Blutuntersuchung darf der Fisch noch nicht mit einem Genickschnitt getötet werden, da dabei oft die Schlagader zerschnitten wird und kein Blut mehr zu gewinnen ist. Man schneidet deshalb dem stark betäubten Fisch die Schwanzflossen an der Wurzel ab und fängt die austretenden Blutstropfen auf Objektträger auf. Zur Untersuchung werden möglichst nicht die ersten Tropfen genommen. Bei kleineren Fischen ist jedoch oft nicht mehr als ein einziges Tröpfchen Blut zu gewinnen. Danach ist der Fisch sofort durch Genickschnitt zu töten. Dem Blutstropfen gibt man kein Wasser, sondern etwas physiologische Kochsalzlösung (0,64%ig) zu (Kapitel 10.2. C 12). Das Deckglas wird mit der einen Kante auf die Oberfläche des Objektträgers gehalten, so daß ein Winkel von ungefähr 60 Grad entsteht. Die Blutprobe befindet sich zwischen den Schenkeln des Winkels. Nun zieht man das Deckglas an das Blut heran, das sich sofort entlang der unteren Kante des Deckglases ausbreitet. Bei langsamem Absenken des Deckglases verteilt sich die Blutprobe luftblasenfrei. Es ist lediglich darauf zu achten, daß der Blutstropfen klein genug ist, sonst wird das Präparat zu dick (Tafel 9). Bei 200–400facher Vergrößerung kann man die sich schnell bewegenden Flagellaten gut erkennen. Auch das aus abgeschnittenen Kiemenbögen austretende Blut kann auf Flagellaten untersucht werden.

Möchte man sich die Blutzellen noch einmal genauer anschauen, so gibt man zu vier Volumenteilen phys. Kochsalzlösung noch einen Teil Methylenblau nach LÖFFLER. Man kann bei der Herstellung des Präparates mit Farblösung genauso wie voran beschrieben vorgehen (E 10). Die Zellkerne der Blutzellen färben sich langsam blau, was sich mit dem Mikroskop gut verfolgen läßt (Bild Nr. 40). Die meisten der im Bild befindlichen Zellen sind rote Blutkörperchen (Erythrozyten), nur zu einem weit geringeren Teil befinden sich weiße Blutkörperchen (Leukozyten) darin. Die Erythrozyten der Fische enthalten Zellkerne, die von Säugetieren nicht. Im normalen, ungefärbten Präparat heben sich die Zellkerne meist nicht oder nur schwach im Innern der Erythrozyten ab. Ist das Präparat gelungen, liegen die Blutzellen flach nebeneinander. Hochkant stehende Erythrozyten sehen hantelförmig aus.

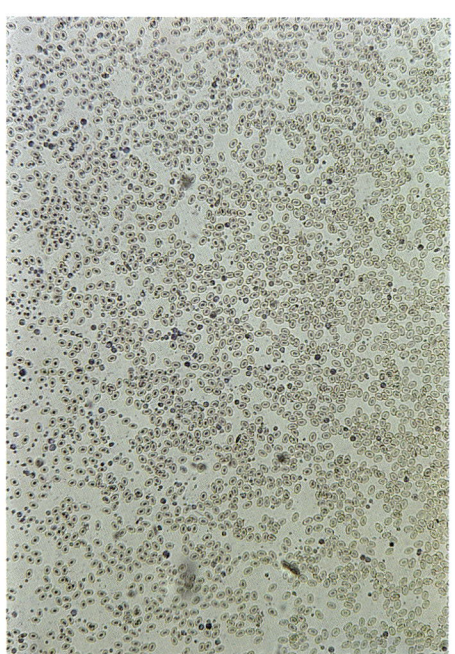

Bild 40: Die Färbung E 10 läßt die Zellkerne der Blutzellen hervortreten. Größe der roten Blutkörperchen liegt zwischen 8 und 12 Mikrometer.

3.4. Die Kiemen

Die Kiemen werden nun gründlich untersucht. Dazu schneidet man den Kiemendeckel ab, so daß die Kiemenbögen frei liegen. Dieser Schnitt heißt Opercularschnitt oder Kiemendeckelschnitt. Die knöchernen Kiemenbögen (Holobranchien), aus denen die Kiemenblätter abzweigen (Bild Nr. 41), liegen nun frei (Tafel 7). Zunächst prüft man Farbe und Beschaffenheit der Kiemen und sucht nach parasitischen Krebsen. Kleine, 1 mm lange, weiße, längliche Gebilde, die sich leicht lösen lassen, können Exemplare von *Ergasilus sieboldi* (Kapitel 8.2.) sein. Gelblich-weiße Knötchen an den Kiemenblättern werden durch Sporozoenbefall verursacht (Kapitel 6.3.). Die Oberfläche der Kiemenblätter ist durch sichelförmige Kiemenfältchen vergrößert, in denen der Gasaustausch stattfindet. Die Fältchen stehen parallel zu den Kiemenbögen. Sie sind nach Größe und Art des Fi-

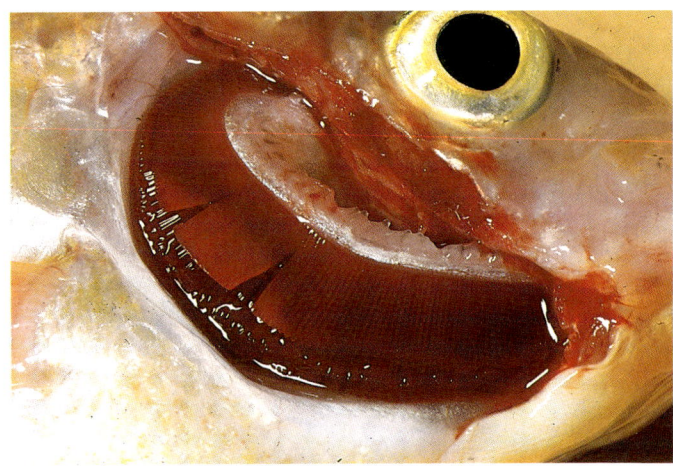

Bild 41: Gesunde Kiemen erkennt man an der kräftig roten Farbe und daran, daß die Kiemenblätter nicht zusammenkleben.

sches unterschiedlich stark ausgebildet. Nun werden zwei Kiemenbögen herausgetrennt. Den ersten legt man in Wasser auf einen Objektträger, von dem zweiten trennt man einige Kiemenblätter ab und verfährt mit diesen ebenso (Tafel 10). Das erste Präparat ist dicker und undurchsichtig, weil der Kiemenbogen sich nicht pressen läßt. Trotzdem ist diese Methode sinnvoll, da im zweiten Präparat Kiemenwürmer, die sich nur an der Basis der Kiemenblätter anheften, nicht zu finden sind. Das zweite Präparat, das bei stärkerer Vergrößerung betrachtet werden kann, wird genau nach Kiemenwürmern, *Oodinium, Ichthyophthirius* und Pilzhyphen durchgemustert.

3.5. Die Sektion

Zur Sektion wird der tote Fisch in die wachsgefüllte Schale, das Präparierbecken, gelegt und mit je einer Nadel durch die Schwanzwurzel und die Rückenmuskulatur im Wachs festgesteckt. Für Fische unter 10 cm Gesamtlänge wird eine kleine Schere mit spitzen Enden benutzt. Nun sticht man den einen Schenkel der Schere kurz vor dem After ein und schneidet zwischen den Brustflossen hindurch die Bauchdecke bis zum Kopf hin auf (Bild Nr. 42). Dabei ist zu beachten, daß der Schenkel der Schere im Innern der Leibeshöhle die Berührung mit der Bauchdecke nicht verliert und Organe verletzt oder den Darm zerschneidet. Dieser Schnitt wird bis unter die Kiemen geführt. Er heißt Bauchschnitt oder Ventralschnitt. Der zweite Schnitt beginnt an der gleichen Stelle und führt im Bogen um die Leibeshöhle bis zum oberen Ende des Kiemendeckels. Auch hier muß der eine Schenkel der Schere dicht an der Innenseite der Körperwand geführt werden, da sonst die Schwimmblase aus Versehen angestochen werden kann. Er wird als Seitenschnitt oder Lateralschnitt bezeichnet. Die Körperwand kann nun nach vorn geklappt werden und gibt die Sicht auf die inneren Organe frei (Bild Nr. 43).

Verwachsungen, die das Heben der Körperwand verhindern, können mit einem Spatel vorsichtig gelöst werden. Ist die Bauchdecke so fest, daß es nicht gelingt, vor dem After einzustechen, kann der Schenkel der Schere auch in den After eingeführt und dort die Schnitte begonnen werden. Dabei ist jedoch zu bedenken, daß der Enddarm zerschnitten wird und Darmbakterien in die Leibeshöhle gelangen. Bei diesen Schnitten treten normalerweise keine größeren Blutungen auf. Die beiden

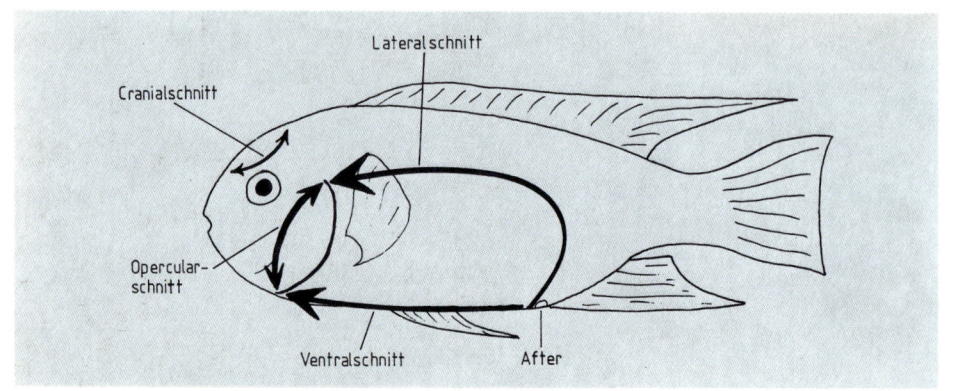

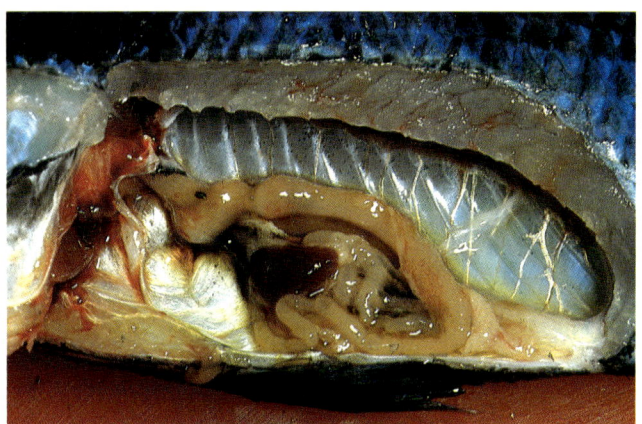

Bild 42 (oben): Die Schnitte der Sektion: 1. Ventralschnitt, 2. Lateralschnitt, 3. Operkularschnitt.

Bild 43 (Mitte): Leibeshöhle mit Organen. Die Schwimmblase und die Leber wurden entfernt. Magen, Darm, Milz, Herz, Geschlechtsorgane.

Bild 44 (unten): Lage der Organe. Die Lage und Form der Organe kann von Art zu Art verschieden sein.

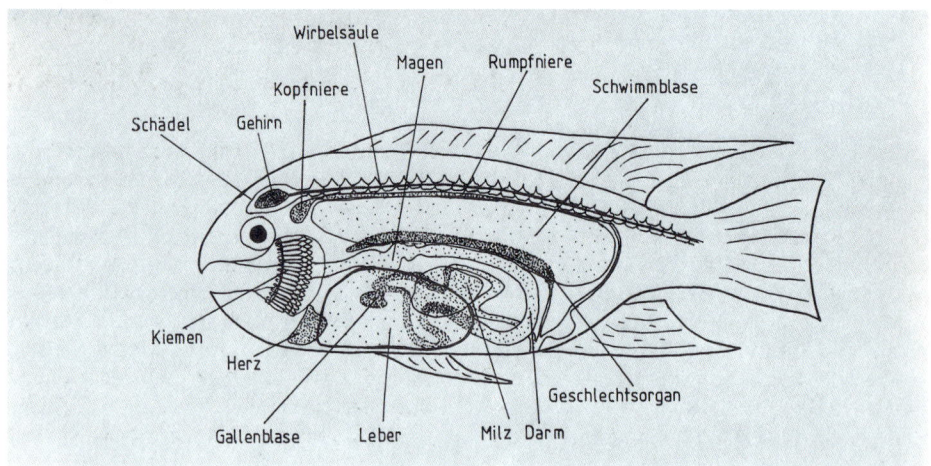

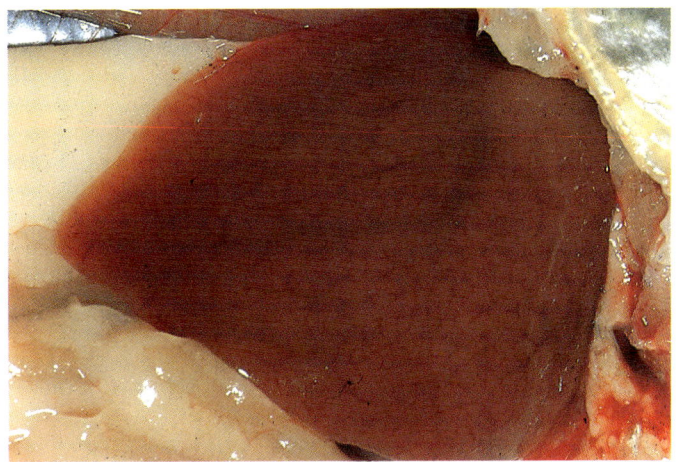

Bild 45 (oben): Die Farbe einer gesunden Leber ist kräftig dunkelrot.

Bild 46 (unten): Die Leber reiner Pflanzenfresser kann eine bräunliche Farbe haben.

Schnitte werden miteinander durch einen dritten verbunden und die Körperwand ganz abgetrennt. Nun wendet man sich den inneren Organen zu und prüft diese auf ihre Farbe und Beschaffenheit (Tafel 11).

Die ungefähre Lage der Organe ist den Bildern Nr. 43 und 44 zu entnehmen. Dabei muß man beachten, daß sich Lage und Größe derselben bei den verschiedenen Arten unterscheiden können. Bei der Sektion von Fischen ist Sauberkeit die oberste Regel. Es versteht sich von selbst, daß die Instrumente nicht mit Lebensmitteln in Berührung kommen sollen. Weiterhin muß darauf geachtet werden, daß man sich mit den verschmutzten Instrumenten keine Wunden zufügt.

Die Untersuchungen von LAUER (1976) haben gezeigt, daß die Bakterien der Fischtuberkulose auch beim Menschen zu Hautgeschwüren führen können. Ebenso sind nach der Arbeit die Hände mit Seife gründlich zu waschen und mit einer Nagelbürste die Fingernägel zu reinigen. Wer möchte, kann sich die Hände noch desinfizieren. Die Lösungen dazu können in der Apotheke gekauft oder selbst hergestellt werden (Kapitel 10.2. D 5). Nach dem Entfernen der linken Körperwand liegt bei den meisten Fischarten die Leber frei (Bilder 45 und 46). Zuerst ist nun der Leibeshöhle die Aufmerksamkeit zu schenken und darauf zu achten, ob sich Flüssigkeit angesammelt hat. Die sichtbaren Organe werden auf Aussehen und Beschaffenheit geprüft. Besonders ist nach Blutungen an den Organen zu schauen. Befindet sich Flüssigkeit in der Leibeshöhle, so ist eine geringe Menge auf einen Objektträger zu bringen, mit einem Deckglas abzudecken und bei 200, 400 und 600facher Vergrößerung zu betrachten. Flagellaten und Blutzellen sind bei diesen Vergrößerungen gut zu erkennen.

3.6. Die Leber

Die Farbe einer gesunden Leber ist in der Regel dunkelrot (Bild Nr. 45). Bei Pflanzenfressern, die rein pflanzlich ernährt werden, kann die Leber von brauner Farbe sein (Bild Nr. 46). Das Zupfpräparat einer gesunden Leber erscheint als gleichmäßige gelbe Masse, in der sich oft Blutgefäße befinden (Bild Nr. 47). Sieht das Präparat weißlich oder milchig aus, so liegt eine krankhafte Verfettung vor. Fett erscheint im mikroskopischen Bild als kleine flüssige Kugeln mit dunklem Rand (Bild Nr. 48). Das Präparat ist auf Geißeltiere, Tuberkulose, *Ichthyophonus*- und Sporozoenzysten zu untersuchen (Tafel 12). Eine gelb oder gelbbraun gefärbte Leber (Bild Nr. 49) ist nicht mehr lange fähig, ihre Funktion auszuüben. Die Zellen sterben langsam ab, was in absehbarer Zeit zum Tode des Fisches führt.

Bild 47 (links): Gesunde Leber eines jungen Diskusfisches. Zupfpräparat. Bildlänge: etwa 2,2 mm des Präparates.

Bild 48 (rechts): Beim Quetschen einer verfetteten Leber ausgetretene Fetttröpfchen. Bildlänge: etwa 0,9 mm des Präparates.

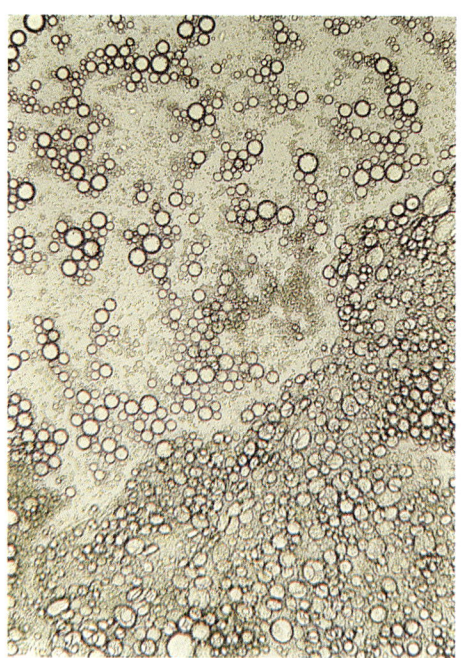

Bild 49 (oben): Stark verfettete Leber und Leibeshöhle.

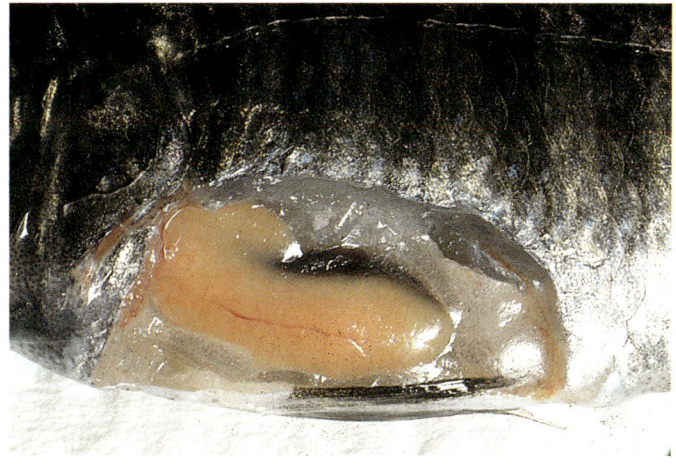

Bild 50 (unten): Die Gallenblase ist durchsichtig und mit grünlicher Gallenflüssigkeit gefüllt. In diesem Fall ist sie krankhaft vergrößert.

3.7. Die Galle

Die Gallenblase ist durchsichtig und mit grüner Flüssigkeit gefüllt (Bild Nr. 50). Sie ist mit der Leber und durch den Gallengang mit dem vorderen Teil des Darmes verbunden. Beim Heraussezieren ist Vorsicht geboten, da die dünne Wand leicht zerreißt und sich dann die Gallenflüssigkeit in die Leibeshöhle ergießt. Darum sollte man die Gallenblase zusammen mit dem angrenzenden Stück Leber und Darm herausnehmen. Erst auf einem Objektträger wird die Gallenblase von den anderen Organstücken getrennt. Wird sie dabei verletzt, so ist das nicht weiter schlimm. Man entfernt die anderen Organteile und deckt mit einem Deckglas ab. Das Präparat ist bei 100- bis 300facher Vergrößerung auf Geißeltiere und Wurmlarven sowie bei 600facher Vergrößerung auf Bakterien zu untersuchen (Tafel 13).

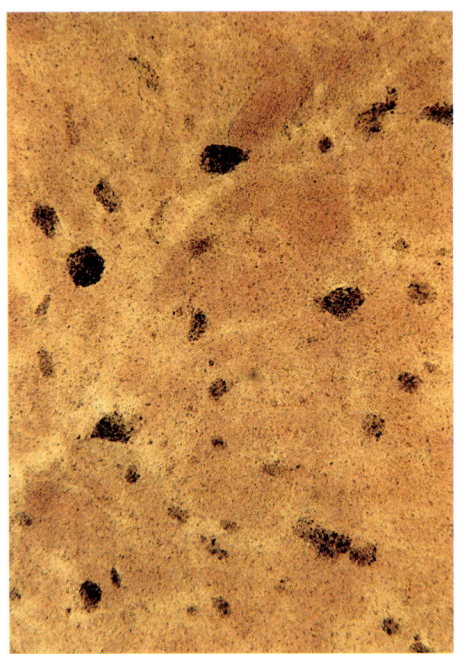
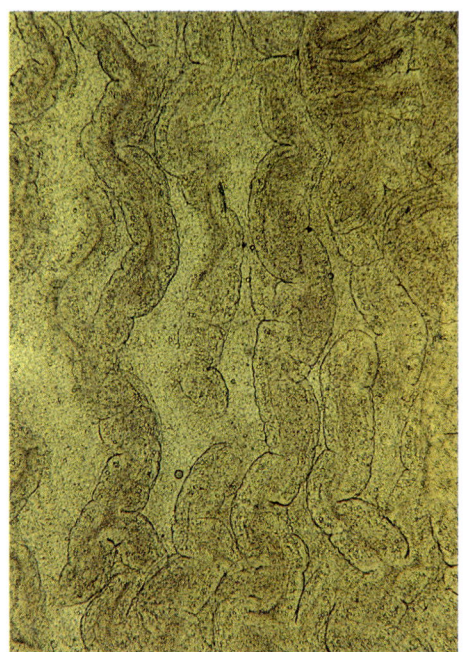

Bild 51 (links): Zupfpräparat einer gesunden Milz. Bildlänge: etwa 2,2 mm des Präparates. Vergr. 40:1.

Bild 52 (rechts): Gesunder Darm. Die Falten der Darmwand sind sichtbar. Bildlänge etwa 2,2 mm des Präparates. Vergr. 40:1.

3.8. Die Milz

Nach Auseinanderlegen der Darmschlingen wird die Milz sichtbar. Sie ist bei manchen Fischen sehr klein und dunkelrot bis rotschwarz gefärbt. Das Zupfpräparat erscheint im mikroskopischen Bild hellrot durchsetzt mit helleren, rundlichen Stellen (Bild Nr. 51). Die im Bildfeld verstreuten gelb-braunen Zellballungen sind Anhäufungen von Makrophagen. Sie entziehen dem Blut überalterte, rote Blutkörperchen. Die Milz ist stark durchblutet und wird meist zuerst befallen, wenn sich Erreger im Blut befinden. Das Gewebe ist auf krankhafte Veränderungen zu prüfen (Tafel 15). Die Oberfläche der Milz weist bei Fischtuberkulose oder *Ichthyophonus*-Befall weiße Knötchen auf.

3.9. Der Darm, der Magen

Besondere Aufmerksamkeit ist bei jeder Sektion dem Darm zu widmen. Der Magen ist bei vielen Arten nur etwas dicker als der übrige Darm und befindet sich vorn, hinter einer kurzen Speiseröhre. Zur Untersuchung trennt man je ein Darmstück von einem Zentimeter Länge vorn, aus der Mitte und hinten ab. Aus den Stücken preßt man auf je einen Objektträger in einen Tropfen 0,64%ige physiologische Kochsalzlösung den Inhalt heraus. Die Darmstücke werden der Länge nach aufgeschnitten und auf einem gesonderten Objektträger in physiologische Kochsalzlösung gelegt (Bild Nr. 52). Es ist auf Geschwüre und Zysten in der Darmwand zu achten (Tafel 14). Rote, blutige Stellen sind Entzündungen, deren Ursache auf falscher Ernährung beruhen kann (Bild Nr. 29). Sie können jedoch auch bei bakteriellen Infektionen auftreten. Dünne, durchsichtige Därme kleinerer Fische werden ganz auf den Objektträger gebracht und stellenweise mit zwei Nadeln zerrupft, so daß der Inhalt austreten kann. Das Präparat ist bei unterschiedlichen Vergrößerungen auf Würmer, Wurmeier, Geißeltiere und Zysten zu untersuchen. Bakterien gehören zur normalen Darmflora. Die meisten davon weisen keine Eigenbewegung auf. Auch bewegliche Bakterien sind unbedenklich, wenn sie nicht in großen Mengen vorkommen.

3.10. Die Geschlechtsorgane

An den Geschlechtsorganen treten selten Krankheiten auf. Man prüft sie auf Verfettung und Laichverhärtung. Gelegentlich sind Sporozoen- oder Tuberkulose-Zysten im Gewebe zu finden (Tafel 15). Sehr selten werden die Geschlechtsorgane von Nematoden befallen. Eine Verletzung des Organgewebes bei männlichen Tieren während der Sektion führt zum Austreten von Spermien in die Leibeshöhle. Diese findet man dann in den Präparaten der Organe und der Flüssigkeit der Leibeshöhle wieder. Von unerfahrenen Mikroskopikern können die schnell beweglichen Samenzellen leicht für Flagellaten gehalten werden.

3.11. Die Schwimmblase

Die Schwimmblase ist bei den meisten Fischen von weißlicher Farbe und elastisch. Es ist zu prüfen, ob die Wand kleine Blutungen sowie verdickte Stellen aufweist (Tafel 16). Rundliche, kleine Einschlüsse in der Schwimmblasenwand lassen auf *Eimeria* (Kapitel 6.3.1.) schließen. Aber auch Geißeltiere und Würmer können darin parasitieren. Bei einer starken Schwimmblasenentzündung kann flüssiger, blutiger Eiter im Innern gefunden werden. Verursacht wird diese Krankheit manchmal durch Umsetzen der Fische in kälteres Wasser. Ein abrupter Temperaturabfall um 3-5 Grad C ist unter Umständen schon ausreichend. Das Bauchrutschen zu kalt gehaltener Fische hat oft seine Ursache in einer Entzündung der Schwimmblase.

Bei Diskusfischen wurde in letzter Zeit des öfteren eine neuartige Erkrankung der Schwimmblase beobachtet. Die Tiere verlieren einen Teil des Gases der Schwimmblase und können sich aus diesem Grund nicht mehr im Wasser schwebend halten, sie sinken ab und bleiben flach am Boden liegen. Die Ursache ist eine Entzündung des Ovals im vorderen, ventralen Bereich der Schwimmblase (Bild Nr. 30). Die Gasabgabe an den Blutkreislauf durch das Oval wird mittels eines Ringmuskels (Sphinkter) gesteuert. Er kann bei dieser Krankheit nicht geschlossen werden, so daß sich die Schwimmblase entleert. Im umgekehrten Fall kann der Sphinkter des Ovals nicht geöffnet werden. Die Fische hängen mit dem Kopf nach unten unter der Wasseroberfläche und müssen ständig mit den Flossen rudern, damit sie nicht umkippen. Das Einfüllen von Gas in die Schwimmblase geschieht an einer anderen Stelle durch eine Gasdrüse, genannt Wundernetz (Rete mirabile). Sie ist bei dieser Krankheit nicht betroffen. Gute Erfolge bei der Behandlung der Krankheit im Anfangsstadium wurden mit Methode C 26 erzielt, bei fortgeschrittener Erkrankung mit Methode A 1.

3.12. Das Herz

Das Herz schlägt manchmal noch lange nach dem Tod des Fisches. Es wird untersucht, wenn Verdacht auf Metacercarienbefall, *Ichthyophonus* oder Fischtuberkulose besteht (Tafel 15). Es befinden sich dann hellere Knoten in der Herzwand. Im Zupfpräparat sind kleinere Zysten gut zu erkennen.

3.13. Die Niere

Die Niere ist bei Knochenfischen das Organ, in dem das Blut überwiegend gebildet wird. Daher sind große Mengen aller Blutzellen im Präparat zu finden. In der Regel ist die Niere erst nach dem Entfernen der Schwimmblase zugänglich (Bild Nr. 53). Man unterscheidet zwischen Kopf- und Rumpfniere. Die Rumpfniere ist bei kleineren Fischen oft nur ein schmales, rotes Band unter der Wirbelsäule, das sich hinter dem Kopf verdickt und die Kopfniere bildet. Bei manchen Gattungen sind Kopf- und Rumpfniere deutlich voneinander abgegrenzt. Die Farbe der Niere ist blutrot, eine weiß-graue Verfärbung ist krankhaft. Die Rumpfniere ist auf Schwellungen und Zysten von Tuberkulose und *Ichthyophonus* zu prüfen (Tafel 17). In einem gut gelungenen Zupfpräparat sind außer dem Nierenzwischengewebe auch die Nierenkanälchen zu sehen (Bild Nr. 54). Sie beginnen mit einer Verdickung, die Blutgefäße enthält. In diesen Malpighischen Körperchen wird der Harn ausgeschieden und über die Harnkanälchen dem Harnleiter zugeführt. Die ständig schlagenden Wimpern der Geißelzellen in den Malpighischen Körperchen sorgen für den Transport des Harns. Sie sind nur in guten Präparaten zu sehen und dürfen nicht mit Bakterien verwechselt werden. Das Zwischengewebe erscheint gelb bis gelbbraun, es enthält viele Blutkapillaren und Lymphozyten.

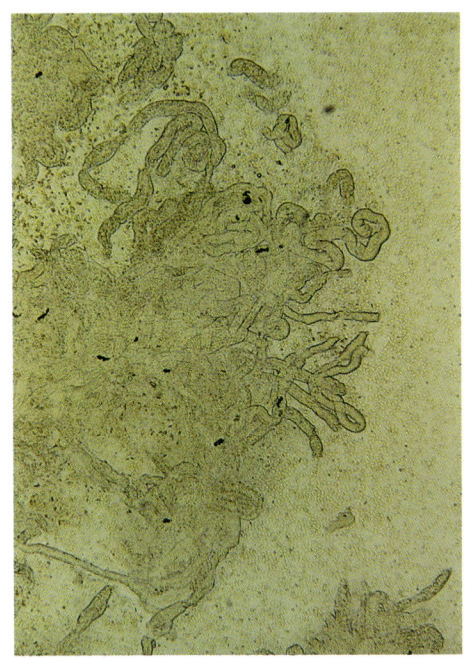

Bild 54 (oben): Zupfpräparat der Rumpfniere. Bildlänge: etwa 2,2 mm des Präparates. Vergr. 40:1.

Bild 53 (unten): Die Rumpfniere ist bei vielen Aquarienfischen ein schmales Band zwischen Wirbelsäule und Schwimmblase.

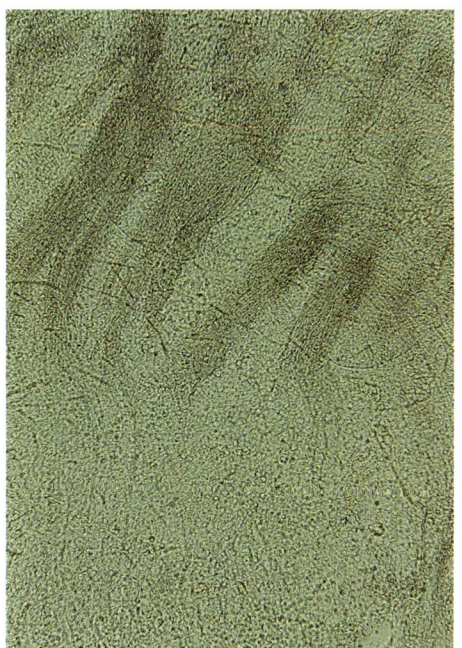 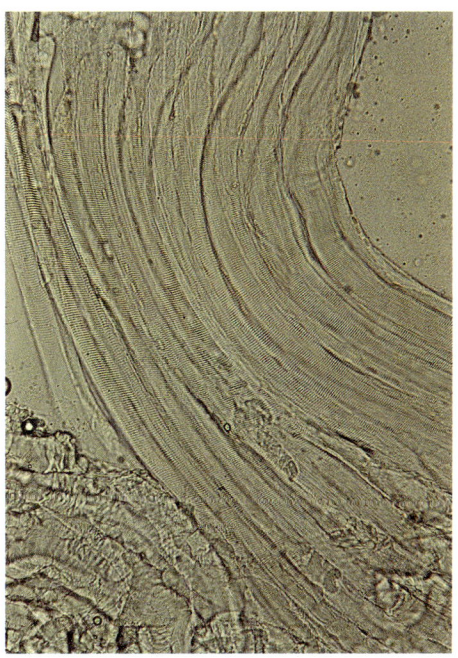

Bild 55 (links): Gehirnmasse, Quetschpräparat. Bildlänge: etwa 0,9 mm des Präparates. Vergr. 100:1.

Bild 56 (rechts): Muskel, Quetschpräparat. Bildlänge: etwa 0,9 mm des Präparates. Vergr. 100:1.

3.14. Das Gehirn

Das Gehirn erkrankt selten, aber manchmal sind darin Tuberkulose- und Ichthyophonuszysten zu finden. Es wird mit dem Schädel- oder Cranialschnitt freigelegt (Tafel 18). Man entnimmt eine kleine Probe der weißen Masse und zerrupft diese auf bekannte Weise auf einem Objektträger. Im mikroskopischen Bild erscheint das Präparat als gleichförmige weiße Masse, in der unregelmäßig kleine Blutgefäße liegen (Bild Nr. 55).

3.15. Die Muskulatur

Muskeln bestehen aus nebeneinander liegenden, nicht miteinander verbundenen Muskelfasern und Bindegewebe. Zur Untersuchung werden Stücke aus der Seiten- oder Rückenmuskulatur herausgeschnitten und ein Zupfpräparat hergestellt (Bild Nr. 56). Das Präparat wird auf Cestoden- und Nematodenlarven, sowie Zysten von Sporozoen, Mycobakterien und *Ichthyophonus* überprüft (Tafel 18). Manche Bakterien zerstören das Gewebe und verursachen dadurch große Geschwüre im Muskel. Zuerst legt man das Geschwür frei, um eine Verwechslung mit einer Sporozoenzyste auszuschließen. Dann schneidet man ein Stück davon ab und stellt ebenfalls ein Zupfpräparat her. Von dem flüssigen Inhalt werden zunächst Frischpräparate angefertigt, um zu sehen, ob sich bewegliche oder unbewegliche Bakterien darin befinden. Dünne Ausstriche oder Quetschpräparate können dann nach E 7 und E 8 gefärbt werden.

4. Kapitel

4. Virosen und Bakteriosen

4.1. Reine Viruserkrankungen

Das Wort Virus stammt aus dem Lateinischen und bedeutet Schleim, Saft oder Gift. Es war lange Zeit der allgemeine Name für Krankheitserreger. Heute werden als Viren nur solche krankheitserregende Partikel bezeichnet, die so klein sind, daß sie durch Filter gehen, in denen Bakterien hängen bleiben. Viren besitzen lediglich geborgtes Leben, denn sie sind zu klein, um einen eigenen Stoffwechsel zu unterhalten. Sie bestehen nur aus einer Hülle, in der ein hochkompliziertes Erbmolekül enthalten ist. Berührt das Virus eine Zelle, so heftet es sich an der Zellwand fest und injiziert sein Erbmolekül ins Innere. Dieses greift in den Zellstoffwechsel ein und zwingt die Zelle, neue Viren herzustellen. Oft geht sie daran zugrunde.

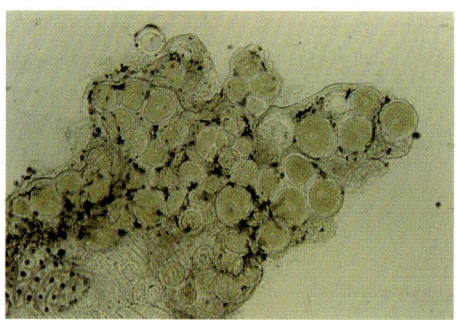

Bild 57: Von Lymphocystis befallene Zellen im Quetschpräparat. Durchmesser der Zellen: 120–250 Mikrometer. Vergr. 40:1.

Wegen ihrer Kleinheit sind Viren im Lichtmikroskop nicht zu sehen. Deshalb können sie nur in Instituten mit aufwendigen Methoden sicher nachgewiesen werden. Ansonsten sind sie an dem Erscheinungsbild der Krankheit, die sie hervorrufen, zu erkennen. Die wohl bekannteste durch Viren hervorgerufene Fischkrankheit ist <u>Lymphocystis</u> (Bild Nr. 15, Tafel 5). Sie tritt oft zuerst an den Flossen auf, breitet sich dann aber über den ganzen Körper aus. Die Fische sterben nach langer Zeit. Mit bloßem Auge ist Lymphocystose gut zu erkennen, denn das Virus regt die Hautzellen zu Riesenwachstum an (Bild Nr. 57). Die oft weißlich erscheinenden Zellhaufen sehen anhaftendem kleinem Laich ähnlich, es können aber auch nur einzelne Zellen an der gesamten Körperoberfläche betroffen sein. Beim Überstreichen fühlt sich die Haut rauh an. Selten werden innere Organe befallen. Die Übertragung von Lymphocystis erfolgt überwiegend durch den Inhalt geplatzter Zellen. Die befallenen Fische zeigen sich in ihrem Verhalten nicht beeinträchtigt. Eine Behandlung kann Erfolg haben, wenn die Krankheit früh erkannt wird. Man schneidet dann die befallenen Stellen aus der Flosse heraus, isoliert den Fisch und bietet ihm optimale Bedingungen. Die offenen Wunden sind wie Verletzungen (Kapitel 10, A 4 oder C 1) weiterzubehandeln. Bei starkem Befall ist es humaner, das Tier schmerzlos zu töten und zu vernichten. Die gesund erscheinenden Tiere müssen 60 Tage in Quarantäne beobachtet werden. Bei häufigerem Auftreten sind die noch gesunden Tiere in Quarantäne zu setzen und das Aquarium nach Methode Nr. D1, D3 oder D5 (Kapitel 10.2.) zu desinfizieren.

Die bei Black Molly manchmal auftretenden Kehlgeschwülste werden auch der Wirkung von Viren zugeschrieben (SCHÄPERCLAUS 1954). Sie sind schlecht von Schilddrüsenschwellungen zu unterscheiden (Kapitel 9.1.). Möglicherweise werden noch andere Krankheiten von Viren verursacht. Auch von Nutzfischen bekannte Viruskrankheiten treten möglicherweise in ähnlicher oder anderer Form bei Aquarienfischen auf. Da auf diesem Gebiet noch wenig geforscht wurde, ist es möglich, daß Krankheiten, deren Ursache nicht zu finden ist, von Viren verursacht werden.

4.2. Bauchwassersucht

Die infektiöse Bauchwassersucht ist an Karpfen intensiv erforscht worden. Sicher kann man nicht alle Erkenntnisse auf Aquarienfische übertragen, doch sind viele Parallelen vorhanden, wenn Aquarienfische davon befallen werden (Bild Nr. 58). Verursacht wird sie durch Viren, es sind aber stets auch Bakterien beteiligt, so daß zeitweilig diese als primäre Ursache angesehen wurden. Ob bei Aquarienfischen das Krankheitsbild primär von Viren verursacht wird oder ob es sich hier um eine reine bakterielle Infektion handelt, ist noch nicht sicher geklärt. Fast alle Fischarten können befallen werden, aber auch ohne Wirt sind die Bakterien in Wasser und Schlamm monatelang lebensfähig und können sich vermehren. Da sie zur normalen Bakterienflora im Aquarium gehören, können gesunde Fische sich ihrer erwehren. Die Fische sind nur dann besonders gefährdet, wenn sie durch Hunger, falsche Ernährung, Kälte oder Transport unter Streß stehen oder mangelhafte hygienische Verhältnisse im Becken herrschen. Ist einmal ein Fisch befallen, so scheidet er große Mengen Bakterien aus, so daß sich auch die anderen Fische infizieren können. Ihren Namen erhielt die Krankheit, weil sie sich sehr oft durch Absonderung großer Mengen von Flüssigkeit in die Leibeshöhle äußert. In vielen Fällen erscheint der Bauch des Fisches bis zum Platzen aufgedunsen. Des weiteren kann es zu Hautauflösungen und Geschwüren kommen. Auch kleine Bläschen entlang der Seitenlinie sind schon beobachtet worden (Bild Nr. 14, Tafel 5). Die Fische stehen oft schaukelnd unter der Wasseroberfläche oder am Grund, der Fluchtreflex fehlt oder ist stark vermindert. Auch der Augenreflex ist schwächer. Der After ist oft rot entzündet und mitunter vorgestülpt. Flosseneinschmelzungen treten auf. Ist im fortgeschrittenen Stadium die Niere befallen, so werden in Folge von Blutarmut die Kiemen blaß. Meist wird auch ein Hervortreten der Augen beobachtet (Glotzaugen = Exophthalmus). Im Darm wird die Schleimhaut abge-

Bild 58: Schuppensträube und Glotzaugen bei Bauchwassersucht.

stoßen und ausgeschieden, so daß bei der Sektion die Darmwand durchsichtig, glasig erscheint. Die Flüssigkeit in der Leibeshöhle ist klar und manchmal ins Gelbliche verfärbt oder blutig. Sie kann von flüssiger oder gallertartiger Konsistenz sein (Bild Nr. 24, Tafel 11). Die Niere ist entzündet, die Leber gelb bis hellbraun verfärbt, die Zellen lösen sich auf. Mitunter sind im Quetschpräparat viele Fetttröpfchen enthalten. Die Gallenblase ist oft stark geschwollen, ihr Inhalt dunkelgrün verfärbt. In Leber, Galle, Niere und Leibeshöhle sind viele bewegliche und unbewegliche Bakterien zu finden.

Eine Behandlung ist im frühen Stadium möglich. Befallene und des Befalls verdächtige Fische sind sofort in Quarantäne zu setzen und zu beobachten. Bei der Bauchwassersucht der Aquarienfische handelt es sich um kein spezifisches Krankheitsbild. Es können einige der beschriebenen Symptome gleichzeitig oder einzeln auftreten. Ebenso ist es möglich, daß die Fische mager werden oder ohne äußerliche Anzeichen sterben. Die auftretenden Bakterien sind meistens unterschiedlichen Gattungen zuzuordnen. In der Regel sind gramnegative bewegliche und unbewegliche 1 bis 3 Mikrometer lange Stäbchen in der Flüssigkeit der Leibeshöhle so wie in Leber, Milz oder Niere zu finden. Zur Diagnose wird die ZIEHL/NEELSEN-Färbung (Kapitel 11, E 8) benötigt, um Tuberkulose auszuschließen. Danach färbt man nach GRAM (Kapitel 11, E 7). Zur Behandlung eignen sich die Methoden C 25, A 5, A 6, A 1. C 22 kann im Anfangsstadium der Krankheit Anwendung finden. Methode C 21 wählt man, um Fische, die mit Erkrankten in gleichen Becken leben, vorbeugend zu behandeln. Nach seuchenhaftem Auftreten der Bauchwassersucht müssen Aquarium und Inhalt gründlich nach Methode D 1, D 3 oder D 5 (Kapitel 10.2) desinfiziert werden. Vorbeugend sind die besten hygienischen Verhältnisse zu schaffen. Fische, deren Leber oder Niere zu stark geschädigt ist, werden auch trotz erfolgreicher Behandlung nach einiger Zeit noch verenden.

4.3. Furunkulose

Die Furunkulose ist bei Salmoniden schon seit der Jahrhundertwende bekannt. Sie wird durch Bakterien der Gattung *Aeromonas*, speziell *A. salmonicida*, hervorgerufen. Es bilden sich Beulen und Geschwüre von 2–20 mm Größe, die mit Eiter gefüllt sind. Die Flossen entzünden sich und fasern aus. Manchmal ist auch nur eine leichte oder starke Trübung der Flossen zu sehen. Verpilzungen treten oft als Sekundärinfektion auf.

Eine zweite Erscheinungsform führt zu kleinen Blutungen an den inneren Organen, der Haut, den Kiemen, den Flossen und der Muskulatur. Die Übertragung der Erreger erfolgt durch Fressen von Kot oder der Leichen infizierter Fische und auch durch Hautparasiten. Eine Übertragung ist ebenso möglich, wenn Eiter aus aufbrechenden Geschwüren ins Wasser gelangt. Schlechte Wasserqualität fördert die Ausbreitung der Krankheit. Eine gründliche Desinfektion des Aquariums ist angebracht. Tritt nach erfolgreicher Behandlung nach wenigen Wochen ein Rückfall ein, so kann die Ursache an mangelnden hygienischen Verhältnissen im Becken liegen. Die Erreger sind kurze Stäbchenbakterien von 1,7–2 Mikrometer Länge, gramnegativ und unbeweglich. Paar- und Kettenbildung kommt oft vor. Die Behandlung kann mit C 25 begonnen werden. Tritt keine Besserung ein, steigt man auf A 5 oder A 1 um. Fische, die keine Symptome zeigen, können vorbeugend nach C 21 behandelt werden.

4.4. Die Flossenfäule

Die bakterielle Flossenfäule ist eine weltweit verbreitete Krankheit, die vorwiegend jüngere Fische befällt. Die Erkrankung beginnt mit einer Trübung der Flossenränder, die schließlich weiß werden. Das Gewebe zwischen den Flossenstrahlen zersetzt sich, so daß die Flossen ausfransen und abfaulen (Bild Nr. 16, Tafel 6). Die Flossenbasis entzündet sich und färbt sich rot. Die inneren Organe sind nicht betroffen. Nach Beheben der Ursache und medikamentöser Behandlung ist ein Nachwachsen der Flossen möglich. In Abstrichen von den Flossenresten sind große Mengen bewegliche, gramnegative Stäbchenbakterien zu finden. In seltenen Fällen verpilzen die geschädigten Stellen. Die Erreger gehören zu den Gattungen *Aeromonas, Pseudomonas* und *Vibrio*. Die Länge der Bakterien liegt bei *Aeromonas* zwischen 1 und 2,2 Mikrometern, bei *Pseudomonas* zwischen 1 und 2,5 Mikrometern und bei *Vibrio* um 1,5 Mikrometern. Bei der Behandlung kommen die Methoden C 1, C 21 oder C 3 zur Anwendung. Auch die Methoden A 3 oder A 1 sind sehr wirkungsvoll. Die bakterielle Flossenfäule tritt nur unter schlechten Haltungsbedingungen oder in Folge einer anderen Krankheit auf. Vorbeugend ist beste Wasserqualität herzustellen. Sauerstoffmangel, fäkalienbelastetes Wasser, zu hoher pH-Wert und gelöste Schwermetalle können die Krankheit fördern. Eine Behandlung ist nur erfolgreich, wenn die Ursache gefunden und behoben ist. Im Anfangsstadium reicht meist schon ein Umsetzen des Fisches in sauberes Wasser und die Flossen wachsen wieder nach.

4.5. Vibriose

Das Krankheitsbild der Vibriose ist schon seit zwei Jahrhunderten bekannt. Es waren Aale aus der Ostsee, von denen dann zu Beginn dieses Jahrhunderts Bakterien der Art *Vibrio anguillarum* isoliert und bestimmt werden konnten. Inzwischen ist bekannt, daß die Vibriose weltweit vorwiegend bei Meer- und Brackwasserfischen sowie bei Krabben auftritt. Vereinzelt wurde der Erreger auch schon bei Süßwasserfischen gefunden. Die Krankheit nimmt bei Seewasserfischen oft nur einen latenten Verlauf. Bei empfindlichen Fischen, deren Widerstandskraft geschwächt ist, kann sich die Krankheit durch krampfartige Zuckungen mit folgendem Tod äußern. Dem Fisch muß dabei äußerlich nicht unbedingt etwas anzusehen sein. Oft treten Milz- und Nierenschwellung sowie starke Blutungen in der Leibeshöhle und an der Haut auf.

Bei widerstandsfähigen Fischen sind oft nur kleine Blutungen und Darmentzündungen zu beobachten. Fische aller Temperaturbereiche sind gefährdet. In allen befallenen Organen stößt man auf die Erreger. *Vibrio anguillarum* ist ein gramnegatives begeißeltes Bakterium und stark beweglich. Die Größe der leicht gebogenen Zelle liegt zwischen 0,4–0,6 × 1,2–2 Mikrometern, die Geißel ist 4–6 Mikrometer lang. Manchmal bilden die Bakterien Ketten, so daß sie länger erscheinen. Selten ist bei Aquarienfischen eine reine Vibrioinfektion festzustellen. Besonders bei lang andauernden Krankheitsverläufen sind mitunter große Mengen von Pseudomonaden, Aeromonaden und Kokken in den verschiedenen Organen zu finden. Die Krankheit begünstigen: zu hohe Temperaturen, übersetzte Becken, Streß, Schadstoffe im Wasser und schlechte Wasserqualität. Die Behandlung nach A 5, A 6 oder A 1 ist meist erfolgreich.

4.6. Die Columnaris-Krankheit

Verursacher dieser Erkrankung, die häufig im Aquarium auftritt, ist das Bakterium *Flexibacter columnaris*. Am Anfang bilden sich kleine, weißliche Stellen am Maul, den Schuppenrändern und den Flossen, die beim Größerwerden einen schimmeligen Eindruck erwekken (Bild Nr. 12, Tafel 5). Die Flossenränder beginnen sich zu zersetzen, so daß die Flossenstrahlen bloß liegen. Oft verpilzen die befallenen Hautstellen. Auch die Kiemen können befallen werden, die Kiemenblätter lösen sich dann von der Spitze zu den Kiemenbögen hin auf. Bei Jungfischen verkleben die Blättchen durch übermäßige Schwellung des Kiemenepithels und durch starke Schleimbildung. Die Sauerstoffaufnahme wird behindert, schnelles Atmen ist die Folge (bakterielle Kiemenkrankheit, – Kiemenfäule).

Zur Diagnose wird ein Abstrich an der befallenen Körperstelle vorgenommen. Von den Flossen kann ein winziges Stückchen vom Rand abgeschnitten werden. Bei hoher Vergrößerung findet man bis zu 8 Mikrometern lange und 0,7 Mikrometer dicke Bakterien, die sich langsam, gleitend fortbewegen, aber keine Geißeln besitzen (Bild Nr. 60). Nach kurzer Zeit löst sich ein Teil vom Gewebe und sammelt sich unter dem Deckglas des Präparates, wobei viele der Columnaris-Bakterien mit dem freien Ende schwingende Bewegungen ausführen. Außerdem ballen sie sich am Rand der entzündeten Gewebestellen zu säulen- oder häufchenförmigen Gebilden zusammen (Bild Nr. 59). Es sind zwei Verlaufsformen von Columnaris-Krankheit zu unterscheiden. Beim chronischen Verlauf vergrößern sich die weißen Stellen sehr langsam, die Fische sterben erst nach vielen Tagen. Bei der akuten Form breiten sich die weißen Flecken sichtbar binnen weniger Stunden aus. Ein Fischbestand von mehr als 100 Tieren stirbt innerhalb von drei Tagen. Eine Behandlung muß sehr schnell erfolgen. Hohe Wassertemperatur beschleunigt den Verlauf. Angriffspunkte für eine *Columnaris*-Infektion sind Verletzungen der Haut, ebenso Schäden am

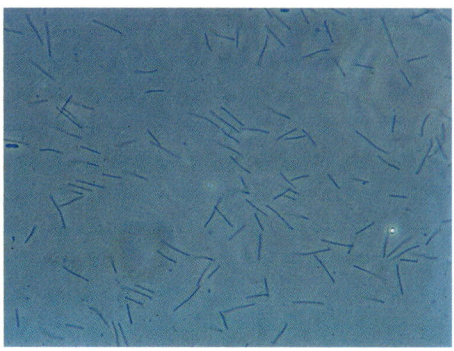

Bild 60 (oben): Einzelne Columnarisbakterien. Phasenkontrastaufnahme. Vergr. 600:1; Länge der Bakterien: 5–8 Mikrometer.

Epithel, die durch Vitaminmangel bedingt sind. Fördernd wirken schlechte Wasserqualität, hohe Ammoniakkonzentration und geringer Sauerstoffgehalt.

Eine Behandlung ist möglich, aber über längere Zeit nur dann erfolgreich, wenn optimale Haltungsbedingungen hergestellt sind. Bei der chronischen und akuten Form wird nach verschiedenen Methoden vorgegangen. Die chronische Form kann nach Methode C 1c oder A 1 behandelt werden. Da bei der akuten Form keine Zeit für einen Versuch bleibt, wird sofort Methode A 2 angewendet. Mit den Methoden E 7 und E 9 können die Bakterien gefärbt werden, um sie im Präparat hervorzuheben.

4.7. Fischtuberkulose

Wie bei Menschen so wird auch bei Fischen die Tuberkulose von Mykobakterien verursacht. Sie bricht vorwiegend bei Schwächezuständen des Organismus, schlechten Lebensbedingungen und Vitaminmangel aus. Unter gesunden Hälterungsbedingungen können die meisten Fischarten eine Infektion durch Tuberkulosebakterien abwehren. Die Bewohner stark besetzter Aquarien sind besonders

Bild 59 (unten): Columnarisbakterien bilden kleine Häufchen von 30–35 Mikrometer Größe an den Rändern der Schuppen und Flossen. Hellfeldaufnahme. Vergr.: 110×.

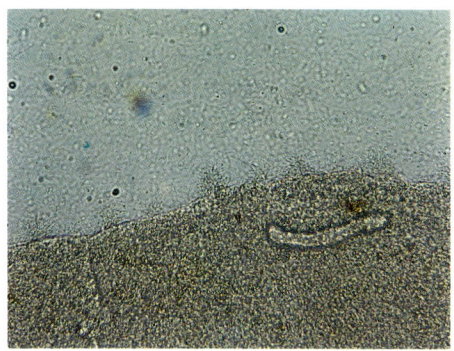

gefährdet. Mykobakterien können latent in jedem Aquarium vorkommen. Besonders in sauerstoffarmen Zonen, wie in Bodengrund, Mulm, Futterresten und an gestorbenen Fischen, finden sie ideale Lebensbedingungen. Oft verläuft die Krankheit schleichend, so daß nur ab und zu im Laufe einiger Monate einzelne Fische sterben, ein anderes mal seuchenartig, wobei der ganze Fischbestand innerhalb weniger Wochen eingeht.

Die äußeren Anzeichen einer Tuberkulose-Infektion sind von Art zu Art und bei unterschiedlich starken Exemplaren der gleichen Art verschieden. Außerdem treten die folgend beobachteten Symptome auch bei anderen Krankheiten auf, so daß sie nur ein Alarmsignal darstellen, bei dessen Auftreten die Ursache durch Sektion abzuklären ist. Es wäre zu nennen: Auftreibung des Leibes durch Flüssigkeitsansammlung in der Leibeshöhle, Abmagerung bis schmaler Rücken (Messerrücken) und eingefallene Bäuche, Schuppenausfall und Schuppensträube, offene Hautstellen (Bild Nr. 4, Tafel 3), Glotzaugen bis zum Herausfallen der Augen, Wirbelsäulenverkrümmung, blasse Farben, ruckartiges Schwimmen, Bauchrutschen, stark verringerte Reaktionen und Reflexe, Blaßwerden, Nahrungsverweigerung, Absondern und Eckenstehen. Die genannten Symptome können einzeln oder auch mehrere zusammen auftreten.

Nach der Sektion werden Zupfpräparate der Organe hergestellt. Bei starkem Befall sind beim Betrachten der Leber und Milz mit einer Lupe weißlich-graue Knötchen festzustellen. Diese entstehen durch Abwehrreaktionen des Organismus, indem er versucht, die Bakterienherde durch Umschließen von Bindegewebe vom gesunden Gewebe zu isolieren. Im mikroskopischen Bild erscheint der Inhalt der Zyste gleichmäßig gelblich bis hellbraun, die Bindegewebshülle durchscheinend hell und farblos. Die Zysten sind leicht mit *Ichthyophonus* zu verwechseln (vergl. nächstes Kapitel). Im Gegensatz zu diesen sind Tuberkulosezysten nicht immer rund. Bei einer ausgeprägten Infektion von Mykobakterien finden sich meistens runde, längliche und verzweigte Zysten im Quetschpräparat (Bild Nr. 61). Eine Verwechslung mit *Ichthyophonus* wirkt sich jedoch nicht weiter aus, da bei beiden Krankheiten eine Behandlung nicht möglich ist. Sicher ist die Unterscheidung durch Färbung der gequetschten Zysten nach Methode E 8, Kapitel 11. In den Präparaten sind dann 1–5 Mikrometer lange und 0,2–0,6 Mikrometer breite stäbchenförmige Bakterien rot gefärbt zu sehen (Bild Nr. 119, Kapitel 11.8.7.). Sie sind im lebenden Zustand unbeweglich.

Tuberkulosezysten sind oft auch in den Organen von Fischen zu finden, die wegen anderen Krankheiten seziert wurden. Die Krankheit kann wieder ausbrechen, wenn sich die Umweltbedingungen verschlechtern oder Fische unter Streß stehen. Dann breiten sich die Mykobakterien im Organismus aus und befallen weitere Organe. Als Gegenmaßnahme empfiehlt es sich, beste Lebensbedingungen herzustellen. Verdächtige und sichtbar erkrankte Fische sind in Quarantäne zu setzen. Ist die Tuberkulose nachgewiesen, werden die erkrankten Tiere getötet und vernichtet. Bei seuchenhaftem Auftreten im Aquarium sind alle Fische zu vernichten, Aquarium und Geräte gründlich zu desinfizieren nach Methode D 1, 3 oder 5 (Kapitel 10).

Bild 61: Tuberkulosezysten im Quetschpräparat. Durchmesser der Zysten zwischen 180 und 300 Mikrometer. Vergr. 50:1.

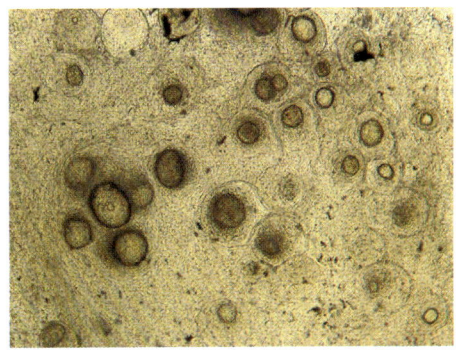

5. Kapitel

5. Mykosen, Algosen

5.1 Äußerliche Mykosen

Pilze sind in jedem Aquarium vorhanden. Sie gehören normalerweise zu den unsichtbaren Helfern, die im Filter und an unzugänglichen Stellen des Aquariums die Futterreste und den Kot der Fische abbauen. Ihre Sporen schweben im Wasser, bis sie einen geeigneten Nährboden finden, auf dem sie auskeimen können. Auf der gesunden Schleimhaut der Fische vermögen sie sich nicht festzusetzen. Nur wenn die Schleimhaut der Fische durch Bisse oder andere Verletzungen beschädigt ist, können die Sporen eindringen und auskeimen. Aber auch bakterielle Infektionen und Hautparasiten können der auslösende Faktor für Pilzerkrankungen sein.

Gegen Pilzinfektionen bei Verletzungen lassen sich vorbeugende Maßnahmen ergreifen (Kapitel 5.1. am Ende). Ist eine Mykose jedoch so weit fortgeschritten, daß an der betroffenen Hautstelle schon deutlich die Pilzfäden zu sehen sind, kommt die Hilfe meist zu spät (Bild Nr. 11 Tafel 5). Die Erreger sind Schimmelpilze der Gattungen *Saprolegnia, Achlya* und *Dictyuchus*. Sie leben normalerweise an toter organischer Substanz, wie Futterresten und den Leichen abgestorbener Futtertiere. Auch die Verpilzung abgestorbener Eier, die Laichverpilzung, wird von diesen Pilzen verursacht. Das Weißwerden der Eier ist jedoch primär auf das Gerinnen des Eiweißes zurückzuführen. Erst später wachsen die Pilzfäden auf den weißen Eiern.

Ist der Anteil der abgestorbenen Eier eines Geleges zu hoch, dann greifen die sich bildenden Pilze auch auf gesunde Eier über.

Am Fisch äußert sich die Pilzinfektion durch die voran genannten Gattungen, indem sich dünne, weiße Fäden, sogenannte Hyphen, auf der infizierten Stelle bilden. Diese werden dichter, bis sie einen Belag bilden, der an Watte erinnert. Der Befall ist mit dem bloßen

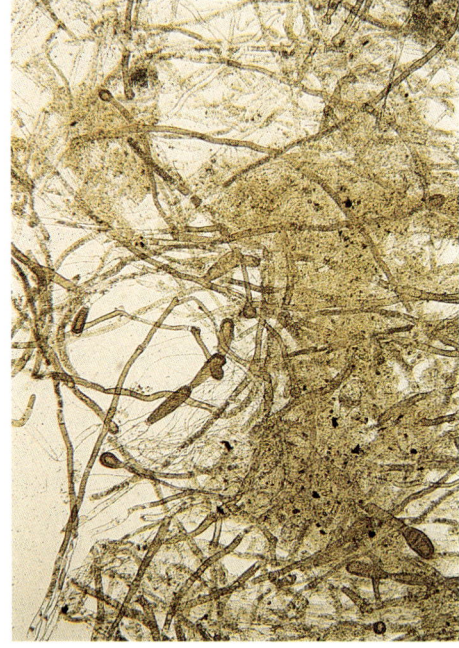

Bild 62: Pilzhyphen mit Sporenkapseln von *Saprolegnia* sp. Länge der aneinanderhängenden Sporenkapseln in der Bildmitte 440 Mikrometer. Vergr. 40:1.

Auge zu erkennen. Zur mikroskopischen Untersuchung schneidet man mit einer Schere einen Büschel der Pilzhyphen ab und fertigt ein Präparat an. Schon bei geringer Vergrößerung sind die Pilzfäden und an deren Ende die sporengefüllten Sporangien zu sehen (Bild Nr. 62). Stark befallene Fische sind meist nicht mehr zu retten, da die Pilzhyphen auch ins Innere der Fische wachsen und schwere Schäden an den Organen verursachen. Außerdem geben sie ihre meist giftigen Stoffwechselprodukte an den Organismus ab. Vor der Behandlung sollte man die Ursache der Infektion ergründen und beseitigen. Die Pilze können durch Bäder in Chemikalienlösungen bekämpft werden. Die Wahl des Medikaments richtet sich nach der Stärke des Befalls. Als vorbeugende Maßnahme und bei leichtem Befall können die Methoden C12 und C17 angewendet werden. Um Laichverpilzung vorzubeugen, ist C17e über drei Tage wirksam. Verpilzte Wunden und großflächige Verpilzungen können nach C23 oder C9 behandelt werden.

5.2 Innere Mykosen

5.2.1 Ichthyophonus hoferi (Ichthyosporidium)

Ichthyophonus hoferi zählte noch vor einigen Jahren zu den gefürchtetsten Krankheiten im Aquarium. Heute ist allgemein die Meinung verbreitet, daß es sich bei den meisten Fällen um Tuberkulose handelt, da sie nur sehr schwer von *Ichthyophonus* zu unterscheiden ist. Die Krankheit tritt bei See- und Süßwasserfischen auf. Der ganze Bestand kann gefährdet sein, wenn die Fische geschwächt sind und in hygienisch unzulänglichen Aquarien gehalten werden. Die Meinung, daß *Ichthyophonus* bei tropischen Aquarienfischen wegen der hohen Temperatur nicht auftreten könne, ist widerlegt. HERKNER (1961) konnte durch Verfüttern von befallenen Meeresfischen an Warmwasserfische bei 20% von ihnen eine Erkrankung hervorrufen.

Der Name des Erregers ist *Ichthyophonus hoferi,* er wird den Algenpilzen (Phycomyceten) zugeordnet. Bis vor kurzem hieß er noch *Ichthyosporidium hoferi,* nach neueren Untersuchungen wurde jedoch der alte Name wieder eingeführt (REICHENBACH-KLINKE 1980). Der Entdecker der Krankheit, B. HOFER, nannte sie Taumelkrankheit, da die befallenen Fische Schaukelbewegungen beim Schwimmen ausführten. Äußerlich ist meist nichts zu sehen, gelegentlich kommt es zu Hautgeschwüren bei Anabantiden und Löchern am Kopf von Cichliden (falsche Lochkrankheit). Befallen werden vorwiegend Leber, Milz, Herz, Niere und Gehirn. Geschlechtsorgane, Kiemen und Muskulatur sind seltener betroffen. Unter Verdacht von *Ichthyophonus* stehende Fische werden getötet und seziert. Die weißen Zysten sind ab einer Größe von 0,2 mm ohne Hilfsmittel an den Organen zu sehen. Zur Diagnose werden Zupfpräparate von Leber, Herz, Milz und Niere hergestellt und bei 50–100facher Vergrößerung mikroskopiert. Zysten von 0,04 bis 2 mm Größe sind im Präparat leicht zu finden. Sie haben kreisrunde bis ellipsoide Formen und erscheinen braun mit schwarzen Teilchen darin. Sie sind von einem Hof hellen Bindegewebes umgeben. In nach E 8, Kapitel 11.8 gefärbten Quetschpräparaten von Zysten sind keine Bakterien zu finden.

Die Fische infizieren sich, indem sie Infektionsplasmodien mit der Nahrung aufnehmen. Durch Einwirkung der Verdauungssäfte zerfallen diese zu Amöboidkeimen, die zum größten Teil wieder ausgeschieden werden. Den verbliebenen Parasiten kann es gelingen, durch die Darmwand zu wandern und sich vom Blutstrom zu den Organen tragen zu lassen. Bei geschwächten Fischen gelingt das leichter, denn der Darm gesunder Tiere ist widerstandsfähiger. Eine abwechslungsreiche, gesunde Ernährung ist eine wichtige, vorbeugende Maßnahme. In dem infizierten Organ wächst der Parasit durch mehrmalige Kernteilungen und umgibt sich dann mit einer Hülle. Nun tritt eine Ruheperiode von einigen

5.2.2. Aphanomyces sp.

Außer *Ichthyophonus* wurden auch schon andere Pilze gefunden, die mit ihrem Mycel Organe von Fischen durchwachsen. Es sind oft keine äußeren Anzeichen zu sehen, außer daß die befallenen Tiere in ihren Reaktionen und Bewegungen gehemmt sind. Seuchenartigen Charakter soll die Infektion von tropischen Süßwasserfischen mit *Aphanomyces*-Arten annehmen können (REICHENBACH-KLINKE 1980). Der Pilz wächst in der Rückenmuskulatur. Der Tod tritt nach einigen Tagen ein, wenn die Haut von innen durchbrochen wird. Die Zupfpräparate der Organe können gefärbt werden, damit sich die Pilzhyphen besser abheben. Da diese Mykosen im Aquarium nur selten auftreten, soll nicht weiter darauf eingegangen werden.

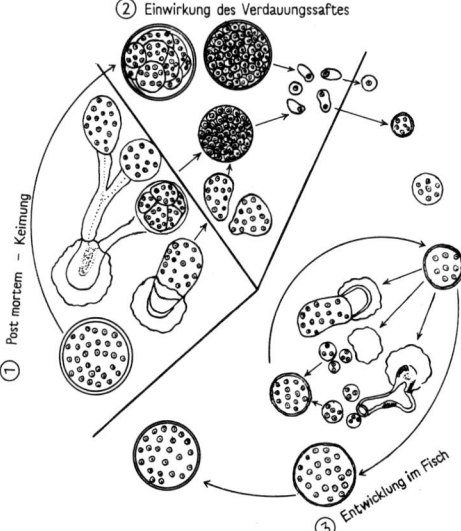

Bild 63: *Ichthyophonus hoferi*, Entwicklungszyklus. Gezeichnet nach Dorier und Derange. Entnommen aus REICHENBACH-KLINKE: Krankheiten und Schädigungen der Fische, Gustav Fischer Verlag, Stuttgart.

5.2.3. Branchiomyces, Kiemenfäule

Diese Mykose der Kiemen tritt vorwiegend bei Tieren in stark organisch belastetem Wasser auf. Der Erreger kann mit Lebendfutter ins Aquarium eingeschleppt werden. In sauberen Aquarien mit regelmäßigem Wasserwechsel stellt die **Kiemenfäule** keine Gefahr dar. Wohl aber in stark veralgten Gartenteichen während der warmen Jahreszeit. Ursache sind Pilze der Gattung *Branchiomyces*. Sie wachsen im Kiemenepithel, verdrängen das Gewebe und behindern die Durchblutung. Die befallenen Kiemenblättchen sterben, zersetzen sich und fallen ab (Bild Nr. 18, Tafel 7). Die Fische werden träge, schnappen nach Luft, atmen heftig und ersticken schließlich. Zur Untersuchung zupft man mit einer spitzen Pinzette einige der abgestorbenen Kiemenblätter ab und stellt ein Präparat her. Die Pilzhyphen sind bei 100facher Vergrößerung zu erkennen (Bild Nr. 64). Eine Behandlung nach den Methoden C12, C3 und C9 ist möglich. Im Gartenteich können Fische nicht behandelt werden, sie müssen in ein Quarantänebecken umgesetzt werden.

Tagen ein. Da auch vom Fisch eine <u>Bindegewebshülle</u> um den Parasit gebildet wird, ist in diesem Stadium die Verwechslung mit Tuberkulose leicht möglich (Bild Nr. 63). Aus der Zyste schlüpfen mehrkernige Plasmodien, die sich zu Tochterplasmodien teilen und sich über das infizierte Organ ausbreiten. Der Fisch stirbt, wenn die befallenen Organe nicht mehr funktionsfähig sind. Nach dem Tode des Wirtes wachsen aus den Zysten <u>Hyphen</u>, an deren Ende sich die Infektionsplasmodien bilden. Die Übertragung findet statt, wenn an den toten Tieren gefressen wird. Es scheint, daß der Parasit nahezu alle Süß-und Seewasserfische befallen kann (REICHENBACH-KLINKE 1980). Eine Behandlungsmethode ist nicht bekannt. Tote Fische müssen sofort aus dem Aquarium entfernt und vernichtet werden.

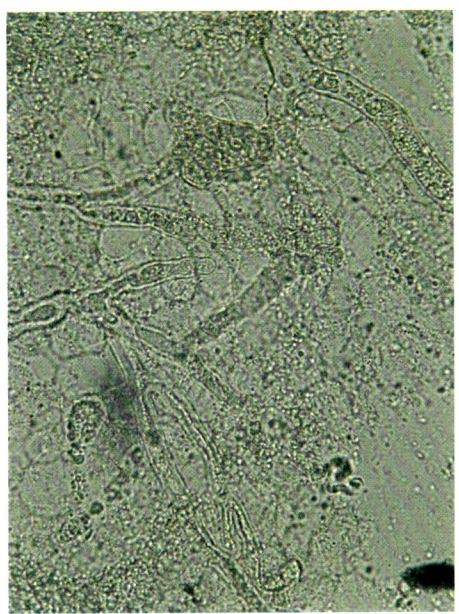

Bild 64 (oben): Kiemenverpilzung durch *Branchiomyces* sp. Vergr. 275:1.

5.3. Algosen

Algen sind im allgemeinen keine Gefahr für Aquarienfische. Es gibt zwar Algen, die giftige Substanzen (Toxine) absondern, welche den Fischen gefährlich werden können. Dazu muß jedoch erst eine wasserblütenartige Vermehrung der Algen stattfinden. Außerdem ist die Wahrscheinlichkeit, daß eine giftige Algenart eingeschleppt wird, verschwindend gering. Manche Grünalgenarten wachsen auf Kiemendeckel und Flossen, richten jedoch keinen Schaden an, wenn sich ihr Wachstum in Grenzen hält. Ein Kurzbad, wie in C17c angegeben, schafft Abhilfe.

Weit häufiger kommen Blaualgen (Cyanophyceen) in Aquarien vor. Sie überziehen Bodengrund und Pflanzen mit einem bläulichgrünen Belag. Das Aquarienwasser riecht dann oft unangenehm modrig. Weiterhin geben die Blaualgen einen für Fischlaich toxischen Stoff ab, so daß in den befallenen Aquarien keine Nachzuchten von Fischen möglich sind (mündl. Mitteilung von Prof. Dr. GEISLER 1988). Leider gibt es immer noch keine absolut wirksame Methode, Blaualgen im eingerichteten Becken zu bekämpfen. Meist bleibt nur das Aquarium auszuräumen und alles zu desinfizieren.

5.4 Dermocystidium

Noch ist nicht endgültig geklärt, wo *Dermocystidium* systematisch einzuordnen ist. Manche Autoren ordnen es den Pilzen zu, andere den *Haplospora*. *Dermocystidium* bildet Zysten in der Haut und den Kiemen, die eine runde oder lange, fast wurmähnliche Form haben (Bild Nr. 17, Tafel 6). Sie können 1 mm bis 10 mm und länger werden. Das Innere der Zysten ist mit Hunderttausenden winziger Sporen von 3 bis 6 Mikrometern Größe gefüllt. Die Sporen sind rund und zeigen mehrere unterschiedlich große runde Strukturen im Inneren (Bild Nr. 65). Eine Behandlungsmöglichkeit ist nicht bekannt.

Bild 65 (unten): Dermocystidiumsporen aus der auf Tafel 6, Bild Nr. 17 abgebildeten Zyste. Größe der Sporen: 5 Mikrometer. Vergr. 550:1.

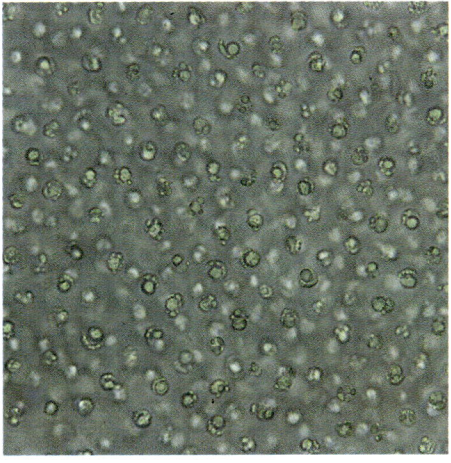

6. Kapitel

6. Krankheitserregende Protisten

6.1. Flagellaten

Als Protisten bezeichnet man alle einzelligen Lebewesen, die einen vom Zellplasma abgegrenzten Zellkern besitzen. Unter ihnen befindet sich eine ganze Reihe von Fischparasiten. Viele der von ihnen verursachten Krankheiten verlaufen tödlich, wenn nicht rechtzeitig eine Behandlung erfolgt.
Flagellaten sind sehr klein. Sie sind ab einer 100fachen Vergrößerung im Präparat, aufgrund ihrer Bewegung, gut zu erkennen. Um sie unterscheiden zu können, ist eine 600fache Vergrößerung und die genaue Beobachtung der Schwimmweise oder eine Fixierung (Kapitel 11.8.4., E 6) notwendig. Zur Fortbewegung dienen eine oder mehrere Geißeln. Die Fortpflanzung geschieht durch Zweiteilung in Längsrichtung. Flagellaten kommen auf der Außenhaut, im Darm, in den inneren Organen und im Blut von Fischen vor. Es ist möglich, daß eine bestimmte Flagellatengattung auf die eine Fischart stark krankheitserregend wirkt, einer anderen Fischart jedoch keinen Schaden zufügt.

6.1.1. Blutflagellaten

Als die bekanntesten Blutflagellaten sind die der Gattungen *Cryptobia* und *Trypanosoma* zu nennen (Bild Nr. 66). Sie sind mit einer Zellänge von 10–25 Mikrometern etwas größer als die Blutkörperchen. In einem Blutpräparat (Kapitel 3.3.) wird man sie aufgrund ihrer schnellen Bewegung leicht erkennen. Süß- und Meerwasserfische können befallen werden. *Cryptobia* ist ein zweigeißliger Flagellat. Bei starkem Befall werden die Fische träge, Reaktionen und Reflexe sind stark vermindert. Im Extremfall lassen sie sich mit der

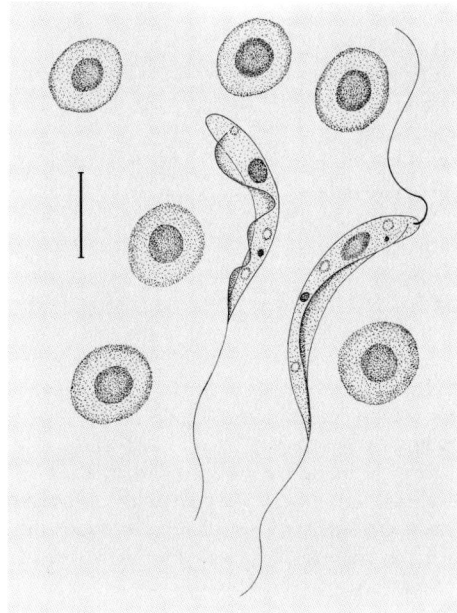

Bild 66: *Trypanosoma* sp. und *Cryptobia* sp. mit roten Blutkörperchen. Maßstab: 10 Mikrometer, Größe 10–25 Mikrometer. In Anlehnung an AMLACHER, DOFLEIN und TIMOFEEV sowie eigenen Beobachtungen.

Hand fangen. Darum spricht man auch von der „Schlafkrankheit der Fische". Die Schwimmhaltung ist unnatürlich. Manchmal drehen sie sich oder schwimmen mit dem Kopf nach unten. Der Körper magert ab, und die Kiemen werden blaß. Die Übertragung auf andere Fische geschieht durch blutsaugende Parasiten, wie z. B. Fischegel. Da sie normalerweise nicht im Aquarium vorhanden sind, ist die Gefahr der Übertragung auf gesunde Fische kaum gegeben. Blutparasiten sind bei Teichfischen nicht selten. Darum ist darauf zu achten, daß kein Blutegel mit Lebendfutter ins Aquarium gelangt. Wildfänge und Goldfische sind manchmal von Blutflagellaten befallen. Nachgewiesen werden die Erreger entweder direkt im Blut (Kapitel 3.3.) oder im Zupfpräparat der Niere. Eine Behandlung mit Methylenblau über eine Woche kann versucht werden (Kapitel 10, Methode C 17a oder 17b).

Trypanosoma unterscheidet sich kaum von *Cryptobia* (Bild Nr. 66). Bei hoher Vergrößerung mit einer guten Optik oder mit Phasenkontrastbeleuchtung sieht man, daß *Trypanosoma* nur eine Geißel besitzt. Der Befall ist harmlos, da diese eingeißligen Flagellaten den Fischen nicht schaden.

6.1.2. Darmflagellaten

Bei vielen Fischen sind im Darm Flagellaten zu finden, ohne daß der Fisch dadurch Schaden erleidet. Die Pathenogenität ist von Fisch zu Fisch verschieden. So werden Skalare mitunter von den gleichen Flagellaten, die Diskusfischen schaden, überhaupt nicht beeinträchtigt. Die bekanntesten Gattungen der Darmflagellaten sind *Hexamita, Spironucleus, Trichomonas* und *Bodomonas (*Bilder Nr. 67 – Nr. 72). *Hexamita* und *Spironucleus* sind nur schwer zu unterscheiden. Der früher gebräuchliche Name für *Hexamita* war *Octomitus*. *Hexamita* befällt den Darm, die Gallenblase und ist mitunter auch im Blut anzutreffen. Die an Darmflagellaten erkrankten Fische sondern sich ab, werden mager, geben weißen, schleimigen Kot ab, färben sich dunkel und haben manchmal eine ruckartige Schwimmweise (Bild Nr. 2, Tafel 3). Bei manchen Fischen scheint der Leib aufgetrieben. Inwieweit die genannten Flagellaten den Seewasserfischen schaden können, ist nicht bekannt. Freilebende Meeresfische scheinen von ihnen nicht beeinträchtigt zu werden.

Hexamita-Infektionen sind bei Zierfischen selten, es handelt sich meistens um *Spironucleus*. Auch die Lochkrankheit der Cichliden, speziell der Diskusfische, wird nicht von *Hexamita* verursacht. Nach G. SCHUBERT (mündl. Mitteilung 1987) wurden bei Diskusfischen noch nie *Hexamita* nachgewiesen. Auch der Flagellat *Spironucleus* ist nur eine der möglichen Ursachen von Lochkrankheit bei Cichliden (Kapitel 9.3). Vorwiegend ist er im Darm anzutreffen, der mit Millionen dieser Flagellaten gefüllt sein kann. Eine Ausbreitung in die Gallenblase und das Blut ist möglich. Dann verläuft die Infektion meist tödlich.

Zur Untersuchung werden vom lebenden Fisch ganz frisch abgesetzte Kotstücke präpariert. Von gerade gestorbenen oder getöteten Fischen entnimmt man Teile des Enddarms und des Mitteldarms sowie die Gallenblase. Die Untersuchung erfolgt wie in Kapitel 3.9. beschrieben. Eine Bestimmung der Gattung kann nur mit fixierten Exemplaren erfolgen (Beschreibung in Kapitel 11.8.4., Methode E 6). Die Flagellaten sind ab einer Mindestvergrößerung von 120fach zu sehen. Zur Unterscheidung beobachtet man mit 300- bis 400facher Vergrößerung.

Hexamita und *Spironucleus* besitzen eine länglich ovale Zelle. Vorn entspringen acht Geißeln, von denen zwei in einer Rinne an der Zelloberfläche bis zum hinteren Ende geführt werden. Dort ragen sie als sogenannte Schleppgeißeln weit über das Zellende hinaus. Die sechs vorderen Geißeln sind sehr beweglich und dienen der Fortbewegung (Bilder Nr. 67, Nr. 68 und Nr. 69). Die Schwimmweise der beiden Flagellaten ist gradlinig ruckar-

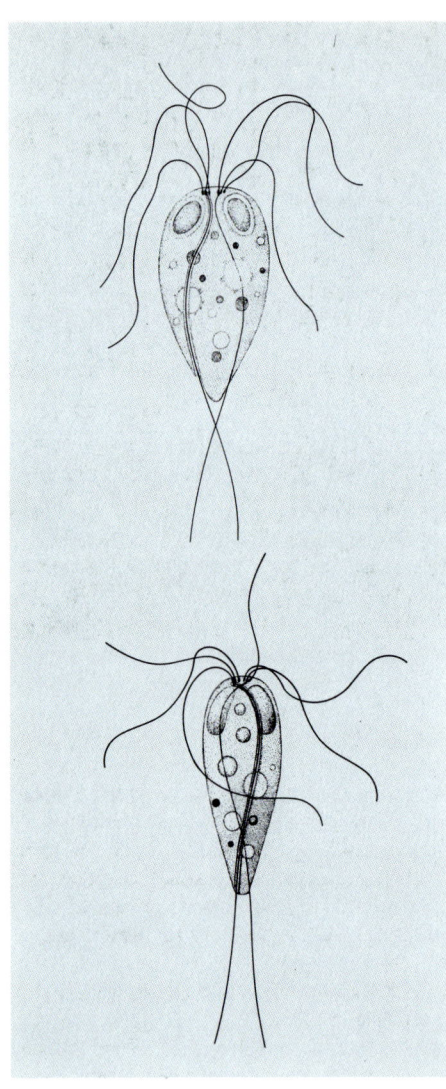

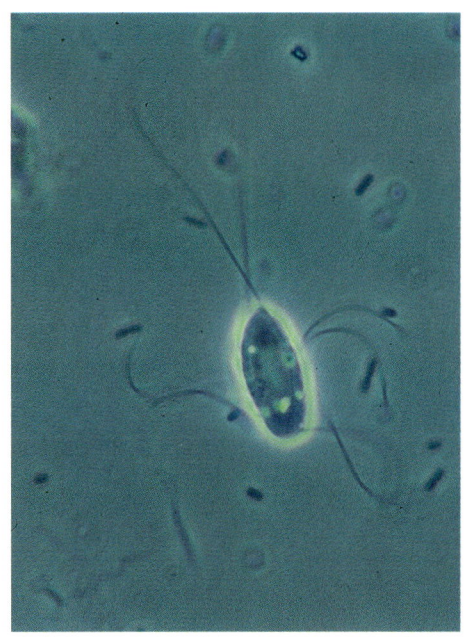

Bild 69 (oben rechts): *Spironucleus* sp., Größe: 12 Mikrometer (Phasenkontrastaufnahme). Vergr. 1500:1

Bild 67 (oben links): *Hexamita* sp., Größe: 7–12 Mikrometer. In Anlehnung an KULDA und LOM sowie eigenen Beobachtungen.

Bild 68 (unten links): *Spironucleus* sp., Größe 10–14 Mikrometer. In Anlehnung an KULDA und LOM, sowie eigenen Beobachtungen.

tig, wobei *Hexamita* etwas langsamer ist als *Spironucleus*. *Hexamita salmonis* hat eine Länge von 8 bis 12 Mikrometern und ist 6 bis 8 Mikrometer breit. *Spironucleus* elegans ist minimal kürzer, er ist 8 bis 11 Mikrometer lang und 4 bis 6 Mikrometer dick. Die Zellkerne von *Spironucleus* sind größer als die von *Hexamita*.

Trichomonaden haben einen sackförmigen Zellkörper, der eine mittlere Länge von 12 Mikrometern aufweist (Bild Nr. 70). Am oberen Pol entspringen vier Geißeln, von denen drei zusammen im Wasser auf und ab schlagen. Die vierte Geißel führt in einer Wellenlinie von oben nach unten an der Zelloberfläche entlang und ist mit ihr durch eine dünne Membran verbunden (undulierende Membran). Trichomonaden schwimmen sehr langsam, träge taumelnd voran. Techniken zum Abtöten der Flagellaten, damit die Geißeln erkenn-

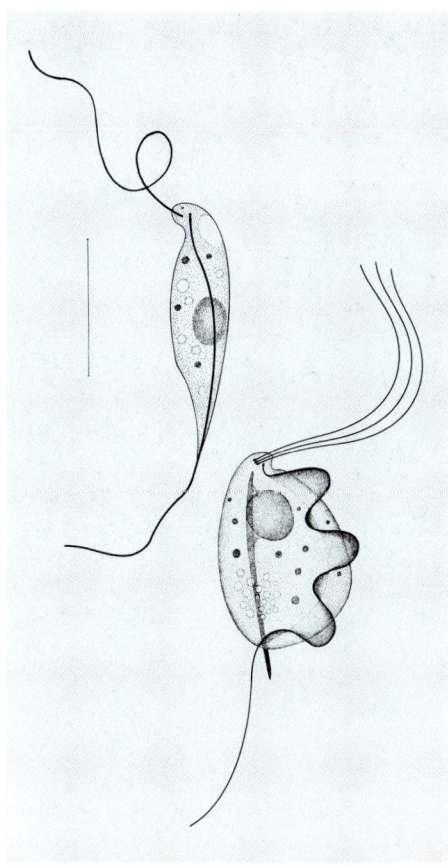

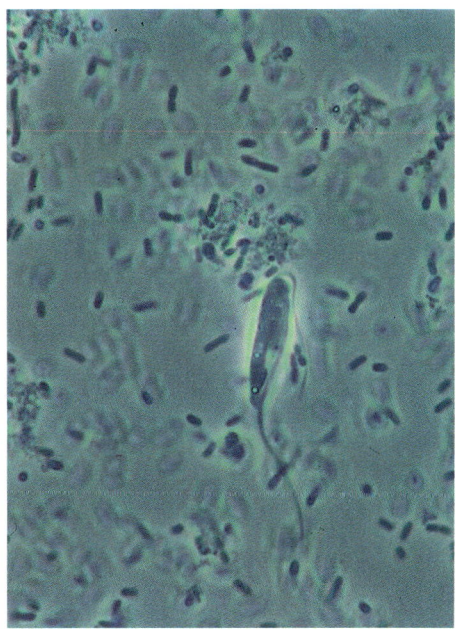

Bild 71 (rechts): *Bodomonas* sp. (Phasenkontrastaufnahme) Größe: 16 Mikrometer. Vergr. 1050:1.

Bild 70 (links unten): *Trichomonas* sp., Größe: 10–15 Mikrometer.

Bild 72 (oben): *Bodomonas* sp. Maßstab: 10 Mikrometer.

bar werden, sind im Kapitel 11.8.4., Methode E 6 nachzuschlagen.

Flagellaten der Gattung *Bodomonas* besitzen eine spindelförmige, stromlinienförmige Zelle mit zwei Geißeln am Vorderende. Eine davon ist nach hinten gerichtet und liegt an dem Zellkörper an, ist aber nicht mit der Zellmembran verbunden (Bilder Nr. 71 und Nr. 72). Die zweite Geißel ist frei beweglich. Am vorderen, der Geißelschlagrichtung abgewandten Teil der Zelle ist bei 800- bis 1000facher Vergrößerung ein großer heller Fleck zu erkennen, der nicht mit dem Zellkern identisch ist. Scheinbar handelt es sich dabei um eine Haftorganelle, denn mitunter kann man bei gut gelungenen Darmwandpräparaten unzählige der Flagellaten beobachten, wie sie, mit diesem Teil der Zelle an der Darmwand festgeheftet, mit der Geißel in das Darmlumen hineinschlagen. Da die Flagellaten in großen Mengen und in gleicher Richtung hängen, sieht die Darmschleimhaut an diesen Stellen bei etwa 200facher Vergrößerung wie eine vom Wind bewegte Wiese aus. Die Zellänge dieser noch unbestimmten Flagellaten beträgt 10–14 Mikrometer. Die Fortbewegungsweise ist schlängelnd.

Schwere Verluste verursacht in den letzten Jahren hauptsächlich bei Malawi-Fischen eine *Cryptobia*-Art, die ausschließlich im Darm parasitiert. Die betroffenen Fische geben weißen Kot ab und sterben innerhalb weniger Tage mit aufgetriebenem Leib. Sie sind von *Bodomonas* sp. in ihrer Bewegungsart nicht zu unterscheiden, erreichen aber eine Zellgröße von 16 bis 24 Mikrometern. Ihre Schleppgeißel ist durch eine schmale, undulierende Membran mit der Zelloberfläche verbunden. Zur Behandlung von *Hexamita* sp., *Spironucleus* sp. und *Trichomonas* sp. kann Methode C 19 benutzt werden. Da jedoch die zwei Medikamente auf *Bodomonas* sp. und *Cryptobia* sp. nicht sicher wirken, kann bei diesen beiden Gattungen nur die Methode C 8 oder C 19 zweimal im Abstand von 5 Tagen angewendet werden.

6.1.3. Hautflagellaten

Die auf der Haut der Fische parasitierenden Flagellaten können ihren Wirt stark schädigen, da die Haut ein lebenswichtiges Organ ist (Kapitel 3.2.). Sowohl *Costia necatrix* (*Ichthyobodo*), der kleine bohnenförmige Hauttrüber, als auch die verschiedenen Arten der Dinoflagellatengattung *Oodinium,* sind dem Aquarianer wohl bekannt.

6.1.3.1. Costia necatrix

Costia necatrix ist ein kleiner Flagellat von 8–12 Mikrometern Größe. Zwei Geißeln entspringen dem vorderen Teil der Zelle. Im Abstrichpräparat sieht *Costia* bohnenförmig aus, dagegen angeheftet an der Haut besitzt er birnenförmige Gestalt (Bild Nr. 73). Mit dem dünnen Teil saugt er sich an der Haut fest und zerstört diese. Bei mittelstarkem Befall erscheint die Schleimhaut trübe, starker Befall kann zu Hautauflösungen und Blutungen führen (Bild Nr. 10, Tafel 5). Meist finden sich noch andere Flagellaten und Ciliaten an den betroffenen Hautstellen ein. Sie sind jedoch keine echten Parasiten (Kapitel 6.4.5. und 6.4.6.). Als Folge kann eine Verpilzung auftreten. Auch *Costia* ist ein Schwächeparasit, dem gesunde, erwachsene Fische widerstehen können. Jungfische sind dafür anfälliger.

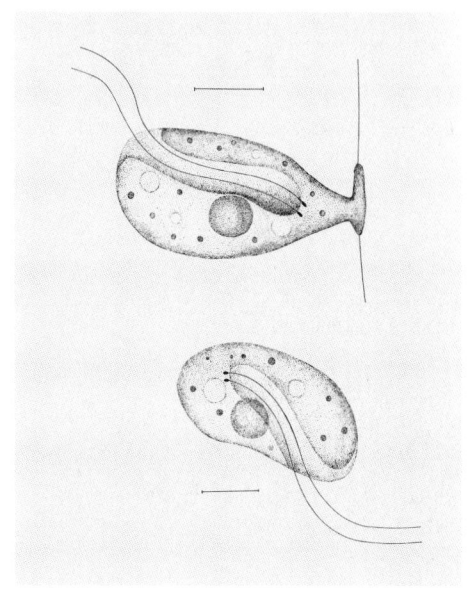

Bild 73: *Costia necatrix*, Größe: 10–15 Mikrometer, Maßstab: 3 Mikrometer. In Anlehnung an JOJON und LOM sowie nach eigenen Beobachtungen.

Seewasserfische können schwach befallen werden, wenn *Costia* durch Futterfische in Meerwasseraquarien eingeschleppt wird. Die Parasiten sind jedoch nicht pathogen (schädlich). Zur Untersuchung kommen Haut- und Kiemenabstriche. Bei mindestens 300facher Vergrößerung sind die sich taumelnd bewegenden *Costia* schon zu sehen (Bild Nr. 74). Manchmal bewegen sie sich sprunghaft über kurze Distanzen, so daß sie ohne Übergang aus dem Blickfeld zu verschwinden scheinen, um Sekundenbruchteile später in einiger Entfernung wieder aufzutauchen. *Costia necatrix* kann nur am Fisch überleben. Ohne Wirt stirbt er nach einer Stunde ab, wobei er die Form einer Kugel annimmt. Da *Costia* keine Temperaturen über 30 °C verträgt, bietet sich als Behandlung eine Temperaturerhöhung auf 32 °C an (Kapitel 10, B1). Gleichzeitig sollte zur Vorbeugung gegen Infektionen Methylenblau ins Wasser gegeben werden (Kapitel 10,

C 17). Wirksame chemische Behandlungsmethoden sind C 3, C 13 und C 1c; C 7 kann nur bei unverletzter Haut im Anfangsstadium angewendet werden. Vorbeugend und bei beginnender Infektion kann nach C 12 und C 17 vorgegangen werden.

6.1.3.2. Kiemenflagellaten

In den letzten Jahren wurden wiederholt Fische verschiedener Arten, hauptsächlich jedoch Cichliden, untersucht, deren Kiemen massenhaft von Flagellaten der Gattung *Cryptobia* sp. befallen waren. Vermutlich handelt es sich um die Art *Cryptobia branchialis*. Bei starkem Befall der Kiemen sind die Erreger auch in Hautabstrichen der Körperseiten nachzuweisen. Sie sind von den im Darm vorkommenden Cryptobien nicht zu unterscheiden. Möglicherweise haben diese sich aus *Cryptobia branchialis* entwickelt (siehe Kap. 6.1.2.). Die Parasiten können nach Methode C 8 oder C 1c behandelt werden.

6.1.3.3. Dinoflagellaten, Oodinium

Oodinium pillularis ist ein <u>Dinoflagellat</u>, der im parasitären Stadium am Fisch eine Größe von mehr als 100 Mikrometern erreichen kann. Er ist dann mit dem bloßen Auge gerade noch als helles Pünktchen zu sehen. Befallen werden Schleimhaut, die Kiemen und manchmal der Darm. Betrachtet man den Fisch von vorn in Längsrichtung gegen das Licht, scheint die Oberfläche trübe. Bei starkem Befall nimmt sie einen samtenen Charakter an. Der Belag sieht gelb bis gelbbraun aus. Die Schleimhaut kann sich in Stücken ablösen (Bild Nr. 9, Tafel 5). Selten treten Entzündungen und Verpilzungen auf. Bei starkem Befall der Kiemen leiden die Fische unter Atemnot. Dabei kann die übrige Haut vollkommen frei von den Parasiten sein. Das Mikroskop zeigt bei mindestens 100facher Vergrößerung urnenförmige, runde bis längliche Gebilde, von gelbbrauner Farbe, die mit dem dünnen Teil auf der Schleimhaut sitzen. Es kommen oft Gruppen von großen und kleinen Exemplaren vor, die wie Trauben angeordnet sind (Bild Nr. 75). Manchmal ist ein elliptischer Zellkern im bräunlichen, scheinbar aus vielen kleinen Körperchen bestehenden Plasma zu erkennen. Die wurzelartigen Plasmafäden, die in der Haut des Fisches ankern, sind ungefärbt nur sehr schwer zu erkennen (Bild Nr. 76). Mit ihnen zerstört der Parasit die Hautzellen des Fisches und nimmt deren Inhalt als Nahrung auf. Diesem festsitzenden, parasitären Stadium von *Oodinium* fehlen die Geißeln, so daß keine Ähnlichkeit mit Flagellaten besteht.

Wenn die *Oodinium*-Zelle genügend Nahrung aufgenommen hat, fällt sie vom Wirt ab. Am Boden des Aquariums kugelt sie sich ab und beginnt mit der Teilung. Die so entstehenden Tochterzellen teilen sich kurze Zeit danach mehrmals und entwickeln sich zu begeißelten Flagellaten. Sie sind annähernd rund und haben je eine Längs- und Querfurche, an deren

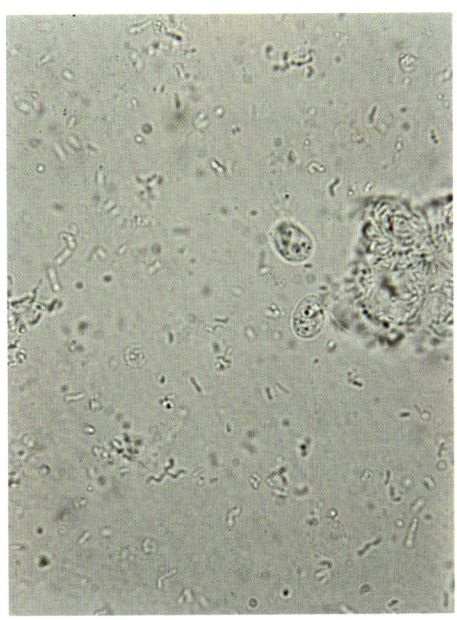

Bild 74: Zwei Exemplare von *Costia* sp. im Hautabstrich. Größe: 10 Mikrometer. Vergr. 680:1.

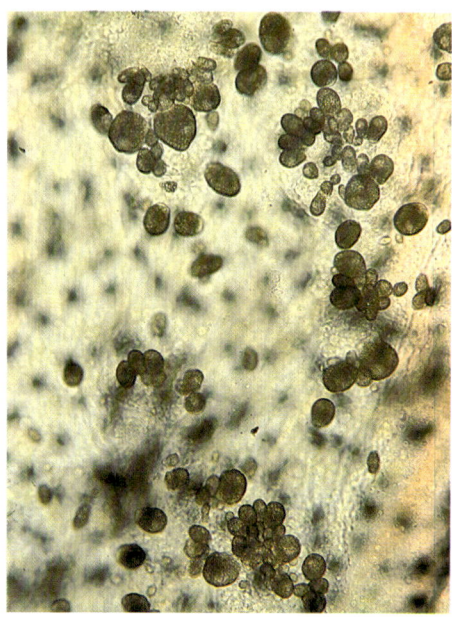 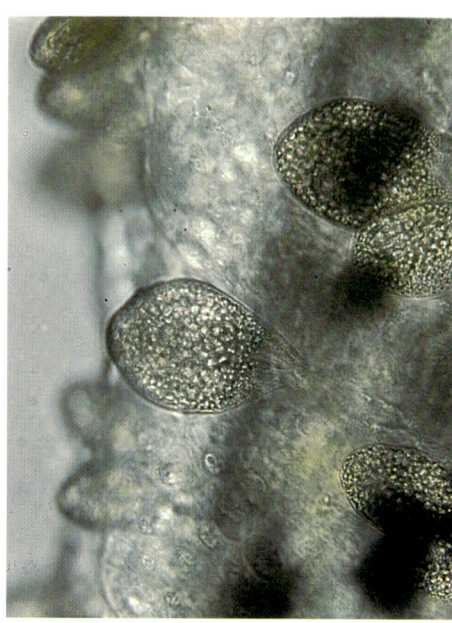

Bild 75 (links): *Oodinium pillularis* in Gruppen auf der Haut. Vergr. 100:1.

Bild 76 (rechts): *Oodinium pillularis*. Einzelne Exemplare. Größe: 74 Mikrometer. Vergr. 400:1.

Schnittpunkt zwei Geißeln entspringen. Nur eine ragt aus der Zelloberfläche heraus und dient zur Fortbewegung. Besser als die Längsfurche ist der rote Augenfleck zu erkennen. Der mittlere Durchmesser beträgt 15 Mikrometer mit Abweichungen von 30% nach oben und unten.

Die sogenannten **Dinosporen** können maximal 24 Stunden frei leben. Finden sie in dieser Zeit keinen Wirt, so sterben sie ab. Treffen die Dinosporen auf einen Wirt, heften sie sich an und werfen die Geißeln ab. Der Parasit schädigt den Fisch durch die wurzelartigen Plasmafäden (Rhizoide), die in die Epithelzellen eindringen und Stücke loslösen. Diese nimmt der Parasit als Nahrung auf. Der Zellverbund der Haut wird zerstört, das Gewebe stirbt ab. An den Kiemenblättchen können sogar Blutungen auftreten. Eine *Oodinium*-Infektion zieht sich viele Wochen hin, bis die Haut massenhaft mit Parasiten besetzt ist und sich ablöst. Die Fische sterben dann langsam. Die Behandlung erfolgt nach den Methoden B 1, C 4 oder C 13.

Oodinium limneticum ähnelt *Oodinium pillularis*. Den Dinosporen fehlt jedoch der rote Augenfleck. Es wurde bisher nur in Nordamerika gefunden. *Oodinioides vastator* bildet hellere, große, blasenförmige parasitäre Stadien aus und kommt auf entzündeten Hautstellen tropischer Fische vor. Die Dinosporen haben eine grüne Farbe.

Die Korallenfischkrankheit, *Oodinium ocellatum*, ist schon seit fünf Jahrzehnten bekannt. Sie tritt regelmäßig in den Seewasseraquarien auf. Frisch importierte Fische sind oft befallen. Aussehen und Entwicklung ist ähnlich wie bei der obigen Beschreibung von *Oodinium pillularis*. Die parasitären Stadien enthalten Stärkekörner, die durch Zugabe von Jod nachgewiesen werden können. Die Behandlung erfolgt nach den Methoden B 1, C 4 oder C 13. Bei der Behandlung mit Kupfersulfat in Seewasser muß meist am 3. oder 4. Tag nachdosiert werden. Dabei sind die Fische zu beobachten, um im Falle einer Überdosierung Gegenmaßnahmen einzuleiten (Anleitung dazu in Kapitel 10, C 13).

6.1.4. Opalinina

Opalinina sind wahre Riesen unter den bekannten Flagellaten. Wegen ihrer durchschnittlichen Größe von 0,1 Millimetern und den unzähligen Geißeln, die über die ganze Zelloberfläche verteilt sind, werden sie leicht mit Ciliaten verwechselt. Zuerst wurden sie im Darm von Amphibien entdeckt, später im Darm bei Fischen aus dem oberen weißen Nil und bei Diskusfischen. Ob es sich bei den *Opalinina* der Fische um echte Parasiten handelt, ist nicht mit Sicherheit erwiesen.

Schon im Jahr 1964 hat G. SCHUBERT von wimpertierähnlichen Einzellern im Darm bei Diskusfischen berichtet. Der wissenschaftliche Name der zuerst als „Diskusparasit" bezeichneten Riesenflagellaten lautet „*Protoopalina symphysodonis*". Sie erreichen oft eine Länge von 0,12 mm, wobei das Verhältnis von Länge zu Dicke zwischen 6:1,5 bis 6:0,9 liegt. Der Unterschied hat seine Ursache darin, daß die Tiere nach der Teilung dünner sind. Die Diskusparasiten vermehren sich vegetativ durch Längsteilung. Eine geschlechtliche Vermehrung gibt es mit Sicherheit, sie ist jedoch noch nicht nachgewiesen worden. Das vordere Ende ist rund und manchmal gegen die Körperachse leicht abgewinkelt. Das Hinterende läuft zu einer stachelförmigen Spitze aus. Die Geißeln sind in Reihen angeordnet, die spiralförmig um die Zelle laufen. Im Zellplasma befinden sich viele winzige Vakuolen und zwei gleich große hintereinander liegende Zellkerne (Bild Nr. 77). Die Schwimmbewegungen des Diskusparasiten sind schnell gleitend. Dabei dreht er sich um die Längsachse. Ein plötzliches Stoppen und Rückwärtsschwimmen ist ebenso möglich. Da die Nahrungsaufnahme über die gesamte Zelloberfläche geschieht, ist ein Mundfeld nicht vorhanden.

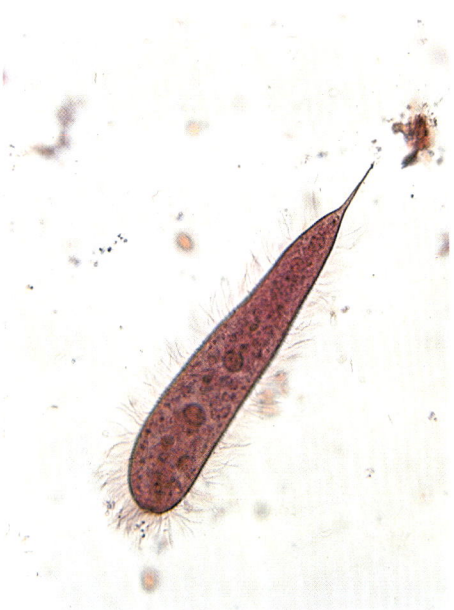

Bild 77: *Protoopalina symphysodonis.* Größe: 118 Mikrometer. Gefärbt mit Karbol-Fuchsin. Vergr. 475:1.

Die Schädigung der Diskusfische ist bei mäßigem Befall nur gering. Eine sichere Aussage über die Wirkung der Parasiten ist nicht möglich, da in der Regel eine Mischinfektion mit *Spironucleus* oder parasitären Würmern vorliegt. Nur ein einziges Mal konnte beobachtet werden, daß ein Diskusbestand an einer starken Alleininfektion von *Protoopalina symphysodonis* zugrunde ging (SCHUBERT 1979). Meistens zeigen große Diskusfische auch bei starkem Befall keine Anzeichen der Krankheit. Kleine Jungtiere können im Wachstum gehemmt werden. Die Übertragung auf andere Fische ist gering, da die „Parasiten" im Diskuszuchtwasser nach höchstens zwei Stunden an Plasmolyse sterben. Nur wenn frisch abgesetzter Kot eines befallenen Fisches gefressen wird, ist eine Übertragung möglich. Der Nachweis geschieht durch die mikroskopische Untersuchung von ganz frisch abgesetztem Kot bei 200facher Vergrößerung. Die Behandlung mit Metronidazol nach Methode C 19 tötet die Diskusparasiten sicher ab.

6.2. Amöben

In den letzten Jahren wurden in Meeresfischen, Forellen, Lachsen und anderen Kaltwasserfischen parasitäre Amöben gefunden. Befallen waren Kiemen, Darm und andere Organe. Viele Fische starben an den Infektionen. Inwieweit Amöben den Warmwasserfischen gefährlich werden können, ist noch nicht untersucht. In einem abgemagerten Diskusfisch konnten bei geringem Flagellatenbefall eine größere Menge Amöben im Darm gefunden werden. Es war jedoch ein Einzelfall. Eine Behandlung nach Methode C 8 kann erfolgreich sein.

6.3. Sporozoen

Sporozoen-Infektionen kommen im Aquarium nicht sehr oft vor. Eine durch diese Einzeller hervorgerufene Krankheit ist die unter dem Namen Neonkrankheit bekanntgewordene *Pleistophora hyphessobryconis*, die aber auch andere Fischarten befällt. Alle Sporozoen sind Parasiten. Sie treten sowohl in den inneren Organen als auch in der Haut und in dem Muskelgewebe auf. Infolge der Anpassung an das parasitische Leben haben die meisten Arten ihre Bewegungsfähigkeit verloren. Sporozoen befallen sowohl Süßwasserfische als auch Meerwasserfische.
Viele Sporozoen-Arten verursachen kleine Knötchen in der Haut, den Kiemen oder den inneren Organen. Ihre Größe liegt zwischen wenigen Mikrometern und zwei Millimetern. Durch Zerquetschen der Knötchen auf dem Objektträger lassen sich die Sporen freisetzen. In ihnen sind bei sehr starker Vergrößerung bis zu vier lichtbrechende Gebilde, die Polkapseln, zu sehen. Knötchen in Haut und Flossen können mit Lymphocystis (Kapitel 4.1.) verwechselt werden. Um die Diagnose zu sichern, müssen die Sporozoen-Sporen gefunden werden, die bei Lymphocystis nicht auftreten. Sporozoeninfektionen können alle Zierfischarten befallen, treten aber nur sehr selten auf. Manchmal werden die Erreger mit Wildfängen in das Aquarium eingeschleppt. Auch die von Aquarianern in Bächen und Teichen gefangenen Kaltwasserfische können infiziert sein. In den folgenden Abschnitten werden kurz einige Sportierchenerkrankungen behandelt, die durch Kaltwasserfische eingeschleppt werden können.

6.3.1. Coccidida

Die normalerweise nur bei Karpfen auftretende Krankheit Coccidida wurde von G. Schmidt auch bei Stichlingen gefunden. Verschiedene Gattungen treten in Darm, Schwimmblase, Leber und Blut auf. *Eimeria*-Arten bilden 10 bis 40 Mikrometer große Zysten (**Oozysten**), in denen sich Sporen befinden (Bild Nr. 78). Die im Blut parasitierenden Gattungen befallen die Blutkörperchen und sind in diesen als längliche Gebilde neben dem Zellkern auszumachen. Eine Behandlung nach C 22 kann versucht werden.

6.3.2. Myxospora

Myxospora sind bei Kaltwasserfischen weit verbreitet, sie rufen die Drehkrankheit hervor. Der Fisch leidet unter Störungen des Gleichgewichts. In vielen Organen werden Zysten gebildet, in welchen sich die durchschnittlich 10 Mikrometer großen Myxosporidien-Sporen befinden. Sie sind an den beiden spindelförmigen Polkapseln zu erkennen (Bild Nr. 79). Die Erkrankung verläuft sehr langsam, über Monate. Im weiteren Verlauf können Mißbildungen, Knötchen, Beulen und eine dunkle Verfärbung des hinteren Drittels der Fische auftreten. Es werden Präparate der Haut, der Kiemen und der inneren Organe angefertigt. diese sind nach den Knöt-

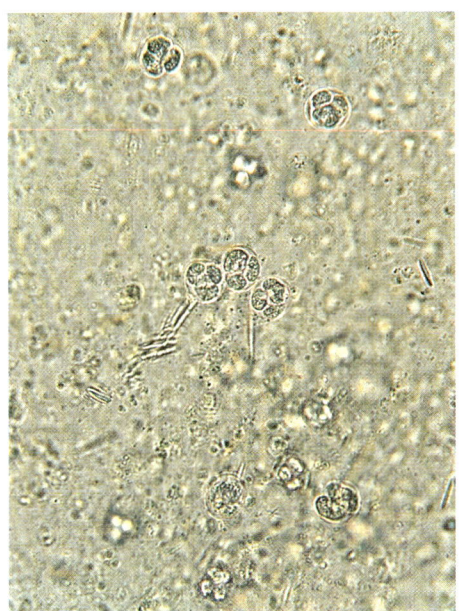 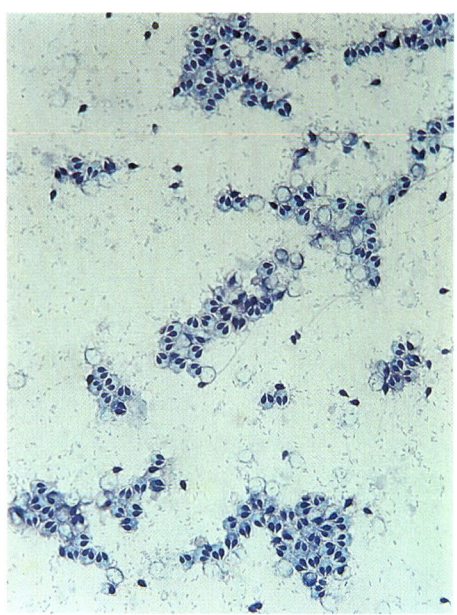

Bild 78 (links): Sporozoenkapseln *Eimeria* sp. aus der Darmwand eines Schokoladenguramis (*Sphaerichthys osphromenoides osphromenoides*). Größe: 12–14 Mikrometer. Vergr. 430:1.

Bild 79 (rechts): Sporen einer *Myxospora*-Gattung, gefärbt nach E 9. Länge: 12 Mikrometer. Vergr. 275:1.

chen abzusuchen, deren Größe zwischen fünfzig und mehreren hundert Mikrometern liegen kann. Aus zerquetschten Zysten treten große Mengen von Sporen aus, erkennbar an den Polkapseln. Da keine Behandlung bekannt ist, sind befallene Fische zu vernichten und das Aquarium zu desinfizieren.

6.3.3. Microspora

Verschiedene Microsporidien-Gattungen rufen bei Kaltwasserfischen Beulenkrankheiten hervor. So ist bei Stichlingen die Art *Glugea anomala* bekannt. Sie bilden bis 10 mm große weiße Zysten in Darm, Hoden, Schwimmblasenwand und Bindegewebe. Direkt unter der Haut gebildete Beulen sehen wie „angeheftet" aus. Die Parasiten befinden sich in den Zysten. Die Sporen sind oval, manchmal eiförmig und haben eine Größe von 3 × 2 Mikrometern (Bild Nr. 80). Eine Behandlungsmethode ist nicht bekannt.

6.3.3.1. Pleistophora

Auch *Pleistophora* ist eine Mikrosporidien-Gattung. Die Erreger parasitieren in den Muskelsträngen und bilden dort kugelförmige Zysten (Pansporoblasten), von denen sich wiederum viele auf engem Raum nebeneinander befinden. Sie treten bei Meer- und Süßwasserfischen auf. Im Aquarium tritt *Pleistophora hyphessobryconis* als Erreger der Neonkrankheit auf. Außer dem Neon (*Paracheirodon innesi*) werden auch andere Salmer-Arten und diverse Kaltwasserfische befallen, jedoch nicht der Rote Neon (*Paracheirodon axelrodi*). Die Erkrankung kündigt sich durch Verblassen der Farben und weiße Stellen an. Am

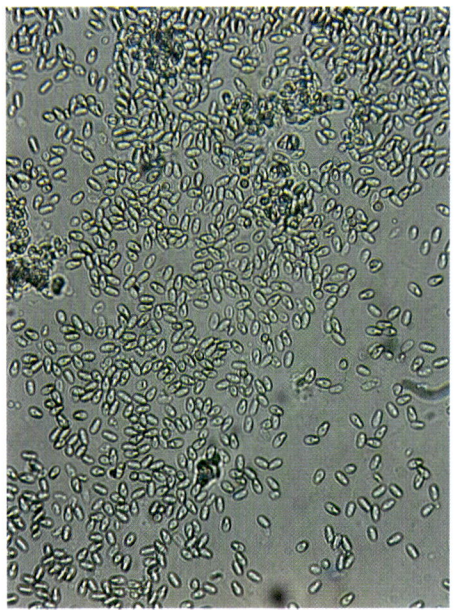 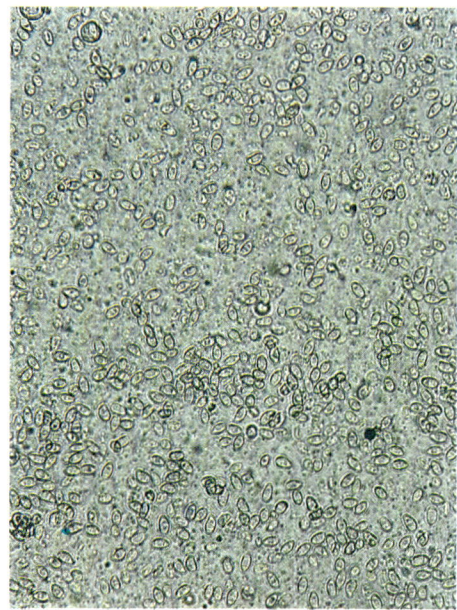

Bild 80 (links): Sporen einer *Microspora*-Gattung, vermutlich *Gluegea*, aus einem Buschfisch *Ctenopoma* sp. Größe: 5 Mikrometer. Vergr. 430:1

Bild 81 (rechts): *Pleistophora*-Sporen aus einem *Macropodus chinensis*. Größe: 7 Mikrometer. Vergr. 275:1.

Neon ist das Farbband unterbrochen. Die Fische schwimmen nachts unruhig umher, schräge Haltung und Verkrümmungen des Rückgrats können Begleiterscheinungen sein. Im Zupfpräparat des befallenen Muskels sind die Anhäufungen der Pansporoblasten durch ihre dunkle Färbung leicht zu erkennen (Bild Nr. 32, Tafel 18). Die 30 Mikrometer durchmessenden Pansporoblasten enthalten viele 4 bis 7 Mikrometer große Sporen. Nach Zerreißen der Zyste werden die Sporen frei (Bild Nr. 81). Im Aquarium nehmen sie die Fische mit der Nahrung auf. Der amöbenähnliche Keim schlüpft im Darm, durchdringt die Darmwand und bildet in der Muskulatur neue Pansporoblasten. Die befallenen Muskelstränge sterben ab und färben sich weiß. Werden die erkrankten und gestorbenen Fische nicht aus dem Aquarium entfernt, ist eine seuchenartige Ausweitung möglich. Eine sichere Behandlungsmethode ist nicht bekannt. Trotzdem werden im Fachhandel Heilmittel angeboten, deren Werbung eine Heilung dieser Krankheit versprechen.

6.4. Ciliaten

Im Verhältnis zu den bisher behandelten Parasiten sind Ciliaten sehr große Einzeller. Bei vielen Arten ist die ganze Zelloberfläche mit einem dichten Kleid koordiniert bewegbarer Wimpern (Cilien) ausgestattet. Die Cilien gaben dieser Tierklasse den Namen. Das wichtigste Merkmal ist jedoch der Kerndualismus. Die beiden gleichzeitig in der Zelle vorkommenden Kerne werden in einen Makronucleus, der die Zellfunktionen steuert und in einen Mikronucleus, der die Sexualfunktion steuert, unterschieden. Obwohl durch die feste Zellhülle (Pellicula) eine charakteristische Form gegeben ist, kann diese für kurze Zeit auch stark verändert werden.

6.4.1. Ichthyophthirius multifiliis

„Weißpünktchenkrankheit", „Grießkörnchenkrankheit" oder einfach „Ichthyo" wird die Infektion der Fische mit diesem Ciliaten von vielen Aquarianern genannt. Der Fisch erscheint bei stärkerem Befall mit weißen Pünktchen übersät, so daß es den Anschein erweckt, er sei mit Grieß bestreut worden (Bild Nr. 7, Tafel 5). Die Fische scheuern sich, indem sie in waagerechter Lage an festen Gegenständen schnell vorbeistreifen und sich so von den Parasiten zu befreien versuchen. Nach einiger Zeit werden sie träge und apathisch. Dann bilden sich weiße Flecken, und die Schleimhaut beginnt sich flächig in großen Stücken abzulösen. In diesem Endstadium tritt bald der Tod ein. Die Parasiten sitzen, sich ständig drehend, zwischen Ober- und Lederhaut; sie ernähren sich von den Bestandteilen zerstörter Hautzellen und der Körperflüssigkeit. Die über ihm liegende Schleimhaut regt der Parasit zur Wucherung an, so daß sie einen Schild über ihm bildet.

Die Größe von *Ichthyophthirius multifiliis* liegt zwischen 0,5 und 1,5 mm. Im mikroskopischen Präparat eines Abstriches zeigt sich der Parasit meist in kugelförmiger Gestalt. Die Zelloberfläche ist mit mehreren tausend kleiner Wimpern besetzt, die ihn ständig in drehender Bewegung halten. Im freien Wasser ist er ein guter Schwimmer. Der große hufeisenförmige Zellkern ist zu erkennen, wenn das Plasma nicht durch unzählige Nahrungsteilchen undurchsichtig wird (Bild Nr. 82). Der ausgewachsene Parasit löst sich von seinem Wirt und sucht zur Vermehrung aktiv schwimmend eine ruhige Wasserzone auf. Er heftet sich an einem Gegenstand fest und umgibt sich mit einer durchsichtigen Gallerthülle. Innerhalb dieser beginnt nun eine Vierteilung des Parasiten, dann eine fortlaufende Teilung der Quadranten, deren Ergebnis nach 8–24 Stunden bis zu 1000 Schwärmer sein können. Die Zeitdauer des Vorgangs hängt von der Wassertemperatur ab (Bild Nr. 83).

Die Schwärmer haben eine Größe von 30–50 Mikrometern und sind aufgrund der vielen Wimpern gute Schwimmer. Sie verlassen die Zyste und versuchen aktiv schwimmend einen neuen Fisch zu finden. Gelingt ihnen das nicht innerhalb von 48 Stunden, so sterben sie ab. Auch nach dem Verlassen der Zyste sind noch Zellteilungen bei den Schwärmern möglich (Bild Nr. 84). Anfangs rund, nehmen sie dann eine länglich-ovale Form an. Ist es einem der Schwärmer gelungen, einen Fisch zu finden, bohrt er sich durch die Schleimhaut und bleibt zwischen Ober- und Lederhaut sitzen. Dort wächst er nun zehn bis zwanzig Tage lang und sammelt Substanz für die nächste Teilung. Die Länge der Zeit, die der Parasit in der Haut zum Wachstum benötigt, hängt von zwei Faktoren ab. Der eine Faktor ist die Temperatur, der andere die Abwehrkraft des Fisches. Erstinfizierende Ichthyophthirien haben demnach eine längere Wachstumsphase als solche, die einen schon stark infizierten

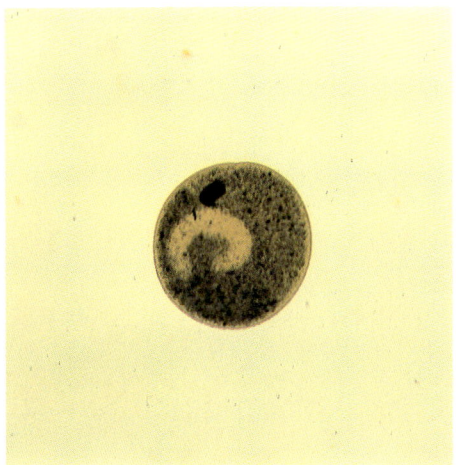

Bild 82: Einzelnes Exemplar von *Ichthyophthirius multifiliis*. Hellfeldaufnahme. Größe: 552 Mikrometer. Vergr. 40:1.

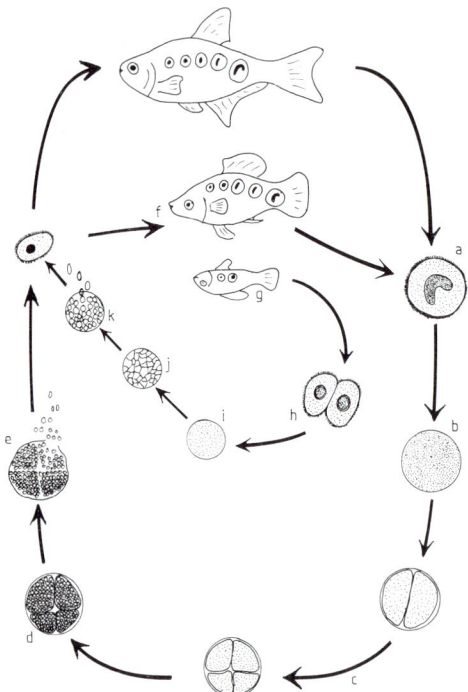

Fisch befallen. Stirbt der Fisch, so verlassen alle Parasiten im Laufe der nächsten Stunde die Haut. Gleichgültig welche Größe sie erreicht haben, umgeben sie sich mit der <u>Zystenhülle</u> und fangen an, sich zu teilen. Kleinste Exemplare bilden nach einem Geschlechtsprozeß (Konjugation) Dauerstadien aus, die mehrere Wochen lebensfähig sind. Nach einem überstandenen Befall sind die Fische bis zu einem gewissen Grad gegen eine Neuinfektion immun. Die Parasiten bilden dann latente Stadien an geschützten Stellen, wie Kiemen oder den Flossenbasen. Durch Streß, unter schlechten Bedingungen oder auch nach dem Umsetzen werden diese Stadien wieder aktiv und befallen den gleichen oder auch neu hinzugekommene Fische. So kann es sein, daß neu gekaufte Fische plötzlich den Befall zeigen und der Pfleger glaubt, er habe die Parasiten mit diesen Fischen in

Bild 83 (oben): Der Entwicklungszyklus von *Ichthyophthirius multifiliis*.
a: Der reife Parasit löst sich vom Fisch.
b: Er heftet sich an einem Gegenstand an und bildet eine feste Hülle aus.
c: Die Zyste teilt sich zweimal, es entstehen vier Quadranten.
d: In jedem der Quadranten geht die Teilung zu Schwärmern unabhängig voran.
e: Nach etwa 20 Stunden bricht die Zystenhülle auf und entläßt die Schwärmer.
f: Die Schwärmer befallen neue Fische. Sie müssen innerhalb von 48 Stunden einen Wirt finden.
g: Alle Ichthyophthirien verlassen den toten Fisch, gleichgültig auf welcher Entwicklungsstufe sie sich befinden.
h: Zwei bis drei Tage alte Exemplare schwimmen zusammen und vereinigen sich (Konjugation).
i: Nach der Trennung bilden sie eine feste Zystenhülle. Diese Dauerzysten können viele Wochen im Aquarium ruhen.
j: In unregelmäßigen Zeitabständen beginnen einzelne Zysten sich im Inneren zu teilen.
k: Aufgrund der geringen Größe der Zyste entstehen nur wenige Schwärmer, die einen neuen Wirt suchen.

Bild 84 (unten): Die Schwärmer teilen sich oft noch nach dem Verlassen der Zyste. Vergr. 430:1.

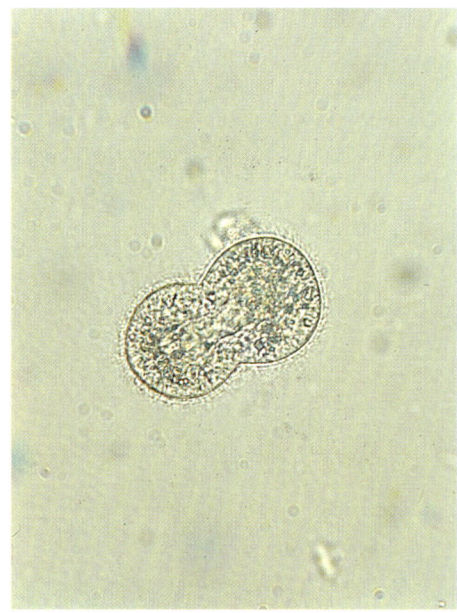

sein Aquarium eingeschleppt. In Wahrheit wurden die neuen Fische von latent im Becken vorhandenen Erregern befallen, da sie keine Immunität gegen diese hatten. Oft wird in so einem Fall dem Verkäufer ungerechterweise die Schuld gegeben.

Die Behandlung einer gerade begonnenen Infektion kann durch Temperaturerhöhung auf über 30 Grad C erfolgen, sofern die Fische das vertragen können. Die Wärmebehandlung muß mindestens drei Wochen lang andauern (Methode B 1). Die Umsetzmethode (B 2) ist aufwendig und schwächt die Fische. Die chemische Behandlung kann mit Mitteln aus dem Zoohandel erfolgen, die Malachitgrün enthalten. Auch die Methoden C 1, C 4 und C 16 sind wirksam.

6.4.2. Cryptocarion irritans

Der Erreger des „Seewasserrichthyo" kann vom Krankheitsbild her leicht mit *Ichthyophthirius* verwechselt werden. Der Fisch erscheint ebenso mit weißen bis grauen Punkten übersät, die sich nur schwer abstreifen lassen. Im Anfangsstadium scheuern sich die Fische, die Farben verblassen und die Haut wird trübe. Der Verlauf der Krankheit ist sehr zügig. Die weißen Knötchen stellen Epithelwucherungen dar, in denen der Parasit lebt. Sie können bei starkem Befall in Gruppen zusammenstehen oder flächig verschmelzen. Gewebezerstörungen mit Blutungen, Entzündungen und Schleimhautablösung sind die weiteren Folgen. Infektionen durch Bakterien und Pilze können auftreten.

Cryptocarion befällt alle Arten von Seewasserfischen. Die Augen erblinden, wenn sich Parasiten daran festheften. Wird nicht rechtzeitig behandelt, dann sterben die Fische innerhalb von fünf Tagen nach Auftreten der Punkte. Der Parasit selbst hat eine Größe von 0,5 bis maximal 2 mm, die Form ist rund bis birnenförmig. Die Pellicula ist ganz bewimpert, der Großkern besteht aus vier, meist im Bogen angeordneten, runden Teilen. Um lebende Exemplare für ein Präparat zu gewinnen, muß man sehr vorsichtig arbeiten, da die Parasiten wegen ihres festen Sitzes in der Haut bei Abstrichen leicht zerstört werden. Ebenso wie *Ichthyophthyrius* verläßt *Cryptocarion* nach Ende der Wachstumsphase seinen Wirt, läßt sich zu Boden fallen und umgibt sich mit einer Hülle. Nach 6 bis 9 Tagen verlassen mehr als 200, 35 Mikrometer große Schwärmer die Zyste. Sie haben nur 24 Stunden Zeit, einen Wirt zu finden, dann sterben sie ab. Die Behandlung erfolgt nach C 14 oder C 15.

6.4.3. Chilodonella cyprini

Der große herzförmige <u>Hauttrüber</u> erhielt diesen Namen nach seiner Form, die er jedoch bei Bedarf auch verändern kann. *Chilodonella* parasitieren auf Haut und Kiemen. Die Fische scheuern sich stark und werden träge; bei Kiemenbefall hängen sie unter der Oberfläche und schnappen nach Luft. Eine bevorzugte Stelle scheint die hintere Kopfregion bis zur Rückenflosse zu sein. Zuerst werden 0,5 bis 2 cm große, kreisrunde oder elliptische Stellen der Haut trübe. Die Schleimhaut verdickt sich dann an diesen Stellen mit scharf abgegrenztem Rand und die Farbe geht in weiß über. Schließlich beginnt sie sich dort abzulösen. Kleine, junge und schwache Fische können den Befall gleichmäßig am ganzen Körper bekommen und daran sterben. Die Kiemen werden mitunter bis auf die festen Knorpelteile zerstört. Bei kräftigen Tieren bilden sich mitunter nur weiße, verschleimte Hautstellen, die im Laufe von mehreren Tagen nur wenig größer werden (Bild Nr. 8, Tafel 5).

Im mikroskopischen Präparat des Hautabstrichs sind im Durchschnitt 50 Mikrometer große Ciliaten zu sehen, die eine Einkerbung am hinteren Ende haben, wodurch der Eindruck der Herzform entsteht. Die Bewimperung ist nur auf der oberen Seite gleichmäßig, auf der unteren Hälfte befinden sich nur einige Wimpernreihen (Bild Nr. 85). Der Parasit kann schwimmen und sich so auf andere Fi-

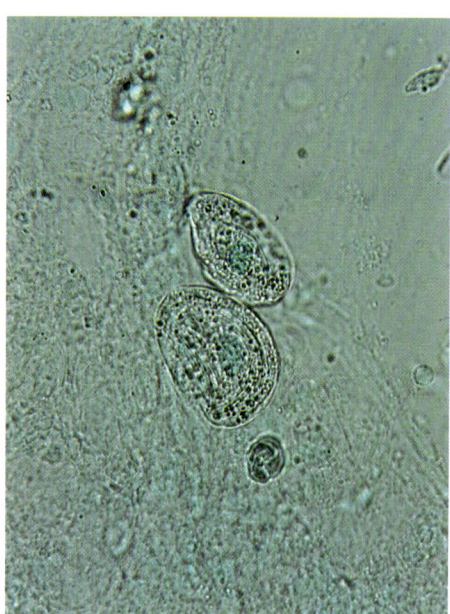

Bild 85: *Chilodonella* sp. gefärbt nach E 6. Größe: 50 Mikrometer. Vergr. 400:1.

sche übertragen. Ein dichter Fischbestand fördert die Ausbreitung der Krankheit. Die Vermehrung des Parasiten geschieht durch Zweiteilung. Ein Einschleppen ins Aquarium ist möglich, wenn Lebendfutter aus Fischteichen gegeben wird. Vorbeugende Maßnahmen sind, auf sauberes Lebendfutter zu achten und nicht zu viele Fische im Becken zu halten. Bei schwachem Befall reicht Methode C 12 und C 1a; stärker wirken C 1c, C 17a und C 16.

6.4.4. Brooklynella hostilis

Brooklynella hostilis ist ein erst seit wenigen Jahren bekannter Schmarotzer an tropischen Meeresfischen. Überwiegend sind Fische gefährdet, die unter Streß stehen und in überbesetzten Aquarien mit belastetem Wasser leben. Unter diesen Umständen kann die Krankheit seuchenartigen Charakter annehmen. Der Erreger, *Brooklynella hostilis*, ist ein holotricher Ciliat (auf der ganzen Oberfläche bewimperter) aus der Familie Dysteriidae. In Aussehen und Entwicklung ist er dem auf Süßwasserfischen schmarotzenden Einzeller *Chilodonella* sehr ähnlich (siehe vorhergehenden Abschnitt). *Brooklynella* lebt auf Haut und Kiemen der Fische und ernährt sich von Haut- und Blutzellen. Die Infektion beginnt mit kleinen, blassen Stellen. Diese werden größer bis sich das Epithel flächig vom Körper löst. Anfangs leiden die Fische unter Appetitlosigkeit, schwimmen träge, sondern Schleim ab und atmen sehr heftig. Der Tod tritt nach wenigen Tagen ein, wenn große Hautflächen zerstört sind.

Zur Diagnose werden Haut- und Kiemenabstriche, sowie Abstriche aus den Wunden vorgenommen. Der herzförmige Parasit erreicht eine mittlere Größe von 60 Mikrometern. Auf einer Seite befindet sich ein Haftorgan, mit dem er sich am Fisch festhalten kann. Wie viele andere Ciliaten ist *Brooklynella* stark bewimpert und kann schnell und wendig schwimmen. In der Regel wird der Parasit mit infizierten Fischen in das Aquarium eingeschleppt. Unter den voran genannten Bedingungen vermehrt er sich dann schnell. Als vorbeugende Maßnahme kann wie bei allen Schwächeparasiten nur empfohlen werden, auf Hygiene zu achten und die Fische keinem Streß auszusetzen. G. BLASIOLA empfiehlt, neu gekaufte und verdächtige Fische kurz in Süßwasser zu tauchen. Dabei muß der pH-Wert genau dem des Seewassers entsprechen. Je nach Art darf das Bad nicht länger als 1–5 Minuten dauern. Eine Behandlung mit Kupfer ist wirkungslos. Weitere Behandlungsmöglichkeiten sind die Methoden: C 16b und C 7.

6.4.5. Trichodina sp.

Wenn sich Fische vereinzelt scheuern und stark mit den Flossen zucken, kann ein Befall von *Trichodina* sp. vorliegen. An der Haut selbst ist meist nichts zu sehen. Dem Fisch entsteht durch vereinzelte Exemplare kein Schaden. Erst bei verstärktem Auftreten bilden sich weißliche Stellen auf der Fischhaut. Trichodinen kommen sicher öfter im Aquarium vor als vermutet, da ihr vereinzeltes Auftreten meist nicht bemerkt wird. Bei Verdacht auf *Trichodina* wird an mehreren Stellen ein Abstrich genommen und bei 100 bis 200facher Vergrößerung durchgemustert.

Der Erreger ist ein peritricher Ciliat (nur am Vorderende bewimpert) von hutartiger Form. Je ein Wimpernkranz befindet sich am oberen und unteren Ende der zylindrischen Zelle. Ein Hakenkranz von kleinerem Durchmesser liegt an der Unterseite. Wenn der Parasit im Präparat flach liegt, sind Haken- und Wimpernkranz gleichzeitig scharf abgebildet (Bild Nr. 86). *Trichodina* ist ständig in kreisender Bewegung und kann auf den Fischen sehr schnell den Standort wechseln. Der Durchmesser der Zelle beträgt durchschnittlich 50 Mikrometer. Neuere Untersuchungen (HAUSMANN 1981) haben ergeben, daß *Trichodina* kein Parasit sein kann. Der Ciliat benutzt den Fisch nur als Transportwirt. Mit einer Haftscheibe und dem Hakenkranz kann er sich auf der Schleimhaut festheften. Die Ernährung erfolgt durch Aufnahme von Bakterien. Die Mundöffnung liegt an der dem Fisch abgewandten Seite des Zellkörpers. Da bei geschädigter Schleimhaut verstärkt Bakterien auftreten, können sich auch die Trichodinen gut vermehren. Durch ihre Saugnäpfe wird die Schleimhaut dann noch mehr zerstört. Aber auch in hygienisch unzulänglichem Wasser befinden sich große Mengen Bakterien; so daß *Trichodina* sich gut vermehren kann. Dies geschieht durch Zweiteilung. Die Trichodinen schwimmen selbständig von Fisch zu Fisch. Auch hier ist die Infektionsquelle oft Futter aus Fischteichen. Die Bekämpfung erfolgt nach C 17a, C 16 oder C 1b, je nach Stärke des Befalls.

6.4.6. Sonstige Ciliaten

Regelmäßig sind an Fischen Ciliaten zu finden, die eigentlich keine Parasiten sind, sondern Infusorien, die in stark belastetem Wasser auftreten (siehe vorigen Abschnitt). Da das Aquarienwasser in der Regel stärker belastet ist als die Heimatgewässer der Fische, gehören diese Ciliaten zu den normalen Bewohnern eines Aquariums. In ungepflegten Aquarien können sie sich stark vermehren. An geschwächten Fischen sind sie in Mengen anzutreffen. Auch verpilzte Wunden und von anderen Parasiten zerstörte Hautstellen werden bevorzugt besiedelt, da sich hier viele Bakterien befinden, die ihnen als Nahrung dienen können. Als Gegenmaßnahme empfiehlt es sich, auf Hygiene zu achten und verwundete Fische gleich in Quarantäne zu behandeln.

Tetrahymena pyriformis ist einer dieser Ciliaten (Bild Nr. 87). Er besitzt birnenförmige Gestalt, ist 35–90 Mikrometer groß und tritt an infizierten Hautstellen in großen Mengen auf. Befallene Fische klemmen die Flossen und schaukeln mit dem Körper. Nach Beseitigung der primären Erkrankung kann *Tetrahymena* mit Methode C 16 bekämpft werden.

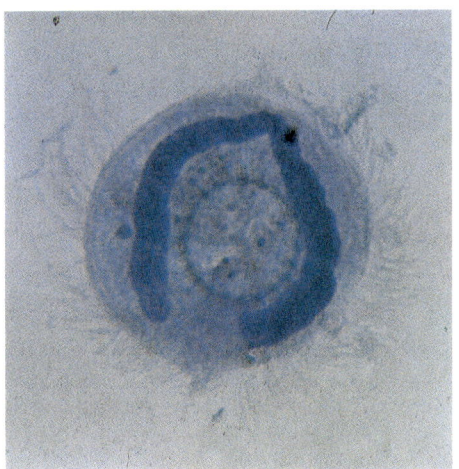

Bild 86: *Trichodina* sp. gefärbt nach E 10. Größe: 50 Mikrometer. Vergr. 250:1

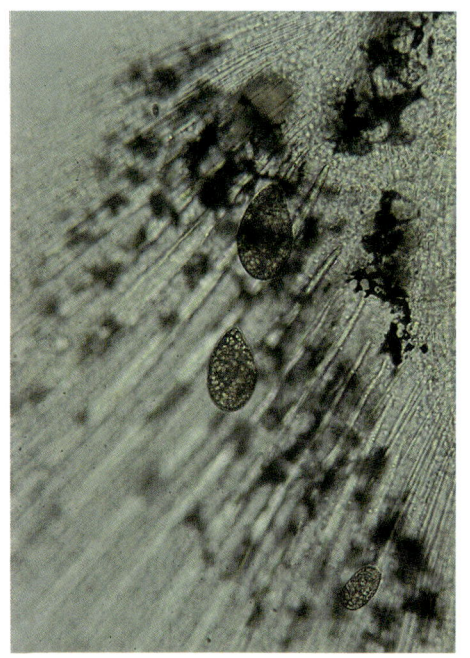

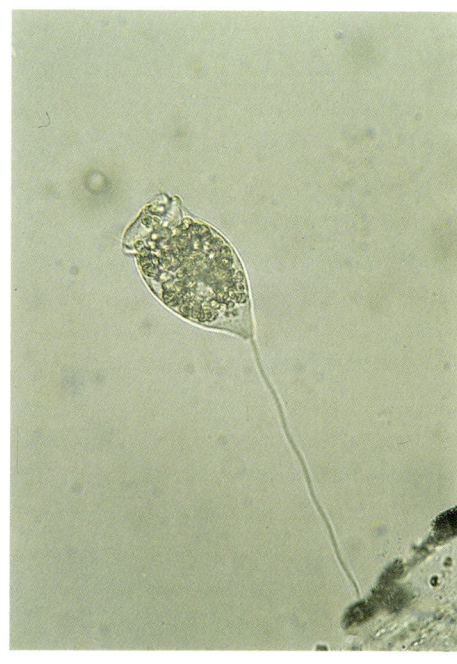

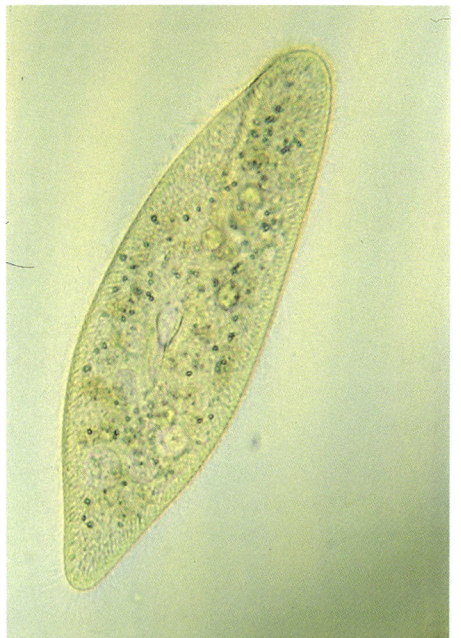

Bild 87 (links oben): *Tetrahymena pyriformis* an der Schwanzflosse eines Jungfisches. Größe: 80 Mikrometer. Vergr. 175:1.

Bild 88 (links unten): Pantoffeltier *Paramecium* sp., Größe: 100–150 Mikrometer. Viele Ciliaten leben im Aquarienwasser. Sie ernähren sich überwiegend von Bakterien. Vergr. 600:1.

Bild 89 (rechts oben): Glockentiere bilden einen langen Stiel, der sich blitzschnell zusammenziehen kann. Größe: 50–150 Mikrometer. Vergr. 275:1.

Auch Glockentiere (Bild Nr. 89) sitzen mit ihrem einziehbaren Stiel oft in großen Mengen auf geschädigten Hautstellen. Sie können die Haut durch das Anheften ihres Stiels zusätzlich schädigen. Pantoffeltiere (Bild Nr. 88) halten sich überall dort auf, wo sie ihre Hauptnahrung Bakterien finden können. So sind sie im Filter, in Mulm und in sich zersetzendem Kot anzutreffen.

7. Kapitel

7. Helminthosen

Unter den Würmern gibt es dermaßen viele parasitisch lebende Arten, daß eine umfassende Beschreibung in diesem Rahmen unmöglich ist. Darum werden vorwiegend solche Arten behandelt, die häufig auftreten und Aquarienfischen gefährlich werden können. Im allgemeinen verlaufen die Wurmkrankheiten langsam. Sie werden oft von anderen Krankheiten begleitet, so daß die Todesursache nicht eindeutig den Würmern zugeschrieben werden kann.

7.1. Turbellarien

Strudelwürmer sind als Parasiten an Fischen ganz selten. Bis jetzt wurden nur wenige Fälle beschrieben, wo Turbellarien an Seewasserfischen oder an niederen Tieren auf der Haut parasitieren. Oft dagegen treten sie in Süßwasseraquarien als Laichräuber auf. Gerade wenn sich viel Mulm am Bodengrund befindet, können sie sich stark vermehren. In der Dunkelheit fallen sie dann über den Laich her. Saugt man beim wöchentlichen Wasserwechsel den Mulm ab, kann einer Vermehrung der Turbellarien vorgebeugt werden. Bekämpfung kann nach REICHENBACH-KLINKE (1980) mit zwei Eßlöffeln Essig auf 25 Liter Wasser erfolgen. Auch Methode C 6 wurde schon mehrmals erfolgreich angewendet.

7.2. Monogene Saugwürmer

7.2.1. Hakenwürmer

Hakenwürmer leben auf der Haut und den Kiemen von Süß- und Seewasserfischen. Die Klammerhaken am hinteren Ende dienen zum Festhalten an der Schleimhaut des Wirtes. An Hand des Hakenapparates kann eine grobe Bestimmung durchgeführt werden. Für den Aquarianer ist dies manchmal notwendig, da die Bekämpfung der verschiedenen Arten nicht immer nach den gleichen Methoden erfolgt. Einen leichten Befall vertragen die Fische gut, manchmal können Scheuerbewegungen und Flossenzucken beobachtet werden. Bei starkem Befall der Kiemen werden die Kiemendeckel abgespreizt.
Durch Verschleimen der Kiemen wird die Atmung behindert, was schnelle Atembewegungen zur Folge hat (Bild Nr. 22, Tafel 10). Die Fische stehen heftig atmend unter der Wasseroberfläche. Manchmal ist zu beobachten, daß ein Kiemendeckel angelegt, der andere abgespreizt und das Maul ruckartig vorgestülpt wird. Im Extremfall wird die Sauerstoffaufnahme so stark reduziert, daß die Tiere ersticken. Hakenwürmer sind meist wirtsspezifisch, so daß nur sehr nah verwandte Fischarten gleichermaßen betroffen sind. In Zuchtanlagen bei hohem Fischbesatz können Kiemenwürmer sich seuchenhaft vermehren und den ganzen Jungtierbestand innerhalb von wenigen Wochen umbringen. Bei Verdacht sind von Haut- und Kiemenabstrichen Präparate anzufertigen. Darin können dann die Würmer bei 50- bis 200facher Vergröße-

rung gut beobachtet werden. Mit den Klammerhaken am Hinterende hängen sie fest an der Haut, das Vorderende bewegt sich dabei hin und her. Von frisch gestorbenen Fischen können ganze Kiemenbögen entnommen werden, an denen dann bei 50facher Vergrößerung große Mengen der Würmer zu finden sind. Hakenwürmer werden durch neu zugesetzte Fische ins Aquarium eingeschleppt und von Elterntieren schon auf kleinste Jungfische übertragen.

7.2.1.1. Gyrodactylidea

Gyrodactylus sp. parasitiert auf der Haut, seltener auf den Kiemen. Die Übertragung auf andere Fische wird durch hohe Besatzdichte begünstigt. Im mikroskopischen Bild ist, bei 50- bis 200facher Vergrößerung des 0,3 bis 0,9 mm großen Wurmes, sofort der Hakenapparat am Hinterende zu erkennen (Bild Nr. 90). In dem scheibenartigen Gebilde liegen die zwei Zentralhaken, umrahmt von bis zu 16 kleinen Randhaken. Das Vorderende ist zweizipflig, in ihm enden die Ausführgänge der Klebedrüsen. Dahinter befindet sich ventral (bauchseitig) der Mundsaugnapf. Augenflecken sind nicht vorhanden. In dem mittleren Teil der Würmer ist im Inneren ein Embryo zu erkennen, an dem schon Haken ausgebildet sind. Er enthält selbst wieder ein Jungtier mit Embryo, so daß vier Generationen in einem Muttertier vereint sind. Obwohl die *Gyrodactylus*-Arten immer nur ein Jungtier lebend gebären, ist die Vermehrungsrate sehr hoch. Aus einem geschlechtsreifen Exemplar können unter günstigen Bedingungen innerhalb eines Monats etwa eine Million Nachkommen entstehen (SCHÄPERCLAUS 1979). Durch schabende und saugende Bewegungen entnehmen die Saugwürmer Blut und Hautteile und verzehren sie.

Einzelne Parasiten schaden dem Fisch nicht. Erst wenn durch ungünstige Verhältnisse die Fische geschwächt sind, kann eine Massenvermehrung der Parasiten erfolgen. Größere Hautläsionen mit Trübungen sind nun die Folge, wodurch bald Infektionen mit Bakte-

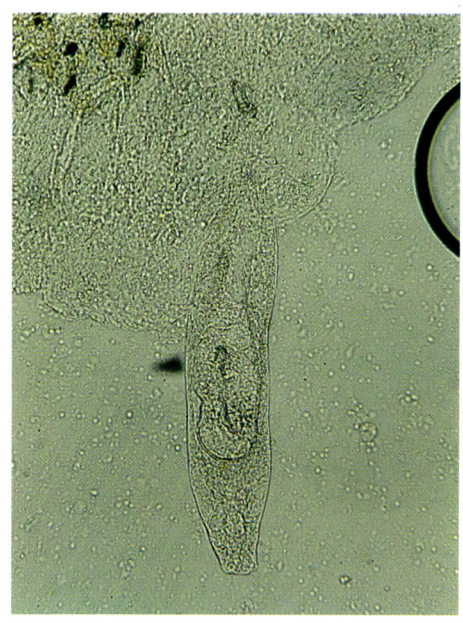

Bild 90: *Gyrodactylus* sp. mit Embryo. Mittlere Größe: 0,6 mm. Vergr. 110:1.

rien und Pilzen auftreten. *Gyrodactylus* sp. stellt aufgrund der Wirtsspezifität in gepflegten Aquarien keine Gefahr für die Fische dar. Tritt trotzdem eine Massenvermehrung auf, so muß nach dem Grund der Schwächung gesucht werden (andere Krankheiten, Streß usw., siehe Kapitel 2). Abgefallene Würmer können 5 bis 10 Tage ohne Fisch überleben. Es ist in der Praxis nicht notwendig, die verschiedenen *Gyrodactylus*-Arten zu unterscheiden. Wichtig dagegen ist, sie als solche zu erkennen. Die Behandlung ist einfach und kann nach den Methoden C 18, C 11 oder C 7 durchgeführt werden. Da es keine Eier gibt, ist eine einmalige Behandlung ausreichend.

7.2.1.2. Dactylogyridea

Monogene Saugwürmer der Ordnung Dactylogyridea leben in erster Linie auf den Kiemen. Ihre Größe liegt zwischen 0,1 und 2 mm.

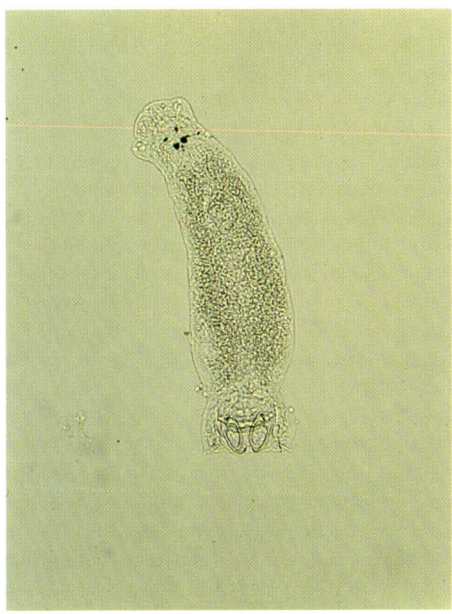 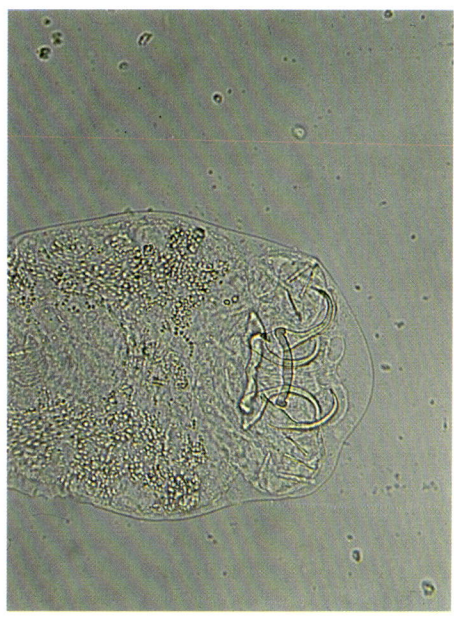

Bild 91 (links): Kiemenwurm aus der Familie Dactylogyridae mit vier Zentralhaken. Größe: 0,3 mm. Vergr. 175:1.

Bild 92 (rechts): Kiemenwurm aus der Familie Dactylogyridae, Haftapparat mit vier Zentralhaken. Größe der Haken: 33 Mikrometer. Vergr. 300:1.

Sie besitzen ein vierzipfliges Vorderende mit Saugnapf und vier oder mehreren schwarzen Augenflecken. Die Haftscheibe am Hinterende enthält, je nach Art, zwei oder vier Zentralhaken und 12, 14 oder 16 kleine Randhaken (Bild Nr. 91). Die Lebensdauer dieser Saugwürmer beträgt 12 Tage bis mehrere Monate. Ohne Wirt können sie 2 bis 8 Tage überleben. Bei der Diagnose ist darauf zu achten, ob die Saugwürmer vier Zentralhaken haben, und ob diese durch einen oder zwei Stege miteinander verbunden sind. Sind zwei Stege vorhanden, handelt es sich um Kiemenwürmer einer noch nicht näher bestimmten Gattung, die vorwiegend auf den Kiemen von Diskusfischen parasitiert (Bild Nr. 92).
Damit man den Hakenapparat gut sehen kann, müssen dünne Präparate angefertigt werden, in denen die Würmer still liegen (Kapitel 11.4. bis 11.6.). Um genügend Würmer zur Präparation zu gewinnen, werden die herausgetrennten Kiemenbögen in ein kleines Schälchen mit Aquarienwasser gelegt. Hebt man nach ein bis zwei Stunden den Kiemenbogen mit einer Pinzette an, haben sich die abgefallenen Würmer am Boden der Schale gesammelt und können mit einer Pipette abgesaugt werden.

Die Dactylogyridea sind Zwitter. Nach der gegenseitigen Befruchtung bildet sich in jedem Wurm ein relativ großes Ei. Im Abstrich sind die Eier an ihrer ovalen Form und einem kleinen dornartigen Auswuchs der Schale zu erkennen. Ihre Größe beträgt etwa 50 Mikrometer (Bild Nr. 93). Die meisten Eier werden von den Kiemen abgetrieben, vereinzelt bleiben sie jedoch auch daran hängen. Die Eientwicklung dauert einige Stunden bis vier Tage, dann schlüpft eine bewimperte Larve, die sich aktiv schwimmend einen Fisch sucht.

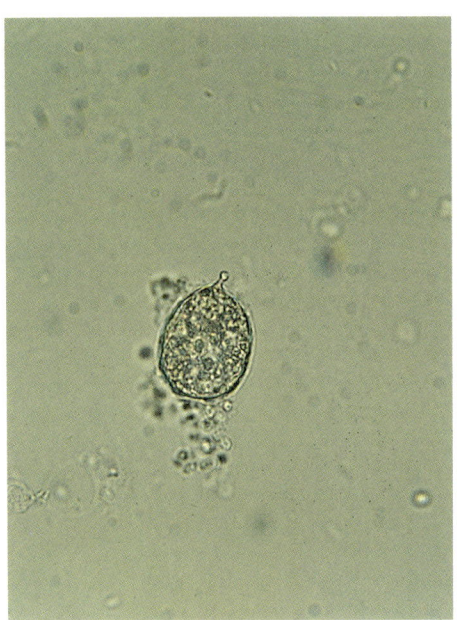

Bild 93: Ei von *Dactylogyrus* sp. mit dornartigem Auswuchs. Größe: 40 Mikrometer. Vergr. 350:1.

findlich gegen Trockenheit. So gefährlich ein *Dactylogyrus*-Befall bei Jungfischen ist, so harmlos ist er für kräftige erwachsene Tiere. Offensichtlich entwickelt der Fisch, wenn er ausgewachsen ist, Abwehrkräfte gegen die Kiemenwürmer. Da jedoch eine gewisse Anzahl von ihnen latent auf den Kiemen vorhanden bleibt, können sie sich wieder vermehren, wenn der Wirt geschwächt ist. Auch die anderen Beckeninsassen sind dann stärker gefährdet.

Werden bei einem selbst gezüchteten Schwarm junger Diskusfische einmal Kiemenwürmer festgestellt, dann kann man davon ausgehen, daß sie sich an den Elterntieren infiziert haben. Auch die späteren Bruten werden sich während der Zeit, in der sie vom Hautschleim der Eltern leben, infizieren. Die Vermehrung der Kiemenwürmer geschieht so schnell, daß binnen sechs Wochen eine ganze Brut sterben kann. Für die Diskuszüchter sind diese Kiemenwürmer ein Problem. Die Dactylogyridea der Diskusfische haben eine Länge von 0,2 bis 0,3 mm (Bild Nr. 91). Da die Würmer aber auch an anderen Fischarten schmarotzen, ist eine Übertragung durch neu ins Becken gesetzte Fische möglich. Sie wurden schon an Salmlern, Welsen und sogar an Lebendgebärenden gefunden. Wenn solche infizierten Fremdfische auch vor langer Zeit nur kurzfristig mit Diskusfischen vergesellschaftet waren, konnte man an ihnen vereinzelt Kiemenwürmer nachweisen. Die Würmer sind nicht unempfindlich gegen Masoten, wie oft angenommen wird, sondern nur ihre Eier. Da diese zum Teil am Boden liegen bleiben und sich erst nach längerer Zeit entwickeln, ist auch eine dreifach wiederholte Behandlung nach C 18 a nur kurzzeitig von Erfolg. Die Eier sterben bei Trockenheit schnell ab und können deshalb durch dreitägiges Trockenstellen des Beckens vernichtet werden. Nach Methode C 18 c kann man einen Fischbestand von den Parasiten befreien. Noch sicherer wirkt Methode C 6. Es empfiehlt sich, bei den Fischen regelmäßig Kontrollen durchzuführen.

Die vier Augenflecke erlauben der Larve, hell und dunkel zu unterscheiden. Sie nimmt den Fisch als Schatten wahr, schwimmt darauf zu und heftet sich an dessen Körper fest. In den nächsten zwei Tagen klettert sie langsam auf der Schleimhaut nach vorn auf die Kiemen zu. Hat die Larve die Kiemen erreicht, dauert es noch mal 3 bis 6 Tage, bis sie geschlechtsreif geworden ist. Aufgrund dieses Verhaltens ist es nicht notwendig, direkt an den Kiemen Abstriche zu nehmen. Es reicht, wenn man einen Abstrich etwa 0,5 bis 1 cm hinter dem Kiemendeckel an der Körperseite nimmt. Im Präparat sind die Larven zwischen 200- und 400facher Vergrößerung zu sehen. Nach weiteren vier bis fünf Tagen haben sich die Larven zu erwachsenen Würmern entwickelt, deren Lebenszeit dann noch etwa acht Tage beträgt. Die Larven können einen Tag, die erwachsenen Würmer bis zu sechs Tage ohne Wirt leben. Viele *Dactylogyrus*-Eier sind emp-

Wenn man weiß, daß Diskus-Elterntiere latent Kiemenwürmer beherbergen, müssen die Nachzuchten grundsätzlich nach dem Abfangen von den Eltern prophylaktisch behandelt werden. Selbst wenn das Zuchtpaar keinerlei Anzeichen eines Befalls hat, können viele Kiemenwürmer an ihnen leben. Die Methoden C 7 und C 11 sind nur dann wirkungsvoll, wenn die behandelten Fische nicht in das Aquarium zurückgesetzt werden. Einen Fischbestand kann man frei von Kiemenwürmern bekommen, wenn man konsequent nach Methode C 18 c oder C 6 vorgeht.

7.2.2. Sonstige Haut- und Kiemenwürmer

Es treten noch eine ganze Reihe Kiemen- und Hautwürmer von abweichender Form und Größe an Süß- und Seewasserfischen auf. Sie sind jedoch im Aquarium nicht so oft anzutreffen. Meist werden sie mit Lebendfutter oder Wildfängen eingeschleppt und können sich im Aquarium nicht stark vermehren, da sie auf eine Fischart spezialisiert sind. Viele dieser Würmer legen Eier, die mittels eines Haftfadens (Filament) an den Kiemen verankert sind. Da meist nur wenige Eier gelegt werden, besteht keine Gefahr einer starken Vermehrung. Mitunter treten Doppeltierchen (Diplozoon) an den Kiemen von Süßwasserfischen auf. Sie sind an ihrer charakteristischen Form zu erkennen, da immer zwei Geschlechtstiere über Kreuz miteinander verwachsen und so ein Leben lang miteinander verbunden bleiben. Ihre Vermehrungsrate ist äußerst langsam, da sie nur einzelne Eier ablegen. Eine Kiemenreizung kann auftreten. Die Behandlung erfolgt nach den Methoden C 18, C 11 oder C 7.

7.3. Digene Saugwürmer

Digenea sind Parasiten der inneren Organe bei Süß- und Seewasserfischen. Zu ihrer Entwicklung benötigen sie ein bis zwei Zwischenwirte. Der Fisch kann Zwischen- oder

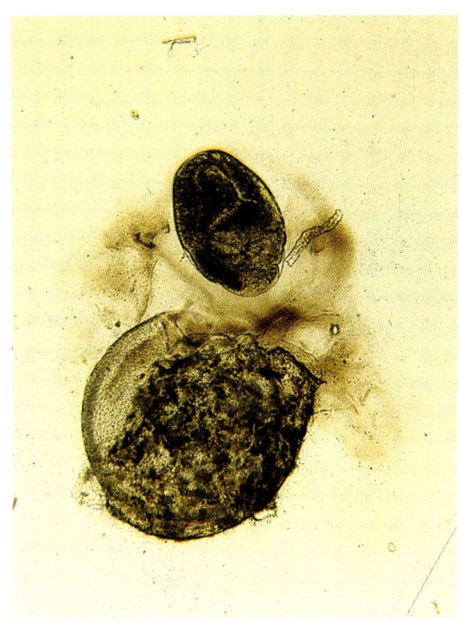

Bild 94: Geöffnete Metacercarienzyste mit Wurmlarve daneben. Größe der Zyste: 740 Mikrometer. Vergr. 40:1.

Endwirt sein. Ist er der Endwirt, so sind die Parasiten vorwiegend im Darm oder Magen anzutreffen. Durch die kräftigen Saugnäpfe kann die Darmwand geschädigt werden. Bei der Größe, die manche Saugwürmer erreichen, können sie kleineren Fischen den Darm verstopfen. Weiterer Schaden entsteht durch Nahrungsentzug. Ihre Eier geben die Würmer in den Darm ab, und mit dem Kot gelangen sie ins freie Wasser. Jetzt schlüpfen die Wimperlarven (Miracidien) und suchen ihren ersten Zwischenwirt auf, meist Schnecken oder andere Weichtiere. Nach Heranwachsen verlassen sie den Zwischenwirt als Cercarie. Sie ist an ihrem zweigeteilten Schwanz erkennbar. Die Cercarien werden vom Fisch mit der Nahrung aufgenommen. Im Darm werfen sie den Schwanz ab und entwickeln sich zum parasitären Wurmstadium oder kapseln sich als Metacercarien (Bild Nr. 94) ab. In diesem Fall ist der Fisch der zweite Zwischenwirt.

Fischfressende Vögel oder Säugetiere sind dann die Endwirte.

Andere Saugwurmlarven vollziehen im ersten Zwischenwirt eine ungeschlechtliche Teilung (Sporozyste, Redien), so daß große Mengen von Cercarien jede befallene Schnecke verlassen. Sie bohren sich von außen durch die Fischhaut und gelangen so in alle möglichen inneren Organe (Bild Nr. 33, Tafel 20). Viele verkapseln sich auch direkt unter den Schuppen und sind als 0,5 bis 1 mm große, schwarze Punkte zu sehen (Schwarzfleckenkrankheit). Beim „Wurmstar" der Fische befinden sich verkapselte Metacercarien im Auge. Die Fische erblinden.

Verkapselte Metacercarien warten darauf, daß ihr Fisch von einem Endwirt gefressen wird, in dem sie sich dann weiterentwickeln können. Deshalb schädigen sie den Fisch nicht so stark, daß er nicht mehr lebensfähig ist. Andererseits sind befallene Fische behindert, so daß sie eine leichtere Beute für den Endwirt darstellen als gesunde. Vereinzelte Metacercarienzysten werden gut vertragen, die Fische können viele Jahre mit ihnen leben. Es werden Süß- und Meerwasserfische befallen.

Im Aquarium sind von Digenea befallene Fische nur selten anzutreffen. Wildfänge tragen manchmal verkapselte Metacercarien in sich. Das Einschleppen der Krankheit ist nur über Schnecken möglich, darum dürfen sie nicht aus Freilandteichen ins Aquarium gebracht werden. Da Wasservögel auch kleinste Gewässer besuchen, ist die Gefahr auch bei Schnecken aus fischfreien Teichen gegeben. Wer nicht darauf verzichten will, kann Schnecken in einem Glas ablaichen lassen und dann die Nachzucht ins Aquarium übersiedeln. Eine Heilung der befallenen Fische ist nicht möglich.

Würmer der Gattung *Sanguinicola* (Blutwürmer) leben im Blutgefäßsystem der Fische. Ihre Eier werden mit dem Blutstrom in die Kiemenkapillaren getragen, wo sie stecken bleiben. Die schlüpfende Larve (Miracidium) bohrt sich durch das Kiemengewebe einen Weg ins freie Wasser und sucht den Zwischenwirt (Schlammschnecken der Familie Lymnaeidae) auf. Die Cercarien, welche die Schnecken nach einiger Zeit verlassen, bohren sich in einen Fisch ein und entwickeln sich in dessen Blutgefäßen zur Geschlechtsreife. Die Blutwürmer und ihre Eier sind in den Kiemen nachzuweisen. In den Nieren findet man abgekapselte Eier. Befallene Fische sind träge und haben blasse Kiemen. Eine Behandlung kann mit C 24 versucht werden, der Erfolg ist aber nicht sicher. Befinden sich keine Schnecken im Aquarium, können sich die Parasiten nicht ausbreiten.

7.4. Cestoidea, Bandwürmer

Auch bei den Bandwürmern läuft die Entwicklung zum geschlechtsreifen Tier über Zwischenwirte. Die erste Entwicklungsstufe vollzieht sich in Kleinkrebsen (Copepoden) oder Schlammröhrenwürmern (Tubificiden). Der Fisch kann Zwischenwirt oder Endwirt sein. Ihre Entwicklung ist ähnlich den Digenea, deshalb soll nicht weiter darauf eingegangen werden. Bandwürmer treten bei Süß- und Seewasserfischen auf (Bild Nr. 95). Im Aquarium sind Cestoidea sehr selten. Ihr Auftreten beschränkt sich auf Wildfänge, in denen mitunter Würmer und Larven (Procercoide) gefunden werden. Sie können im Darm als wurmartige Larve oder in diversen Organen als Zysten verkapselt auftreten. Obwohl die Gefahr besteht, daß man mit *Tubifex* oder *Cyclops* Bandwurmlarven einschleppt, konnte ich trotz regelmäßiger Fütterung der genannten Futtertiere, über Jahre hinweg, keine Cestoiden in meiner Zuchtanlage feststellen. Der Nachweis der Larve ist am lebenden Fisch nicht möglich. Geschlechtsreife Bandwürmer können jedoch anhand der Eier und der abgefallenen Glieder im Fischkot erkannt werden (Bild Nr. 96). Eine Behandlung ist nur durch orale Gabe des Medikaments nach Methode C 24 möglich. Sie muß so lange durchgeführt werden, bis der Kopf des Bandwurms mit dem Kot abgegangen ist.

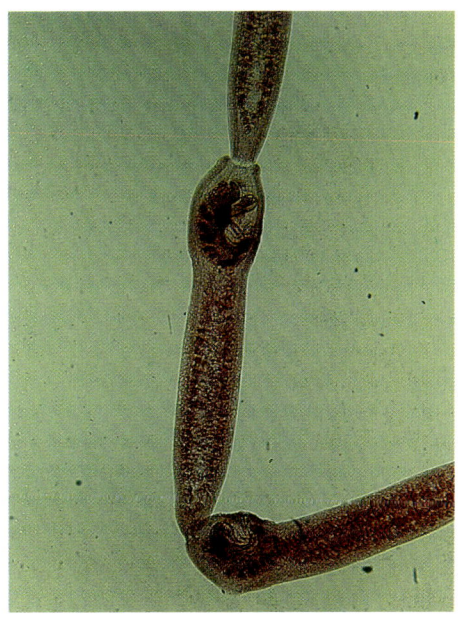

Bild 95 (links): Bandwurm aus dem Darm eines Diskusfisches. Länge: 5 cm.

Bild 96 (rechts): Glieder eines Bandwurmes, die im Kot des Stachelrochens *Potamotrygon laticeps* gefunden wurden. Präpariert und gefärbt nach E 4. Länge der einzelnen Glieder: 2,8–3 mm.

7.5. Nematoda, Fadenwürmer

Fadenwürmer sind häufig als Parasiten von Süßwasserfischen im Aquarium anzutreffen. In Meerwasseraquarien werden sie mitunter mit Neuimporten eingeschleppt, können sich jedoch nicht vermehren, da sie zur Entwicklung einen Zwischenwirt brauchen. Bei der Sektion sind dann die Larven in verkapseltem Zustand in Gewebepräparaten zu finden. Auch bei Süßwasserwildfängen können mitunter Nematodenzysten gefunden werden (Bild Nr. 34, Tafel 20). Eine Gefahr besteht nur, wenn man Endwirt und Zwischenwirt im gleichen Aquarium pflegt. Die verschiedensten Organe werden von den Nematoden oder ihren Larven befallen. Einzelne Exemplare bereiten dem Fisch wenig Beschwerden. Bei starkem Befall magern die Tiere ab (Messerrücken). Sie sterben, wenn ein Organ seine Funktion einstellt. In der Regel stellen sich bald noch Infektionen durch verschiedene andere Erreger ein (Flagellaten, Bakterien), so daß die Todesursache nicht eindeutig ist.

Aus tropischem Süßwasser stammende Fadenwürmer ohne Wirtswechsel haben gute Möglichkeiten, sich im Aquarium auszubreiten. Der ungegliederte Wurmkörper ist von kreisrundem Querschnitt, spindel- oder fadenförmig. Bei erheblicher Länge weisen manche Nematoden nur eine geringe Dicke auf (*Capillaria*).

7.5.1. Capillaria, Haarwürmer

Capillaria sind Darmparasiten von Süßwasserfischen (Bild Nr. 97). Ein leichter Befall wird vom Fisch gut vertragen. Erst wenn sich die Würmer stark vermehrt haben, beginnen sich die Fische abzusondern, werden mager und stellen mitunter die Futteraufnahme ein. Zur Diagnose genügt ein Kotabstrich, in dem man bei 300 bis 400facher Vergrößerung die Capillarien-Eier finden kann (Bild Nr. 20, Tafel 8). Sie sind von Art zu Art verschieden. In der Form gleichen sie manchmal einem Zylinder mit abgerundeten Enden oder sie sind oval. Charakteristisch sind die wie mit einem Stopfen verschlossenen Spitzen. Diese sehen je nach Art wie Sektkorken aus, dann wieder sind es nur kleine Erhebungen.

Findet man in mehreren zentimeterlangen Kotstücken nicht mehr als je 3–5 Eier, so liegt ein schwacher Befall vor. Die Capillarien selbst sind nur bei der Sektion im frisch herauspräparierten Darm zu finden. Sie bewegen sich ständig, bewegungslose Exemplare sind tot. Da diese Nematoden oft mehr als einen Zentimeter lang sind, dabei aber dünner als Menschenhaar, erhielten sie den Namen Haarwürmer. Um einzelne Exemplare genauer betrachten zu können, schneidet man den herauspräparierten Darm der Länge nach unter Wasser (phys. Kochsalzlösung) auf und überträgt die Capillarien mit einer Nadel auf einen Objektträger. Im Inneren der Weibchen können die hintereinander aufgereihten Eier bei 150facher Vergrößerung erkannt werden (Bild Nr. 97). Sie gelangen mit dem Fischkot ins Wasser und bleiben am Bodengrund liegen. Dort entwickeln sie sich nicht vollständig. Erst wenn sie von einem Fisch gefressen werden, vollenden sie die Entwicklung und schlüpfen dann im Darm aus. Die Krankheit breitet sich nur sehr langsam aus. Ein seuchenhaftes Auftreten mit Verlusten kommt nur ganz selten vor. Mit Sicherheit sind die Fische dann zusätzlich noch von einer oder mehreren anderen Krankheiten befallen.

Capillarien werden selten mit Lebendfutter eingeschleppt. Viel öfter kommen sie durch infizierte Neuzugänge ins Aquarium. Vorbeugend ist die Hälterung der neuen Fische in Quarantäne und mehrere mikroskopische Kotuntersuchungen während dieser Zeit zu

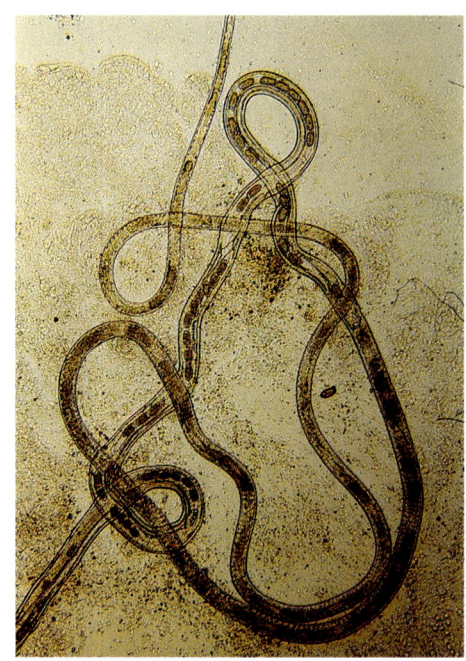

Bild 97: *Capillaria* sp. in einem Darminhaltspräparat. Länge: 1–2 cm.

empfehlen. Nach Methode B 3 ist eine Bekämpfung über längere Zeit möglich. Methode C 5 wurde schon erfolgreich angewendet. Endgültige Sicherheit, daß die Darmnematoden ausgerottet werden, gibt es nur bei der Behandlung mit Flubenol 5% (C 6), da diese auch die Eier der Würmer vernichtet.

7.5.2. Oxyurida, Madenwürmer

Seit einigen Jahren breitet sich in den Diskuszuchtanlagen des Rhein-Main-Gebietes eine neue Nematodenart aus. Die Würmer leben vorwiegend im vorderen Bereich des Darmes. Bisher konnten sie nur bei Diskusfischen nachgewiesen werden. Salmler, Fadenfische und andere Cichliden, die mit infizierten Diskusfischen über mehr als sechs Monate

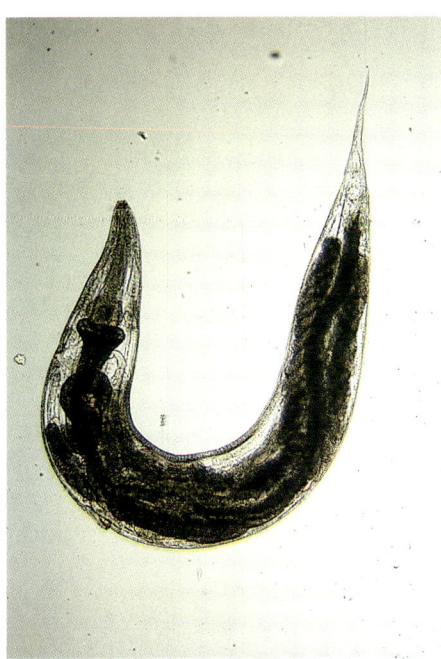

Bild 98: Weiblicher Madenwurm der Ordnung Oxyurida. Hellfeldaufnahme, Größe: 0,5–4 mm. Vergr. 35:1.

Muttertier hängen. Bei Massenauftreten verknäueln sich die Fäden und bilden mit Eiern und Würmern einen klebrigen Filzpfropfen, der im Darm feststeckt und zu einem Darmverschluß führen kann. Die Eier entwickeln sich schnell, die Larven schlüpfen schon nach wenigen Stunden (Bild Nr. 21, Tafel 8). Die Übertragung erfolgt durch in dem Kot ausgeschiedenen Eier und Larven, welche am Bodengrund liegen und mit dem Futter von anderen Fischen aufgenommen werden.

Der Nachweis über Kotpräparate ist unsicher, da sich nicht immer Eier und Larven darin befinden. Eine genaue Diagnose ist durch Sektion möglich. Vom vorderen Darm wird ein Stück herauseziert und ein Präparat der Würmer angefertigt (Kapitel 11.8). Zur Beobachtung und Diagnose ist eine 50 bis 100fache Vergrößerung gut geeignet. Eine Behandlung ist nach C 6 oder C 5 möglich.

7.5.3. Camallanoidea, Fräskopfwürmer

Würmer der Gattung *Camallanus* parasitieren im Enddarm der Fische. In den letzten Jahren hat sich die Art *Camallanus cotti* sehr verbreitet. Auch Seewasserfische werden befallen. Im Süßwasseraquarium sind vorwiegend Salmler und Lebendgebärende betroffen. Verhält sich der Fisch ruhig, so hängen die Enden der roten Würmer aus dem After heraus (Bild Nr. 19, Tafel 8). Bei der geringsten Bewegung ziehen sie sich sofort wieder in den Darm zurück. Die Afteröffnung ist mitunter stark vergrößert. Weibliche Fräskopfwürmer werden bis zu zehn Millimeter lang, männliche nur etwas mehr als drei Millimeter (Bild Nr. 27, Tafel 14).

Der eigenartige Name Fräskopfwurm rührt von dem Mundwerkzeug des Tieres her. Im mikroskopischen Bild erweckt es den Eindruck eines Fräsbohrers. Das eigentliche zangenförmige Mundorgan ist von einem braunen gerippten Mantel aus Horn umgeben. Damit kann sich der Wurm so fest in der Darmwand verbeißen, daß er nicht zu lösen ist. Ein gewaltsames Entfernen mit der Pinzet-

zusammen im gleichen Aquarium lebten, wurden nicht infiziert. Die Würmer leben frei im Darm und sind andauernd in schlängelnder Bewegung. Ein Festbeißen, Anklammern oder Festsaugen an der Darmwand wurde noch nicht beobachtet. Die Würmer ernähren sich vom Darminhalt. Sie schaden dem Wirt durch Nahrungsentzug. Wie bei anderen Nematoden wird ein leichter Befall gut vertragen. Treten große Mengen der Würmer auf, sind die Fische schreckhaft, färben sich dunkel und magern mit der Zeit ab. Die weiblichen Nematoden können bis vier Millimeter lang werden, männliche ungefähr zwei Millimeter (Bild Nr. 98). Erwachsene Weibchen enthalten große Mengen von Eiern. Ausgeschiedene Eier bleiben durch lange klebrige Fäden noch lange untereinander und an dem te reißt Stücke aus der Darmwand. Das kann zu Infektionen führen, die tödlich verlaufen. Das durch den festen Biß des Wurmes eingeklemmte Stück Darmwand kann nicht mehr durchblutet werden und stirbt mit der Zeit ab. Um nicht abzufallen, löst sich der Wurm und verbeißt sich an einer anderen Stelle. Der Darm des Fisches wird auf diese Art und Weise perforiert und für andere Erreger durchlässig.

Die meisten *Camallanus*-Arten vermehren sich über einen Zwischenwirt. Das können *Cyclops,* Wasserasseln oder Insektenlarven sein. Über sie werden die Würmer als Larve ins Aquarium eingeschleppt. Die Wahrscheinlichkeit dafür ist jedoch selbst bei Lebendfutter aus Fischgewässern äußerst gering. Die wahrscheinlich aus Asien stammenden Arten *Camallanus lacustris* und *C. cotti* sind in der Lage sich in Aquarien zu vermehren, da sie lebende Larven zur Welt bringen. Sie benötigen zumindest einige Generationen lang keinen Zwischenwirt. Bei lebend präparierten, weiblichen Würmern sind die sich bewegenden Larven im Körper gut zu erkennen. Die Bekämpfung erfolgt nach der Methode B 3, C 6, C 5 oder C 17 a.

7.5.4 Dracunculoidea, Drachenwürmer

Die Drachenwürmer sind blutrote, mehrere Millimeter bis Zentimeter große, meist als Blutparasiten lebende Würmer. In Aquarienfischen ist die Art *Philometra sanguinea* gefunden worden. Sie können bei der Sektion an den Innenseiten der Kiemendeckel, in der Leibeshöhle, in der Schwimmblase, den Flossenbasen und den Arterien vorkommen. Die eigentlich in Kaltwasserfischen parasitierenden Würmer haben einen Wirtswechsel und können über ihre Zwischenwirte (*Cyclops,* Wasserflöhe) ins Aquarium eingeschleppt werden. Der Entwicklungszyklus ist jedoch nicht bei allen Arten bekannt. Eine Behandlung der Krankheit ist nicht möglich.

7.6. Acanthocephala, Kratzer

Kratzer sind bis zu zwei Zentimeter große Darmparasiten, die Aquarienfischen mit ihren hakenbesetzten Rüsseln großen Schaden zufügen können (Bild Nr. 99). Trotz des massiven Auftretens bei Teich- und Bachfischen, stellen sie für Aquarienfische nur eine geringe Gefahr dar. Auch diese Würmer benötigen zur Entwicklung einen Zwischenwirt. So können sich die zig-tausend spindelförmigen Eier, die im Kot befallener Fische zu finden sind, nicht bis zum fischparasitären Stadium entwickeln (Bild Nr. 100). Aus dem Ei schlüpft eine Larve, die sich in Wasserasseln, Schlammfliegenlarven oder Bachflohkrebsen einnistet, bis sie von Fischen gefressen werden. Im Fischdarm wachsen sie dann zu Kratzern aus. Da die Zwischenwirte im Aquarium kaum vorkommen, können sich Kratzer auch nicht vermehren. Einzelne Larven können mit Futtertieren jedoch eingeschleppt werden. Viele Kratzer sind auf eine Fischart spezialisiert, darum ist die Weiterentwicklung in Aquarienfischen sehr unwahrscheinlich.

Bild 99: Hakenrüssel des Kratzers *Echinorhynchus truttae* aus dem Darm einer Forelle. Größe: 2–3 mm.

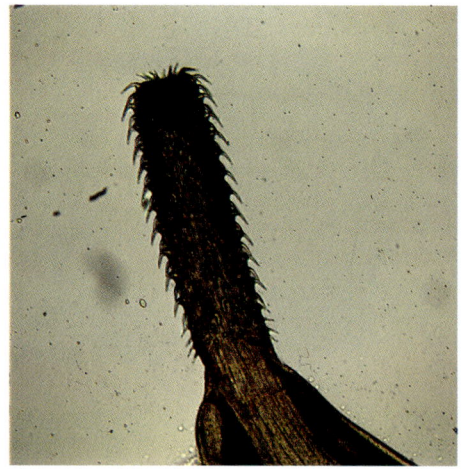

Wurden Kratzereier im Kot von Fischen nachgewiesen, kann nach Methode C 24 behandelt werden.

7.7. Hirudinea, Egel

Ein Befall durch Egel dürfte im Aquarium sehr selten vorkommen. Eingeschleppt werden sie eigentlich nur mit unsortiertem Lebendfutter. Sie schaden den Fischen, indem sie an ihnen Blut saugen. Kleinere Fische überleben die starke Blutentnahme selten. Für große Fische besteht die Gefahr der Übertragung von Parasiten, wie *Cryptobia, Trypanosoma* (Kapitel 6.1.1.) und *Philometra* (Kapitel 7.5.4.), mit denen sich die Egel vorher an Teichfischen infiziert haben. Die beim Blutsaugen verursachten Wunden führen oft zu weiteren Infektionen. Die Egel können lange Zeit unerkannt zwischen den Aquarienpflanzen verborgen sein, bis man sie zufällig einmal entdeckt. Angeheftete Egel können nach C 2 gelöst werden oder indem man den Fisch kurz in ein Kochsalzbad gibt (Methode C 12 a). Zur Vorbeugung kann nur empfohlen werden, kein Futter in Fischteichen zu fangen oder es durch ein grobes Sieb zu schütten, in dem die Egel hängen bleiben.

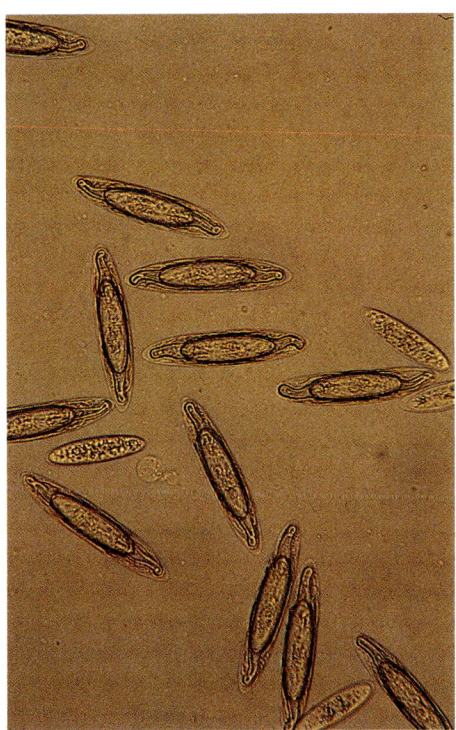

Bild 100: Kratzereier im Kotpräparat. Größe: 110 Mikrometer. Vergr. 200:1.

8. Kapitel

8. Gliederfüßer

Fischparasitäre Gliederfüßer werden im Aquarium selten zu einem Problem. Es sind hauptsächlich Krebse, die als Parasiten auftreten. Milben wurden bisher noch nicht eindeutig als Parasiten identifiziert, obwohl schon durch sie verursachte Schäden an Aquarienfischen beobachtet wurden.

8.1. Copepoda, Hüpferlinge

Copepoden sind gleich aus zwei Gründen für unsere Fische gefährlich. Es gibt mehrere Arten, die als Fischparasiten auftreten. Harmlose Arten können die Überträger gefährlicher Wurmkrankheiten sein (Kapitel 7.4 und 7.5.4.). Meistens sind es nur die weiblichen Tiere, die an den Fischen parasitieren. Sie haben spezielle Klammerhaken ausgebildet, um sich an den Fischen festhalten zu können. Ihre Mundwerkzeuge sind darauf abgestimmt, das Blut ihres Wirtes zu saugen. Manche Arten haben sich im Laufe ihrer Evolution diesem Leben so stark angepaßt, daß sie nur schwer als Krebs zu erkennen sind. Bei starkem Befall werden die Fische empfindlich in ihrer Lebensweise beeinträchtigt. Die Bekämpfung der Parasiten kann nach C 7, C 11 oder C 18 a erfolgen.

8.1.1. Ergasilidae

Bei den *Ergasilus*-Arten treten nur die weiblichen Tiere als Parasiten auf. Sie sind an den länglichen Eisäcken und den Klammerhaken zu erkennen (Bild Nr. 101). Ihre Größe liegt bei ungefähr 1,5 Millimeter Länge. Die Eisäcke sind knapp einen Millimeter lang und können zusammen 50 bis 200 Eier enthalten. Die Gefahr, diese Parasiten ins Aquarium einzuschleppen, ist gering, da sich im Plankton der Gewässer nur männliche Tiere befinden. Es ist jedoch nicht auszuschließen, daß weibliche Parasiten als Nauplie zusammen mit Lebendfutter ins Aquarium gelangen. Vermehren können sie sich jedoch nur, wenn geschlechtsreife, also ausgewachsene Tiere beider Geschlechter gleichzeitig im Aquarium auftreten.

Der Befall ist an den Kiemen mit bloßem Auge feststellbar. Die Kiemenkrebse erscheinen als weißliche, längliche Gebilde auf den Kiemenblättern. Sie schädigen den Fisch durch das Verdauen von Epithelzellen. Da sie ihren Standort oft wechseln, werden die Kiemen großflächig geschädigt. Sekundärinfektionen treten häufig auf, besonders Pilze können leicht das kranke Gewebe angreifen. Stark befallene Fische leiden unter Blutarmut, magern ab und sind anfällig für viele andere Krankheiten. Daher wird auch hier empfohlen, kein Lebendfutter aus Fischgewässern zu verfüttern. Die Behandlung kann nach Methode C 18 a, C 11 oder C 7 erfolgen.

Außer den Ergasilidae gibt es noch eine Reihe von Copepoden, die an Fischen des Süß- und Seewassers parasitieren. Diese befallen neben der Kiemen- und Mundhöhle auch die Haut der Fische. Andere erzeugen beulenartige Wucherungen am Kopf, in denen der wurmförmige Krebs lebt.

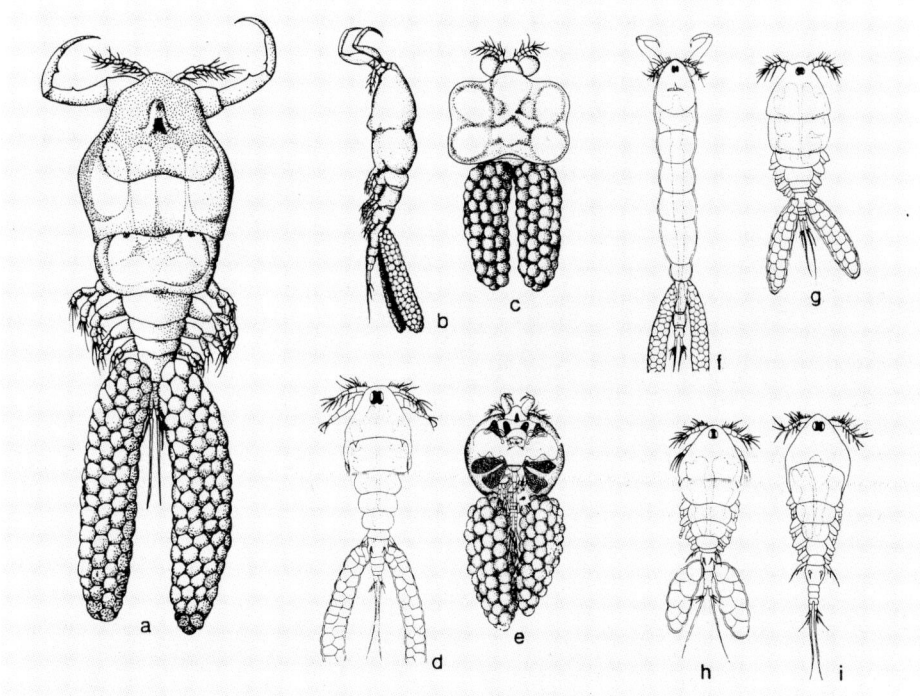

Bild 101: Vertreter der Familie Ergasilidae.
Aus SCHÄPERCLAUS, Fischkrankheiten. Akademie Verlag, Berlin.
a. *Ergasilus sieboldii* (Größe: etwa 1,7 mm).
b. *Ergasilus briani* (Größe: 0,7–1 mm)
c. *Ergasilus auritus*
d. *Paraergasilus medius*
e. *Thersitina gasterostei*
f. *Sinergasilus major* (Größe 2,2–3 mm)
g. *Neoergasilus longispinosus* (Größe: etwa 0,8 mm)
h. *Paraergasilus longidigitus* (Größe: 0,4–0,5 mm)
i. *Paraergasilus brevidigitus*

8.1.2. Lernaeidae

Diese sehr lang gestreckten Copepoden weisen keine Gliederung mehr auf. Sie ähneln mehr einem Wurm als einem Krebs. Am Kopf befinden sich unförmige Auswüchse aus Chitin, die dem Festhalten im Gewebe des Fisches dienen (Bild Nr. 102). Antennen und Mundwerkzeuge sind zurückgebildet. Die schlauchartigen, langen Eisäcke sind manchmal nicht gerade, sondern gerollt und verdreht. Die *Lernaea*-Arten und deren Verwandte (Lernaepodidae) befallen See- und Süßwasserfische. Je nach Art leben sie an Kiemen, der Kiemen- und Mundhöhle, der Haut, den Augen oder auch in der Muskulatur der Fische. Auch hier ist das Auftreten der Parasiten im Aquarium äußerst selten. Die Behandlung von mit Fischen eingeschleppten Parasiten erfolgt nach Methode C 12, C 18 a, C 11, oder C 7.

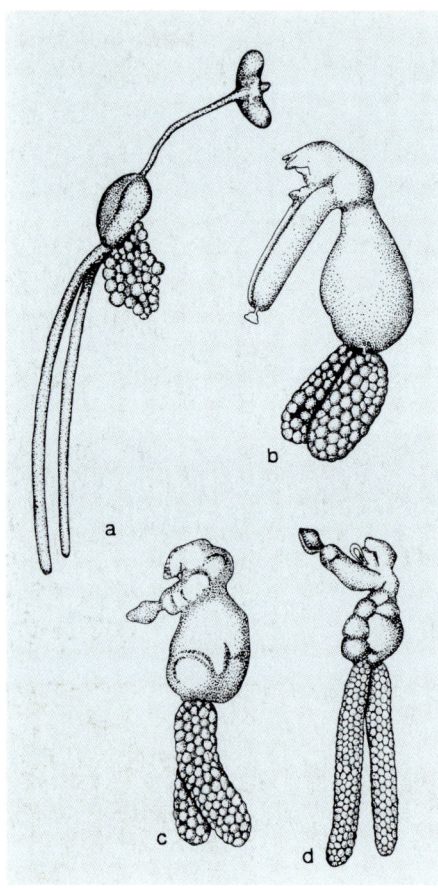

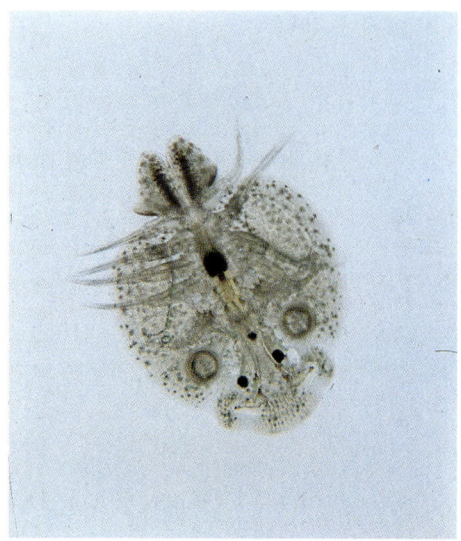

Bild 103 (rechts): Die Karpfenlaus *Argulus* sp., Hellfeldaufnahme. Größe 5–12 mm.

Bild 102 (links): Vertreter der Ordnung Lernaeoidea. Entnommen aus Schäperclaus, Fischkrankheiten. Akademie-Verlag, Berlin.
a. *Sphyrion lumpi*
b. *Achtheres percarum* (Größe 2–3,5 mm)
c. *Achtheres coregonorum*
d. *Achtheres strigatus*

8.2. Argulidae, Fischläuse

Fischläuse sind schildförmige Krebse in einer Größe zwischen vier und zwölf Millimetern. Die verschiedenen Arten können an der zweigeteilten Schwanzflosse unterschieden werden (Bild Nr. 103). An der Körperunterseite befinden sich die Augen, zwei Saugnäpfe, zwei Antennen mit Klammerhaken und ein Stilett (Stachel). Damit sticht der Krebs durch die Fischhaut und saugt Blut. Beim Stich wird ein Gift eingespritzt, das kleinere Fische zu töten vermag. Die Stichstelle entzündet sich oft und kann anschwellen. Eine Sekundärinfektion des Einstichs durch Pilze ist möglich. Ebenso die Übertragung der Erreger der „Bauchwassersucht" und Blutparasiten (vergleiche Kapitel 4.2. und Kapitel 6.1.1.). Nach der Nahrungsaufnahme verläßt der Parasit den Fisch und schwimmt frei umher, um ein neues Opfer zu finden. Gelingt das nicht, so kann er drei Wochen ohne Nahrung auskommen. Fischläuse befallen alle Fischarten. Ins Aquarium gelangen Fischläuse mit Lebendfutter aus Fischgewässern. Eine Vermehrung im Aquarium ist unwahrscheinlich. Die Behandlung der Parasiten ist nach Methode C 12, C 18a, C 11 und C 7 möglich.

8.3. Acarina, Milben

Milben sind keine echten Fischparasiten. Die im Süßwasser vorkommenden Milben und ihre Larvenstadien leben räuberisch. Sie können daher kleinsten Jungfischen gefährlich werden. Da sie in den Futtertümpeln in großer Zahl vorkommen, werden sie leicht mit Lebendfutter in das Aquarium eingeschleppt. In Ermangelung geeigneter Nahrung vermehren sie sich dort nicht.

Seit einigen Jahren breitet sich vorwiegend in Diskuszuchtanlagen eine Milbenart aus, die von Prof. L. BECK, Karlsruhe als der Gattung *Trimalaconothrus* zugehörig bestimmt wurde (Bild Nr. 104). Sie ist völlig harmlos und ernährt sich von Algen, Detritus und Pilzhyphen. Bei extremem Nahrungsmangel über mehrere Wochen wurde schon beobachtet, daß diese Milben auf Fische steigen und deren Schleimhaut abfressen (Bild Nr. 105). Ein Massenbefall kann den Fischen gefährlich werden. Es sind jedoch nur solche Fische gefährdet, die sich in der Nacht am Bodengrund aufhalten. Ein Befall von Diskusfischen wurde noch nie beobachtet. Wahrscheinlich weil die Diskusfische in der Nacht keine Bodenberührung haben, so daß die Milben nicht auf sie steigen können. Die Milben sind sehr widerstandsfähig gegen Chemikalien und hohe Temperaturen. Eine sichere Ausrottung ist nur durch Trockenlegen des Beckens zu erreichen. Da sie jedoch Detritus und Algen fressen, können sie im Aquarium toleriert werden.

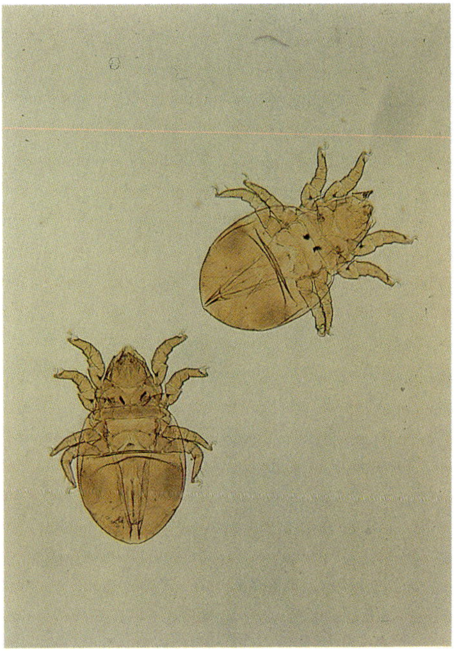

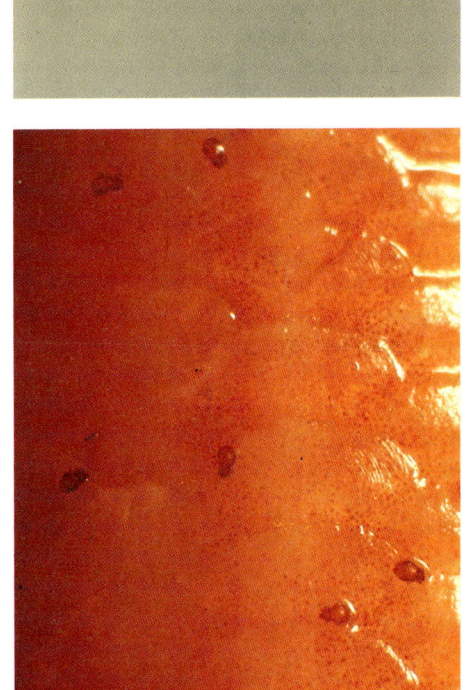

Bild 104 (oben): Milben *Trimalaconothrus* sp. präpariert nach E 3. Größe: 580 Mikrometer. Vergr. 40:1.

Bild 105 (unten): Milben *Trimalaconothrus* sp. auf der Fischhaut.

9. Kapitel

9. Nichterregerbedingte Krankheiten

Die bisher behandelten Krankheiten waren alle durch Erreger hervorgerufen. Nun gibt es noch eine Reihe von krankhaften Veränderungen, die auf Umweltbedingungen, (z. B. Vergiftung) beruhen oder erblich sind. Bei den durch die Umwelt bedingten Schäden tritt eine Normalisierung des Zustandes ein, wenn die Ursache beseitigt ist und die Einwirkungszeit nicht zu lange gedauert hat. Meist ist es sehr schwer, die Ursache zu finden. Besonders trifft das bei falscher Ernährung und Vitaminmangel zu, wo sich die Auswirkungen erst nach längerer Zeit zeigen. Manchmal sind Mangelerscheinungen nur an der Vermehrung bestimmter Parasiten zu bemerken, weil die Abwehrkraft der Fische geschwächt ist. Die Behebung des Umstandes führt meist erst nach längerer Zeit zu einer Besserung.

9.1 Geschwulstkrankheiten

Geschwulste entstehen durch unkontrollierte Teilung von Körperzellen. Solche Wucherungen sind Neubildungen von Geweben, die in sich geschlossen sind, aber vom Körper ernährt werden. Es gibt die verschiedensten Ursachen für die Entstehung einer Wucherung. Meist sind es Chemikalien, sogenannte cancerogene Stoffe, die einzelne Zellen zu unkontrolliertem Wachstum und Teilungen anregen. Weiterhin kann die Anlage zur Geschwulstbildung vererbt oder durch Hormonstörungen hervorgerufen werden. Man unterscheidet noch gutartige und bösartige Geschwulste. Die gutartigen wachsen langsam, verdrängen nur das Nachbargewebe und bilden keine Tochtergeschwulste. Bösartige Geschwulste wachsen schnell und zerstören das Nachbargewebe. Zellen werden vom Blutstrom in andere Bereiche des Organismus verschleppt und bilden dort Tochtergeschwulste (Metastasen). Manche Geschwulste entstehen auch durch die Einwirkung von Viren oder durch Aflatoxine (Kapitel 9.3.). Geschwulste treten im allgemeinen nicht sehr häufig bei Aquarienfischen auf.

Schilddrüsengeschwulste können gut – oder bösartiger Natur sein. Sie sind im Anfangsstadium an einem abgespreizten Kiemendeckel bei ruhiger Atmung zu erkennen (Bild Nr. 5, Tafel 4). Ist die Gewebswucherung durch Jodmangel (Kropf) bedingt, so kann durch Jodzugabe zum Aquarienwasser eine Heilung erzielt werden (Methode C 10). Bösartige Wucherungen (Schilddrüsenkarzinom) wachsen nach nicht vollständigem Wegschneiden des kranken Gewebes bald wieder nach. Häufig bilden sich Metastasen in der Körperregion, manchmal auch an weiter entfernten Körperteilen. Eine Behandlung ist nicht möglich. Geschwüre, die aus Pigmentzellen entstehen, sind Melanome und Melanosarkome (Bild Nr. 106). Das Auftreten bei lebendgebärenden Arten ist oft genetisch bedingt und läßt sich durch Bastardisierung auch gezielt hervorrufen (Bild Nr. 6, Tafel 4).

Aus Fettzellen bilden sich die Lipome. Sie entstehen im Fettgewebe und können beachtliche Größen erreichen. Diese gutartigen

Bild 106 (oben): Melanosarkom hinter der Brustflosse bei einem Trauermantelsalmler.

9.2. Mißbildungen

Mißbildungen sind in der Aquarienfischzucht manchmal zu beobachten. Da diese anlagebedingt sein können, dürfen solche Fische nicht zur weiteren Zucht genommen werden. Treten Mißbildungen häufiger auf, dann muß geprüft werden, ob alle chemischen Umweltfaktoren in Ordnung sind und kein Vitaminmangel vorliegt. Flossenmißbildungen (Bild Nr. 107) können auf Sauerstoffmangel, falschen pH-Wert oder Vitaminmangel zurückzuführen sein. Verkürzte Kiemendeckel sind die Folge von Vitamin- und Kalziummangel während der Wachstumsphase (Bild Nr. 1, Tafel 1). Abhilfe schafft die Futtervitaminisierung nach Methode B 4/5 mit C 27 (Kapitel 10).

Geschwulste sind fest und können geschlossen aus dem umliegenden Gewebe entnommen werden. Im Quetschpräparat eines Geschwulststückes tritt oft flüssiges Fett in Form kleiner Kügelchen aus dem Gewebe aus.

Zysten bilden sich um Fremdkörper und kapseln sie vom Körpergewebe ab. Ebenso können Parasiten in Zysten eingeschlossen werden. So werden nicht selten die harten Borsten verschiedener Futtertiere, wenn sie in die Darmwand eindringen, vom Körper in einer Zyste eingekapselt (Bild Nr. 28, Tafel 14).

Cystome sind Zysten, die aus den Organen der Fische ohne Fremdeinwirkung entstehen. Meist sind Galle, Niere oder Schwimmblase betroffen. Die Cystome erreichen beachtliche Größen und sind mit einer trüben Flüssigkeit gefüllt. Äußerlich ist eine Verwechslung mit Bauchwassersucht möglich. Eine Behandlung dieser Geschwulste ist nicht möglich. Die betroffenen Tiere sind zu töten. Bei häufigerem Auftreten von Geschwulsten ist zu prüfen, ob sich krebserregende Stoffe im Wasser befinden.

Bild 107 (unten): Flossendeformation durch Mangel in der frühen Wachstumsphase.

Siamesische Zwillinge, bei denen ein Partner oft nur in Form eines Klumpens am Bauch des anderen hängt, entstehen bei Schädigung des Eies. Weitere Anomalien sind Doppelbildungen von inneren Organen, Farbabweichungen, Schuppenmißbildungen, Skelettverformung bei Vitaminmangel, verschieden große Augen und verschobene Seitenlinien.

9.3. Falsche Ernährung

Die Bedeutung einer ausgewogenen Ernährung für die Gesundheit der Fische wird auch heute noch viel zu oft unterschätzt. Einseitige Ernährung führt im extremen Fall zu Mangelerscheinungen, zumindest jedoch zu einer Herabsetzung der Abwehrkraft gegen Krankheiten. Auch manche, der Nahrung zugesetzte Vitamine, können nur dann resorbiert werden, wenn gleichzeitig Fette vorhanden sind. Der Organismus kann die Vitamine sonst nicht aufnehmen und scheidet sie mit dem Kot wieder aus. Wichtig ist zu wissen, daß Rinderherz niemals Alleinfutter sein kann. Es muß immer mit pflanzlichen Zusätzen gemischt und zeitweilig mit Vitaminen angereichert werden. Die Herstellung von Vitaminfutter ist in Methode B4/B5, Kapitel 10.2. beschrieben. Mehrmalige, abwechslungsreiche Fütterung täglich mit frischem oder gefrorenem Lebendfutter ist optimal. Aquarianer, die nun glauben, täglich hohe Dosen von Vitamin geben zu müssen, sollen bedenken, daß zuviel des Guten auch schädlich wirkt. So kann die stete Überfütterung mit Vitaminen ebenso zu starken Erkrankungen führen. Vitaminisiertes Futter nach Methode B 4 soll nicht mehr als zweimal in der Woche gegeben werden.

Bedenklich ist, daß mehr als zwei Drittel der in den letzten Jahren untersuchten kranken Fische eine starke Verfettung der Leber und der Leibeshöhle aufwiesen. Die Verfettung führt zu Störungen bis zum Ausfall der Leberfunktion (Bild Nr. 48 u. 49). Als Folge tritt häufig eine Tuberkulose in Leber, Milz und Darm auf. Ebenso kann es zu einem bauchwassersuchtartigen Krankheitsbild durch die Vermehrung diverser Bakterienarten in Leber, Milz, Niere und Leibeshöhle kommen. Auch andere Parasiten können sich stärker vermehren, da die Abwehrkraft des Fisches vermindert ist.

Die Ursache der ernährungsbedingten Leberverfettung ist eine zu kohlenhydratreiche und zu fette Nahrung, sowie das Fehlen von Cholin und Vitaminen. Eine einseitige Ernährung mit leicht verdaulichem Futter und Vitaminmangel führt zu Magen- und Darmentzündungen. Ebenso gefährlich ist verdorbenes Futter. Trockenfutter ist (bei unsachgemäßer Lagerung) zwei bis sechs Monate nach Anbruch der Dose für die Ernährung wertlos. Luftfeuchtigkeit zersetzt die Vitamine und bietet Bakterien und Pilzen die Lebensgrundlage. Auf keinen Fall darf schimmeliges Trockenfutter verfüttert werden. Die darin entstandenen Aflatoxine sind hochgiftig. 5 mg Aflatoxin auf 1 kg Fischmasse führt zum Tode innerhalb weniger Tage, die Leber wird gelb und löst sich auf (Nekrose). Geringere Konzentration des Giftes führt zu Leberkrebs. Es ist daher sinnvoller, das Trockenfutter in einer Dosengröße zu kaufen, deren Inhalt innerhalb von sechs Wochen aufgebraucht ist.

Auch die Lochkrankheit der Cichliden scheint nach den Erfahrungen der letzten Jahre eine Mangelkrankheit zu sein, die auf zwei Ursachen beruhen kann. Bisher wurde sie immer dem Geißeltier *Hexamita* als Verursacher zugeschrieben, bei Diskusfischen dem Geißeltier *Spironucleus*. Nun wurden schon mehrmals Cichliden mit Löchern in der Kopfregion gefunden, deren Darm frei von Geißeltieren war. Die in den Löchern gefundenen Geißeltiere waren oft anderer Art und nicht parasitär. Sie leben normalerweise im Aquarienwasser. Bei gemeinsamem Auftreten von Lochkrankheit und Geißeltieren war in manchen Fällen nach erfolgreicher Bekämpfung der Geißeltiere keine Besserung der Lochkrankheit zu erreichen. Im Gegensatz dazu konnten die Löcher am Kopf der Fische durch Zugabe von Osspulvit auch bei Vorhandensein von Flagellaten zum Verschwinden gebracht werden. Diese Feststellungen erlauben den Schluß, daß das Auftreten der Löcher in Kopf und Flossen eine Mangelerscheinung ist, die durch zu geringe Mengen von Calcium und Phosphor, sowie von Vitamin D in der Nahrung hervorgerufen wird. Bei einseitiger Ernährung fehlen diese Substanzen im Futter. Im anderen Fall werden sie durch starken Geißeltierbefall dem Nahrungsbrei im Darm entzogen. Die Zugabe von Vitaminpulver zur Nahrung nach Methode B 4 (Kapitel 10) beugt der Entstehung von Lochkrankheit vor. Entzündungen im Magen und Darm treten bei Fütterung mit verdorbenem Futter, Vitaminmangel und ausschließlicher Fütterung mit Säugerfleisch (Rinderherz) auf. Ebenso führt die Verfütterung von leicht verdaulicher Nahrung (Enchyträen) mit hohem Nährstoffgehalt und die einseitige Ernährung mit Kohlenhydraten, Fetten oder Eiweißen zu den genannten Symptomen.

In einem Fall wurde zwei Monate lang in einem mit Diskusfischen besetzten Becken aus Zeitmangel ausschließlich Rinderherz ohne Zusätze verfüttert. Das fuhrt bei vier von sechzehn Diskusfischen zu Entzündungen im Darm. Als Folge bildet sich ein Darmverschluß, wobei der Darm auf 4 cm Länge 2 cm dick wurde und mit halb verdautem Nahrungsbrei gefüllt war (Bild Nr. 25, Tafel 11). Die Tiere verenden mit stark aufgetriebenem Bauch. Ein viertes Tier erholte sich nach Temperaturerhöhung auf 33 Grad C und Verabreichung von Osspulvit und Spinat. Auch hier war schon eine deutliche Auftreibung des Leibes zu sehen. Nicht völlig aufgetautes Frostfutter kann ebenfalls zu Darmentzündungen führen.

9.4. Verletzungen

Hautabschürfungen, Stich- und Schnittwunden fügen sich Aquarienfische bei rascher Flucht nach Erschrecken manchmal selbst zu. Bei Rivalitätskämpfen wird bei dem unterlegenen Tier nicht selten die Schleimhaut schwer verletzt. Eindringende Erreger verursachen Infektionen, an der Wunde stellt man dann Entzündungen oder gar eine Verpilzung fest. Verletzte Fische müssen sofort in ein Quarantänebecken umgesetzt werden. Die Behandlung erfolgt nach Methode C 12, C 17d, C 1, A 4 oder C 23.

9.5. Krankheiten mit chemischer Ursache

9.5.1. Sauerstoffmangel

Sauerstoffmangel kann aus verschiedenen Gründen im Aquarium auftreten. Überfütterung, hohe Besatzdichte, schlechte Durchlüftung, verschmutzter Filter oder vermulmter Bodengrund können die Ursache sein, da die Zersetzungsprozesse viel Sauerstoff verzehren. Mehrmaliger Sauerstoffmangel kann bei Jungtieren zu Mißbildungen führen (Kapitel 9.2.). Die Fische stehen bei Sauerstoffmangel heftig atmend unter der Wasseroberfläche. Gestorbene Fische liegen mit aufgerissenem Maul und abgespreizten Kiemendeckeln im Becken, die Kiemen sind blaß. Zeigen die Fische Symptome von Sauerstoffmangel, so ist es falsch, die Belüftung stark aufzudrehen. Vorhandener Mulm wird durch die Wasserbewegung aufgewirbelt und eine noch stärkere Sauerstoffzehrung ist die Folge. Darum reguliert man die Lüftung so ein, daß kein Mulm aufgewirbelt wird und gibt Wasserstoffsuperoxid ins Wasser (Methode C 29). Erreicht man auf diese Weise nicht binnen weniger Minuten eine Besserung, dann haben die Fische eine Kiemenerkrankung (Kapitel 3.4.).

9.5.2. Säure-Laugenkrankheit

Die meisten unserer Aquarienfische sind an einen stabilen pH-Wert um 7 angepaßt. Je nach Art liegt er allgemein zwischen 6 pH und 8 pH. Bei stetig sinkendem pH-Wert unter 5,3 pH, beginnen die Fische schneller zu atmen, schießen ruckartig durch das Aquarium und schnappen an der Wasseroberfläche nach Luft. Manche tropische Arten kommen aus Flüssen mit extrem reinem Wasser, das viele gelöste Huminsäuren enthält. Diese Fische leben in einem wesentlich niedrigeren pH-Wert-Bereich. Bei stabilem, gering abgesenktem pH-Wert treten braune Kiemenbeläge, Schleimabsonderung an den Kiemen und weißliche Hauttrübungen auf. Die Laugenkrankheit erscheint, wenn sich der pH-Wert weit über 8 erhöht. Die Fische reagieren mit weißlichen Hauttrübungen und Flossenausfransungen. Später treten Verätzungen an Haut und Kiemen auf. Auch Ammoniakvergiftungen sind möglich.

9.5.3. Vergiftungen

Ammoniak (NH_3) ist ein starkes Gift für alle Fische. Es liegt bei einem pH-Wert unter 7 als das ungiftige Ammonium (NH_4^+) vor. Dieses ist das Endprodukt aller organischer Zersetzungsprozesse. Im Aquarium werden alle Ausscheidungen, Futterreste und abgestorbene Pflanzenteile von den in einem aktiven Filter und den im Wasser lebenden Mikroorganismen letztendlich zu Ammonium abgebaut. Es reichert sich jedoch nicht an, da es sofort von Bakterien über Nitrit zu Nitrat oxidiert wird.

Erst eine Anhebung des pH-Wertes (zum Beispiel durch CO_2-Zehrung von Pflanzen bei starkem Lichteinfall) führt zur Bildung des Giftstoffes Ammoniak. Ammonium verwandelt sich bei Überschreiten des Neutralwertes nicht schlagartig in Ammoniak, sondern liegt in Abhängigkeit von der Temperatur zu jedem pH-Wert in einer festen prozentualen Verteilung vor. So entsteht zum Beispiel bei einem Ammoniumgehalt von 3 mg/l schon über pH 7 bei 25 °C eine gefährliche Ammoniakmenge. Aber auch geringere Mengen dieses Giftes bedeuten einen erheblichen Streß für die Fische. Ein ausgewogen besetztes Aquarium mit gut eingefahrenem Filter ist kaum gefährdet, da das Ammonium von Bakterien verarbeitet wird und deshalb nur in kaum meßbaren Mengen vorliegt. Ammoniakvergiftungen äußern sich bei mehr als 0,1 mg/l durch Schleimhaut- und Nervenschäden. Weiterhin treten zuerst Blutungen an den Kiemen auf, dann auch an der Außenhaut und den inneren Organen. Nach neueren Erkenntnissen sind schon bei einem Ammoniakgehalt von 0,01 mg/l über längere Zeit Schäden bei Salmlern zu erwarten (BOHL 1982). Schnelle Abhilfe schafft die Absenkung des pH-Wertes unter 7. Meßreagenzien für Ammonium/Ammoniak sind im Fachhandel erhältlich. Aus den genannten Gründen ist ihre Anwendung nur in Verbindung mit einer pH-Messung sinnvoll.

Nitrit, Nitrat sind die Oxidationsprodukte des Ammoniaks. Sie entstehen in Folge eines hohen Ammoniumgehaltes nach starker organischer Wasserbelastung (z. B. nach übermäßiger Fütterung). Reichert sich Nitrit im Wasser an, ohne zu Nitrat oxidiert zu werden, treten bei den Fischen Vergiftungen auf, die zum Tode führen können. Sie werden apathisch und sterben ganz plötzlich in voller Farbenpracht. Mitunter ist das Auftreten von Nitrit mit Sauerstoffmangel verbunden. Nitrat ist nicht so giftig und wird in weit höheren Dosen vertragen. Um eine Anreicherung zu verhindern, muß es durch regelmäßigen Wasserwechsel oder einen Nitratfilter aus dem Aquarium entfernt werden. Ein zu hoher Nitritwert kann nur durch mehrmaligen Wasserwechsel gesenkt werden. Nitrit ist ab einer Konzentration von 0,1 mg/l in weichem Wasser und 0,2 mg/l in hartem Wasser für Fische gefährlich, Nitrat erst ab 100 mg/l.

Fällt einmal der Filtermotor aus, dann entsteht im geschlossenen Filtertopf sehr schnell ein Sauerstoffmangel. Die Filterorganismen, sonst ständig von sauerstoffreichem Wasser umspült, sterben ab. Es bildet sich eine stinkende Brühe, in der anaerobe Prozesse ablaufen. Dabei entstehen auch größere Mengen von Nitrit. Wenn der Motor wieder anläuft, wird das mit Giftstoffen angereicherte Wasser in das Aquarium gepumpt. Bei den Fischen treten in kurzer Zeit Vergiftungserscheinungen auf, die zum Tode führen können. Für einen noch nicht zu stark verschmutzten Filter kann als Zeitmaß eine Stunde angenommen werden. Dauert der Stromausfall länger an, darf der Filter erst nach einer gründlichen Reinigung des Substrates wieder in Betrieb genommen werden.

Kohlendioxid löst sich leichter in Wasser als Sauerstoff. Daher ist in CO_2 gedüngten Aquarien eine gefährliche Anreicherung möglich, wenn die Dosierung nicht richtig funktioniert. Völlig sinnlos ist es auch, in der Nacht CO_2 zu geben, da die Pflanzen es nicht verbrauchen. Durch das Fehlen der Assimilation wird kein Sauerstoff erzeugt, das CO_2 reichert sich an. Die Grenzwerte liegen nach bisherigen Erfahrungen bei 15 bis 20 mg/l. Je nach Sauerstoffbedarf, reagieren die Fische mit Atemnot, stark erhöhter Atemfrequenz, unruhigem Umherschwimmen, Taumeln, kurzzeitiger Schräg- oder Seitenlage am Boden, Verlust der Reflexe, Atemlähmung und Tod. Starke Durchlüftung treibt das CO_2 nur äußerst langsam aus. Besser ist es, einen großen Teil des Wassers zu wechseln.

Schwefelwasserstoff entsteht bei Fäulnisprozessen im Bodengrund unter Sauerstoffmangel. Schwefelwasserstoff ist an seinem Geruch nach faulen Eiern zu erkennen. Der Schwefelwasserstoff zehrt den freien Sauerstoff im Wasser auf, so daß es zu Erstickungs- und Vergiftungserscheinungen kommt. Die Kiemen verfärben sich rot-violett, es treten Blutungen auf. Chemische Stoffe, die von außen ins Aquarium gelangen, können ebenfalls Vergiftungen hervorrufen. Um ein Fischsterben zu vermeiden, ist darauf zu achten, daß keine Lösungsmitteldämpfe von Farben, Insektenvernichtungsmittel, sowie Gase von Ölheizungen und Öfen von der Aquarienluftpumpe angesaugt werden können. Aber auch Wurzeln, Steine, Kunststoffe und gefärbte Dekorationsmaterialien können giftige Stoffe an das Wasser abgeben.

Chlorhaltiges Leitungswasser muß mit einem harten Strahl oder durch eine Brause in ein Gefäß gespritzt werden, damit das Chlor entweicht. Der gleiche Effekt ist zu erzielen, wenn man es in einem offenen Behälter 24 Stunden stehen läßt. Dann erst ist es für das Aquarium brauchbar. Eine Chlorvergiftung äußert sich zuerst in zitternden Bewegungen und blassen Kiemen. Später werden die Fische matt und stellen die Atmung ein.

Des weiteren können bei falscher Anwendung von Medikamenten Vergiftungen auftreten. Die Fische werden blaß, verstecken sich, sind schreckhaft und schießen wie wild durchs Aquarium. Bei Auftreten dieser Symptome nach Medikamentengabe ist sofort eine größere Menge Wasser zu wechseln. Da von Art zu Art die Medikamente unterschiedlich vertragen werden, muß bei der erstmaligen Anwendung eines Heilmittels die Verträglichkeit geprüft werden. Auf genaue Dosierung ist zu achten.

Kupfervergiftungen treten bei Behandlungen mit Kupfersulfat auf, wenn die Wasserhärte nicht mindestens 10 Grad d. H. beträgt. Ebenso wenn Wasser aus Kupferrohren entnommen wird. Man muß es erst eine Zeit ablaufen lassen. Auch Algenvernichtungsmittel enthalten Kupfer, sie dürfen nicht überdosiert werden. Als Gegenmaßnahme kann nur ein schneller Wasserwechsel empfohlen werden. Eisendüngung und Bleidraht an den Pflanzen kann zu Vergiftungen führen. Stete Zugabe von Fetrilon soll zu Leberschäden führen. Dies ist jedoch nicht experimentell belegt.

9.6. Gasblasenkrankheit

Ähnlich wie bei Tauchern, die zu schnell auftauchen, bilden sich bei Fischen durch plötzliche Verringerung des Gasdruckes Gasblasen in den Flossen und der Haut. Die Blasen sind mit bloßem Auge gut zu erkennen. Beim Darüberstreichen mit dem Finger knistert die Haut leicht. Im extremen Fall führt die Blasenbildung im Blut zum Tode (Gasembolie). Eine Erniedrigung des Gasdruckes kann durch starken Wasserwechsel, plötzliche Temperaturerniedrigung, bei dichter Bepflanzung nach Sonneneinstrahlung erfolgen. Gasblasen können sich auch bilden, wenn Fische nach dem Transport in ein Aquarium gesetzt werden, ohne das Transportwasser langsam auszutauschen. In einem Aquarium mit ausgewogenem Gashaushalt kann die Gasblasenkrankheit nicht auftreten.

9.7. Temperaturschäden

Abschließend soll in diesem Kapitel noch auf die Temperatur als mögliche Krankheitsursache eingegangen werden. Die Wassertemperatur stellt für die Fische einen der wichtigsten Umweltfaktoren dar. Es ist daher notwendig, die aus der Literatur ersichtliche Hälterungstemperatur möglichst genau einzuhalten. Fischarten, deren Temperaturoptimum weiter als 4 Grad C auseinander liegt, sollen nicht miteinander vergesellschaftet werden. Die Verdauung und die Arbeit der inneren Organe hängt direkt von der Wassertemperatur ab. Darum wirken sich plötzliche <u>Temperaturänderungen</u> sehr negativ auf den Gesamtorganismus aus. Den größten Fehler kann ein Aquarianer machen, wenn er Fische aus dem Transportbeutel in das Aquarium schüttet, ohne sie vorher der Wassertemperatur des Beckens anzugleichen. Dabei wirken sich plötzliche Temperaturerhöhungen genau so negativ aus wie Absenkungen. Die Anpassung des Fisches an die Temperatur soll langsam erfolgen und pro Stunde etwa 1 Grad C nicht überschreiten. Temperaturänderungen dürfen nur bei der Behandlung von Krankheiten zur Unterstützung der Therapie angewendet werden. Auch dabei soll die Temperaturänderung nicht mehr als 1 Grad C pro Stunde betragen. Sind Fische nach langem Transport oder durch eine ausgefallene Heizung stark unterkühlt, darf die Temperaturerhöhung schneller aber nicht plötzlich erfolgen. Manche Fische leben in Gewässern, deren Temperatur stark schwankt. Es kommen Temperaturabfälle von mehreren Grad in der Nacht vor. Wer solche Fische unter natürlichen Bedingungen pflegen und vermehren möchte, dem muß klar sein, daß sie auf keinen Fall abends gefüttert werden dürfen. Mit der Temperaturabsenkung wird die Verdauung stark verlangsamt, so daß unverdautes Futter im Darm bleibt. Darmentzündungen sind die Folge, später Infektionen durch Schwächekrankheiten.

Starke Temperaturanstiege oder -abfälle durch fehlerhafte Regler erfolgen über mehrere Stunden. Die Fische sterben jedoch erst dann, wenn der Pfleger einen großen Wasserwechsel vornimmt und dabei den normalen Temperaturwert innerhalb von Minuten wieder herbeiführt.

10. Kapitel

10. Die Behandlung kranker Fische

10.1. Allgemeine Hinweise zur Anwendung von Medikamenten

Die relativ geringe Wassermenge des Aquariums ist für die Gesundheit der Fische nachteilig, dagegen von Vorteil bei der Krankheitsbehandlung. Zum einen ist die Wassermenge genau berechenbar, so daß die Medikamente in exakter **Dosierung** mit bestem Wirkungsspektrum eingesetzt werden können. Zweitens kann man sehr teure Medikamente benutzen, da sie nur in geringer Menge benötigt werden.
Die meisten Medikamente und Chemikalien, die bei der Behandlung von Fischkrankheiten Anwendung finden, sind Giftstoffe. Sie müssen vor Kindern sicher aufbewahrt werden.
Die Wirkungsweise der Chemikalien und Farbstoffe beruht darauf, daß sie für den Parasiten giftiger sind, als für den Wirt. Je optimaler dieses Verhältnis ist, desto gefahrloser lassen sie sich anwenden. Aber leider liegen die Verträglichkeitswerte der besten Medikamente für Fische und Parasiten oft dicht beieinander, so daß auf eine genaue Einhaltung der Mengen- und Zeitangaben zu achten ist. Dazu kommt noch, daß die Wirkung und die Verträglichkeit der Medikamente mit der Beschaffenheit und Temperatur des Wassers eng verbunden ist und von verschiedenen Fischarten unterschiedlich vertragen wird. Eine Unterdosierung von Medikamenten ist grundsätzlich zu vermeiden, da sonst keine Wirkung auf die Parasiten erreicht wird. Die permanente oder in regelmäßigen zeitlichen Abständen vorbeugende Behandlung der Fische mit geringerer Dosierung ist unsinnig, ja sogar gefährlich. Als Folge einer solchen Handlung entstehen resistente Parasiten, die dann auch mit höheren Konzentrationen nicht mehr zu bekämpfen sind.
Da auch die Parasiten ein Temperaturoptimum haben, bei dem sie sich am besten vermehren können, besteht die Möglichkeit, eine chemische Behandlung durch Temperaturänderungen zu unterstützen. Die Erreger sind außerhalb ihres Temperaturoptimums oft „empfänglicher" für die Medikamente. Ob nun die Temperatur herab oder herauf gesetzt werden soll, richtet sich in erster Linie nach dem Medikament. Manchmal steigt die Toxizität mit der Temperatur (z. B. bei Masoten C 18). Die Temperaturangaben bei den Behandlungsanleitungen sind deshalb genaustens zu beachten. Grundsätzlich kann man bei der Behandlung einer Fischart, bei der man selbst noch keine Erfahrung mit einem bestimmten Medikament hat, nichts über die Verträglichkeit desselben voraussagen. Darum ist es unerläßlich, mit einem einzelnen, stark erkrankten Fisch einen Behandlungsversuch durchzuführen. Man wählt dazu das schwächste Tier aus. Verträgt es die Kur, können die restlichen Fische der gleichen Art auch behandelt werden. In Gesellschaftsaquarien ist besonders auf Welse und Salmler zu achten.
Einige Behandlungsmethoden soll man im eingerichteten Aquarium durchführen, damit auch die nicht am Fisch befindlichen Erreger

erreicht werden. Andere führt man in gesonderten Behältern durch, da sonst dabei die Bakterienflora des Filters und des Bodengrundes getötet wird und sich dann giftige Stoffe im Wasser bilden. Manchen Medikamenten sind Trägersubstanzen beigefügt, die eine enorme Bakterienvermehrung und Sauerstoffzehrung verursachen (z. B. Gabbrocol, C 8). Auch diese dürfen nicht in ein eingerichtetes Becken gegeben werden. Die Anwendungsweise und -dauer ist zu jedem Medikament genau angegeben. Trotzdem ist es möglich, daß geschwächte oder empfindliche Fische die Dosis nicht vertragen. Auch Antibiotika-Behandlungen halten nicht immer das Fischsterben auf, denn gerade bei bakteriellen Erkrankungen, die innere Organe schädigen, sterben einzelne Fische auch noch nach erfolgreicher Behandlung, weil geschädigte Organe ihre Funktion einstellen.

In der Regel werden die Fische in einem Dauerbad im Aquarium einen bis mehrere Tage lang behandelt. Es ist verständlich, daß Medikamente, die gegen Bakterien am Fisch wirken, auch den anderen Bakterien und Mikroorganismen schaden. Sie sterben teilweise ab und belasten das Wasser. Da auch die Bakterien im Filter betroffen sind, ist es besser, vorher das Filtermaterial sauber auszuwaschen. Aktivkohle muß während der Behandlung entfernt werden. Nach der Therapie wird mehrmals ein Teilwasserwechsel durchgeführt. Im Filter ist ein Teil des Substrates durch frische Aktivkohle zu ersetzen, die die Reste des Medikamentes aus dem Wasser entfernt. Der Filter benötigt nach der Einwirkung mancher Medikamente wieder mehrere Wochen, um eine aktive Bakterienflora aufzubauen. Die Handhabung des Filtermaterials ist, sofern sie wichtig ist, in den Behandlungsvorschlägen kurz vermerkt. Ultraviolettes Licht kann auf manche, im Wasser gelöste Medikamente zersetzend wirken. Darum sollen im Filterkreislauf befindliche UV-Lampen während der Behandlung abgeschaltet werden.

Kurzbäder dauern nur wenige Minuten bis Stunden und werden in Eimern oder Becken mit genau bekanntem Volumen durchgeführt. Man verwendet sie, wenn hohe Medikamentendosen erforderlich sind. Temperatur und chemische Wasserwerte müssen denen im Aquarium entsprechen. Während des Kurzbades sind die Fische zu beobachten. Legen sie sich auf die Seite, so müssen sie vorzeitig aus dem Bad genommen werden. Kurzbäder darf man nicht im eingerichteten Aquarium vornehmen, da sonst alle Pflanzen und Bakterien sterben. Es ist unmöglich, das Medikament schnell genug zu entfernen. Zur Beschaffung der Substanzen muß ein Apotheker zu Rate gezogen werden. Erläutert man ihm bei Gelegenheit, für welche Zwecke die Stoffe gebraucht werden, ist er sicher bereit, zu helfen und zu beraten. Rezeptpflichtige Medikamente müssen, rein rechtlich betrachtet, tierärztlich verschrieben werden.

Um Medikamente und Chemikalien handhaben zu können und um daraus Gebrauchslösungen herzustellen, ist es notwendig, sich mit den gebräuchlichen Maß- und Gewichtsnormen vertraut zu machen. Gewichte werden in Gramm (g) oder Milligramm (mg) angegeben (1 g = 1000 mg). Um Flüssigkeiten abzumessen, benötigt man einen Meßbecher, einen Meßzylinder oder Meßpipetten. Als Maß gilt Liter (l) oder Milliliter (ml), früher auch Kubikzentimeter (cm^3) genannt (1 l = 1000 ml). Zum Abwiegen der Chemikalien wird eine genaue Waage mit einem Wägebereich von 0,5–50 g benötigt. Steht diese nicht zur Verfügung, ist der Apotheker sicher bereit, einige Briefchen mit der benötigten Substanzmenge abzuwiegen. Selbstverständlich können nicht nur die geringen abgewogenen Mengen gekauft werden, sondern die ganze Packung. Da dann unter Umständen die Kosten in keinem Verhältnis zum effektiven Nutzen stehen, sollten sich mehrere Aquarianer zusammen tun.

Für viele Heilbäder werden zur besseren Dosierung Stammlösungen benötigt. Dazu löst man eine bestimmte Substanzmenge in einem Liter Wasser. Ein Milliliter (ml) dieser Lösung enthält dann den tausendsten Teil. In der Regel wird ein Gramm Substanz in 1 Liter Wasser gelöst, 1 ml enthält dann 1 mg Substanz.

10.2. Behandlungsvorschläge

Die folgend genannten Behandlungsvorschläge sind mit Nummern versehen, die in den vorhergehenden Kapiteln bei den Beschreibungen der Krankheiten angeführt sind. In der Regel sind die angegebenen Mengen für die meisten Fischarten gut verträglich. Welse, Salmler und Kleincichliden reagieren jedoch meist empfindlicher, so daß mit ihnen die Behandlung zuerst erprobt werden sollte. Viele der in diesem Kapitel genannten Heilmittel sind hochwirksame Medikamente und Chemikalien aus der Humanmedizin, die schon seit Jahren in der Aquaristik angewendet werden. Im Zoohandel erhältliche Fischheilmittel sind lange erprobt und helfen gegen die angegebenen Krankheiten meist sicher. Sie können aber nur empfohlen werden, wenn eine Angabe der Inhaltsstoffe auf der Verpackung erfolgt. Erst dann ist kontrollierbar, ob die enthaltenen Stoffe auch gegen die angegebenen Krankheiten helfen. Wundermittel gibt es nicht. Darum sind Fischheilmittel, die gegen alle Krankheiten helfen sollen, einfach unmöglich!

Gefährlich kann es werden, mehrere Medikamente gleichzeitig anzuwenden. Zwei für sich harmlose Wirkstoffe können zusammen toxisch wirken und zu Vergiftungen führen. Deshalb müssen verschiedene Krankheiten immer nacheinander behandelt werden, wobei die gefährlichere zuerst bekämpft wird. Zwischen den Kuren ist den Fischen eine Erholungszeit von mindestens drei Tagen zu gewähren und das Medikament durch Wasserwechsel aus dem Becken zu entfernen. Das gilt auch, wenn die gleiche Behandlung zwei- oder dreimal ausgeführt werden muß.

Viele Fachleute sind gegen den Einsatz von Antibiotika in der Aquaristik. Durch die unkontrollierte und falsche Anwendung derselben sind schon viele resistente Krankheitserreger entstanden. Es wird befürchtet, daß sich die Resistenz auf humanpathogene Bakterien überträgt. Die Meinungen der Fachleute gehen in diesem Punkt jedoch weit auseinander. Grundsätzlich sollen Antibiotika nur im äußersten Notfall im Aquarium Anwendung finden. Zuvor sind Sulfonamide und Nitrofurane einzusetzen, die meist schon den gewünschten Erfolg bringen (C 21, 22, 25, 26). Die Antibiotikabehandlung wird in einem Vollglasbecken ohne Einrichtung durchgeführt.

In vielen Rezeptvorschlägen wird empfohlen, den Wirkstoff oder das Medikament ins Futter zu mischen. Die Vorteile liegen auf der Hand: Das Wasser bleibt unbelastet, daher kann die Behandlung im eingerichteten Aquarium erfolgen. Es werden nur geringe Mengen Wirkstoff benötigt und dieser gelangt direkt in den Darm. Voraussetzung ist natürlich, daß die Fische nicht schon so krank sind, daß sie keine Nahrung mehr aufnehmen. Bei der Dosierung der Wirkstoffe für das Heilmittelfutter wurde eine durchschnittliche Nahrungsaufnahme zugrundegelegt. Bei Fischen die große Mengen eines Medizinalfutters verzehren kann es zur Überdosierung kommen. Außerdem müssen die Tiere an das Futter gewöhnt sein. Man sollte es ab und zu verfüttern und statt Medikamenten Vitaminpulver einmischen (C 27). Das Herstellungsrezept ist bei den Behandlungsmethoden unter Nr. B 5 aufgeführt.

Die in diesem Kapitel genannten Medikamente sollen nicht als Ersatz der im Zoohandel erhältlichen Medikamente gelten, sondern nur dann eingesetzt werden, wenn diese nicht mehr helfen. Aufgrund ihrer höheren Wirksamkeit und höheren Dosierung haben sie auch stärkere Nebenwirkungen als die Medikamente des Zoohandels. Sie sollen deshalb nicht leichtsinnig, sondern nur wohlüberlegt nach genauer Diagnose eingesetzt werden. Die folgend vorgestellten Behandlungsvorschläge sind sorgfältig zusammengestellt und vielmals erprobt worden. Trotzdem kann nicht garantiert werden, daß sich die Medikamente in jedem Wasser gleich verhalten. Im Wasser gelöste Stoffe können ihre Toxizität verstärken. Viele Medikamente wirken keimabtötend und können das Absterben der Bakterien in Wasser und Filter bewirken. Dies kann zu einer Vergiftung des Wassers und folglich zum Tode der Fische führen. Andere Medikamente bewirken unter gewissen Bedingungen eine extreme Bakterienvermehrung, so daß sich das Wasser trübt und Sauerstoffmangel auftritt.

Besonders kritisch ist die Anwendung von Medikamenten in Becken, in denen schon längere Zeit kein Wasserwechsel vorgenommen oder der Filter nicht gereinigt wurde. Darum sollte grundsätzlich vor der Anwendung von Medikamenten der Mulm abgesaugt, ein Teil des Wassers gewechselt und das Filtersubstrat gereinigt werden. Eine Medikamentengabe darf niemals am Abend erfolgen, denn am nächsten Morgen können die Fische schon erstickt sein. Sie sollte nur dann durchgeführt werden, wenn das Verhalten der Fische in kürzeren Zeitabständen kontrolliert werden kann. Zeigen die Fische während einer Behandlung Vergiftungserscheinungen, so muß gleich ein Wasserwechsel vorgenommen werden, oder man setzt die Fische in ein Becken mit frischem Wasser um. Halten sich die Fische während der Behandlung unter der Wasseroberfläche auf und atmen hechelnd, dann ist Sauerstoffmangel eingetreten. Es ist eine zusätzliche Belüftung im Becken anzubringen. Tritt gleichzeitig noch eine Trübung des Wassers auf, ist die Behandlung abzubrechen, und die Fische sind in einen Behälter mit frischem Wasser umzusetzen. Methoden, bei denen keine Wasserwerte angegeben sind, wurden bei einem pH-Wert zwischen 6 und 6,5, sowie einem Leitwert von 150 Mikrosiemens erprobt. Die Behandlungsvorschläge sind nicht für Freilandgewässer geeignet. Diese Anwendungen sind in den Büchern von AMLACHER, REICHENBACH-KLINKE und SCHÄPERCLAUS beschrieben.

Bitte bedenken Sie, daß die Medikamente der Humanmedizin für die orale Anwendung konzipiert und nicht dafür gedacht sind, als Bad angewendet zu werden. Trotzdem haben sie sich unter normalen aquaristischen Bedingungen seit Jahren bewährt. Da jedoch die Wasserwerke die unterschiedlichsten Wasserqualitäten liefern und gelegentlich in Aquarien außergewöhnliche Ionenverhältnisse vorliegen, kann die Wirkung vieler Medikamente nur mit hoher Wahrscheinlichkeit vorausgesagt werden. Daher ist es nicht auszuschließen, daß bei extremen Wasserwerten die Medikamente nicht die erhoffte Wirkung haben, oder es sogar zu unerwünschten Nebenwirkungen kommen kann.

Einige der in diesem und im 11. Kapitel genannten Chemikalien sind auch für den Menschen giftig. Darum beachten Sie bitte die Gefahrenhinweise der Hersteller. Es gibt allgemeine Gefahrenhinweise (R-Sätze) und Sicherheitsratschläge (S-Sätze), die in der Apotheke erfragt werden können. Im Katalog der Fa. Chroma (Bezugsquellenverzeichnis) sind alle R- und S-Sätze abgedruckt. Lassen Sie sich bitte beim Kauf der Chemikalien von Ihrem Apotheker auf eventuell vorhandene Gefahren hinweisen. Jede Haftung von seiten des Autors und des Verlages für Schäden und Folgeschäden die beim Umgang mit Medikamenten und Chemikalien, sowie bei der Behandlung von Fischen entstehen, ist ausgeschlossen.

A 1: Chloramphenicol als Substanz (Apotheke)

Anwendung bei: Bauchwassersucht, Furunkulose, bakt. Flossenfäule, Vibriose, bakt. Kiemenkrankheit.

Wirkungsbereich: grampositive Bakterien, Kokken und Sporenbazillen, gramnegative Bakterien und Kokken, Aktionomyzeten, Flexibakterien, Spirochäten (Schraubenbakterien), Rikettsien und große Viren.

Das Medikament ist kühl und trocken jahrelang lagerbar. Die Anwendung erfolgt als Dauerbad in einem gesonderten Behälter.

Dosis: 40 mg pro Liter über 10 bis 20 Stunden.
Der Wirkstoff kann in einer geringen Menge Äthylalkohol (Spiritus) aufgelöst und dann in das Behandlungsbecken gegeben werden. Dazu gibt man die benötigte Menge Chloramphenicol in ein Glas und tropft langsam, unter Umschütteln, den Alkohol hinzu bis alle Kristalle gelöst sind. Während der Behandlung wird über saubere Watte oder Schaumstoff gefiltert.

Das Verhalten der Fische und der Zustand des Wassers muß öfter kontrolliert werden. Bei einsetzender Wassertrübung sind die Fische aus dem Bad zu nehmen und, im Bedarfsfalle, in frisch zubereitete Lösung umzusetzen.

Das Chloramphenicol läßt sich gut in das Futter nach Rezept B 5 einmischen. Da es Temperaturen bis 100 Grad C verträgt, kann es bei 80 Grad C eingerührt werden.

Dosis für Futter: 500 mg auf 100 g Futter. Von diesem Futter wird drei Tage lang zweimal täglich gefüttert.

A 2: Kombibehandlung gegen akute Columnariskrankheit mit Chloramphenicol und Acriflavin = Trypaflavin

Durchführung der Behandlung wie in A 1.
Dosis: 4 ml Stammlösung Acriflavin (siehe C 1) auf einen Liter Aquarienwasser, dazu 40 mg Chloramphenicol pro einem Liter Wasser. Behandlungsdauer: 12 Std.

A 3: Neomycinsulfat Substanz (Apotheke)

Anwendung bei: äußerlichen Bakteriosen wie Flossenfäule, Hautgeschwüren und der neuen Diskuskrankheit.
Wirkungsbereich: gramnegative Bakterien und Kokken.
Die Anwendung erfolgt als Dauerbad in einem gesonderten Behälter. Es wird über saubere Watte oder Schaumstoff gefiltert.
Dosis: 2 g auf 100 Liter Wasser über 3 Tage. Bei empfindlichen Fischen kann es in seltenen Fällen zu Vergiftungen kommen.
Im Futter werden 250 mg auf 100 g Futter nach B 5 gemischt. Es wird drei Tage lang dreimal täglich verfüttert, im Abstand von 4 Stunden. Einrühren bei max. 40 Grad C. Diese Methode ist wirkungslos bei Infektionen der inneren Organe, da Neomycin nicht vom Organismus resorbiert wird. Nur Darminfektionen kann man damit wirkungsvoll behandeln. Kombiniert mit Nitrofurantoin (siehe C 21) in der angegebenen Dosis kann die neue Diskuskrankheit wirkungsvoll behandelt werden. Voraussetzung ist, daß man die oft vorhandenen Sekundärparasiten vorab bekämpft. Vor der Behandlung sollen die Fische in sauberes, frisch zubereitetes Wasser gesetzt werden. Die Tiere bleiben 3 bis 5 Tage in dem Bad, dann setzt man sie in frisches Wasser um. Eine Nachbehandlung mit Nitrofurantoin über 6 bis 10 Tage kann angefügt werden, ist aber meist nicht notwendig.

A 4: Combisonum®, Augensalbe, Hoechst

Combisonum ist ein Wundheilmittel, wenn Fische sich verletzt haben. Es beugt einer bakteriellen Infektion vor oder läßt diese abheilen. Der Fisch wird anfangs täglich aus dem Aquarium (Quarantänebecken) genommen und in ein nasses Tuch eingeschlagen. Die Wunde wird mit Fließpapier vorsichtig getrocknet und dabei totes Gewebe abgesaugt. Dann trägt man Combisonum® auf. Beginnen sich die Wundränder zu schließen, braucht nur noch jeden zweiten oder dritten Tag behandelt zu werden. Vorbeugend kann eine fungizide Salbe (C 23) jeden dritten Tag aufgetragen oder dem Wasser eine pilzhemmende Chemikalie zugegeben werden (Methode C 12 oder C 17d).

A 5: Tetracyclin hydrochlorid, Substanz (Apotheke)

Anwendung bei: Bauchwassersucht, Vibriose.
Wirkungsbereich: grampositive Kokken und Bakterien, gramnegative Kokken, Bakterien, Aktinomyzeten, Spirochäten und große Viren.
Das Medikament kann in Dosis a als Dauerbad im eingerichteten Aquarium angewendet werden. Gefiltert wird über saubere Watte

oder Schaumstoff. Das Wasser färbt sich. Mehrere Pflanzenarten werden geschädigt. Die Anwendung in einem gesonderten Behälter wird empfohlen. Wenn sich Tetracyclin zersetzt, nimmt das Wasser eine rötliche Farbe an. In diesem Fall muß der größte Teil des Wassers gewechselt werden.
Dosis a: 1 g auf 100 Liter Wasser, höchstens vier Tage lang.
Dosis b: 100 mg pro einem Liter Wasser über 24 Std. (nur in einem gesonderten Behälter). In das Futter Nr. B 5 werden 750 mg Tetracyclin hydrochlorid auf 100 g Futter gemischt und sieben Tage lang täglich zweimal im Abstand von 6 Std. verfüttert. Einrühren bei 40 Grad C.

A 6: Chlortetracyclin, Oxytetracyclin (Apotheke)

Ist in Aureomycin und Terramycin-Hen® enthalten.
Anwendung, Wirkung und Dosis ist, bezogen auf den Tetracyclingehalt, gleich wie bei A 5. Terramycin ist wegen der Beimischungen nur im Futter zu verwenden.
Doxycyclin ratiopharm® 100 ist ebenfalls ein Tetracyclin. Es kann nur in einem gesonderten Behälter angewendet werden, da sich das Wasser schnell trübt. Das Wasser muß während der Behandlung kräftig durchlüftet werden.
Dosis: Der Inhalt einer Kapsel auf 20 Liter Wasser, 2 bis 3 Tage lang.

B 1: Wärmebehandlung

Die Bekämpfung von Krankheiten durch Temperaturerhöhung findet schon lange Anwendung. Das Anheben der Temperatur sollte langsam geschehen und nicht mehr als ein Grad C stündlich betragen. Ziel der Behandlung ist, ein Milieu zu schaffen, in dem die Erreger nicht mehr lebens- oder fortpflanzungsfähig sind. Nicht alle Fischarten vertragen die hohen Temperaturen. Eine chemische Behandlung ist manchmal schonender. Die Wärmetherapie kann bei folgenden Erregern angewendet werden:

Costia sp.: 32 Grad C, 4 Tage lang
Ichthyophthirius sp.: 30 Grad C, 10 Tage lang
Oodinium sp.: 33 Grad C – 34 Grad C, 24 bis 36 Std.
Absolut sauberes Wasser und ein guter Sauerstoffgehalt sind obligatorisch.
Wenn sich die Fische unwohl fühlen und das nicht auf belastetes Wasser oder chemische Ursachen zurückzuführen ist, kann sich eine Erhöhung der Temperatur um 3 Grad C über 2–3 Tage sehr positiv auswirken. Die Abwehrkräfte gegen Infektionen werden gestärkt, da die Antikörperbildung zunimmt. Bei Diskusfischen kann die Temperatur sogar bis auf 35 Grad C erhöht werden. Stärkere Temperaturerhöhungen belasten den Stoffwechsel zu stark, so daß der Streß größer ist und die Abwehrkraft wieder nachläßt.

B 2: Umsetzmethode

Nach dieser Methode kann der Entwicklungszyklus von *Ichthyophthirius* unterbrochen werden, so daß die Krankheit sich nicht ausbreiten kann. Die Methode ist aufwendig, denn man benötigt fünf Behälter. Alle 12 Stunden werden die Fische in einen neuen Behälter umgesetzt. Die abgefallenen Zysten entlassen ihre Schwärmer erst, wenn sich die Fische schon im nächsten Becken befinden. Wenn die Fische am sechsten Tag wieder in den ersten Behälter kommen, sind die Schwärmer abgestorben. Die Temperatur sollte in allen Behältern 25 Grad C betragen. Wenn die Kur 23 Tage durchgehalten wird, kann man ziemlich sicher sein, daß die Fische frei von Ichthyo sind. Das tägliche Fangen ist jedoch ein starker Streß für die Fische.
Seit mit Malachitgrünoxalat (C16) ein wirkungsvolles Medikament gegen *Ichthyophthirius* zur Verfügung steht, wird diese Methode nur noch selten in der Aquaristik angewendet.

B 3: Gittermethode

Diese Methode richtet sich gegen alle Parasiten, die keine beweglichen Schwärmer oder Larven entwickeln. Sie findet vorwiegend bei der Aufzucht von Fischschwärmen Anwendung. In den Aufzuchtbecken wird 2–5 cm über dem Boden ein Gitter eingebracht, dessen Maschen für Fische zu eng sind. Die Eier der Parasiten fallen mit dem Kot der Fische durch die Maschen und können von den Fischen nicht mehr erreicht werden. Die schlüpfenden Larven sterben ab. Problematisch ist das Absaugen des Mulms, der sich unter dem Gitter sammelt.

B 4: Vitaminfutter

Ein Vitaminfutter, das alle wichtigen Vitamine und Spurenelemente enthält, kann man leicht selbst herstellen. Man schabt Rinderherz fein auf einen Teller, dazu gibt man das halbe Volumen feinen Spinat (tiefgekühlt). Beides wird auf dem Teller zu einer ungefähr 3–5 mm dicken Schicht ausgebreitet. Dann stäubt man so viel Vitaminpulver darüber, bis die Oberfläche weißlich erscheint (siehe auch C 27). Die Anwendung von Flüssigvitaminen, wenn sie nicht in Öl gelöst sind, ist uneffektiv, da sie nicht am Futter haften bleiben. Die gleiche Menge Bierhefepulver (Reformhaus) wird gleichmäßig über das Futter verteilt. Nun bleibt es so lange stehen, bis Rinderherz und Spinat aufgetaut sind (etwa 15 Minuten). Dann wird alles gemischt, gut durchgeknetet und gleich verfüttert. Als Ersatz für Spinat können auch Karotten fein gerieben werden. Bei der Anwendung von Osspulvit®-N, können weitere, in diesem Präparat nicht enthaltene Vitamine, durch die VMP-Tabletten der Fa. Pfizer (Apotheke) eingebracht werden. Man zerstößt eine Tablette und streut das Pulver, wie oben beschrieben, über das ausgebreitete Futter.

B 5: Rezept zur Herstellung eines Medizinalfutters

Zuerst stellt man einen Brei aus zwei Dritteln Rinderherz oder magerem Rindfleisch und einem Drittel Spinat her. Beides muß so fein zerkleinert sein, daß es auch von kleinen Fischen aufgenommen werden kann. Nachdem die Bestandteile intensiv vermischt sind, werden Portionen zu 50 g in kleinen Plastikdosen oder Beuteln eingefroren. Bei Bedarf wird eine Portion aufgetaut. Nun gibt man in eine kleine, flache Blechdose 50 ml kaltes Wasser und fügt 1 g Agar-Agar-Pulver (Apotheke) zu. Eine winzige Menge rote Lebensmittelfarbe macht das Futter appetitlicher. Etwas Maggi (nicht mehr als für eine Tasse Suppe benötigt wird) läßt die Fische das Futter lieber aufnehmen. Unter Rühren mit einer kleinen Gabel erhitzt man die Flüssigkeit im Wasserbad, bis das Agar sich löst und die Lösung dickflüssig wird. Nach Erreichen einer Temperatur von ungefähr 80 Grad C werden die 50 g Fleischbrei in kleinen Portionen eingerührt. Dabei darf die Temperatur nicht wesentlich abfallen, man kann sich Zeit lassen. Wenn der ganze Fleischbrei eingerührt ist, nimmt man die Blechdose aus dem Wasserbad und läßt sie langsam abkühlen. Je nach Temperaturbeständigkeit wird das Medikament in das heiße, flüssige Futter oder erst kurz vor dem Erstarren bei etwa 40–50 Grad C eingerührt (Angaben bei den Behandlungsmethoden beachten). Manche Antibiotika vertragen keine Hitze, deshalb muß das Futter nach dem Einrühren des Wirkstoffes sehr schnell im Kühlschrank auf 2–5 Grad C abgekühlt werden. Es darf jedoch nicht gefrieren, da das Agar sonst wieder flüssig wird. Das fertige Futter hat eine gummiartige, feste Konsistenz. Es wird von allen Fischen gern gefressen, wenn sie sich daran gewöhnt haben. Im Kühlschrank kann es bei 2–5 Grad C drei Tage lang aufbewahrt werden. Zum Verfüttern schneidet man es mit einem Messer in mundgerechte Teile. Die Stücke bleiben im Aquarium bis zu einer Temperatur von 28 Grad C fest. Spätestens nach 12 Stunden muß das nicht verzehrte Futter aus dem Becken entfernt werden, da es sonst verpilzt. Eingemischte Antibiotika haben meist nach kurzer Zeit im Aquarium ihre Wirkung verloren. Es soll deshalb nicht mehr Futter gegeben werden als in einer Stunde gefressen werden kann.

C 1: Acriflavin = Trypaflavin (Apotheke, Chroma)
Anwendung bei: Hauttrübung, Flossentrübung, Maulfäule, Flossenfäule und zur Desinfektion bei kleinen Verletzungen.
Wirkungsbereich: *Costia, Chilodonella, Trichodina, Trichodinella,* Flexibakterien, Flossen- und Hauttrübung.
Bei den beiden Namen handelt es sich um unterschiedliche Bezeichnungen für den gleichen Stoff. Er färbt stark. Acriflavin kann in das eingerichtete Aquarium gegeben werden, wirkt jedoch stark schädigend auf Pflanzen. Das Filtersubstrat soll vor der Medikamentengabe gereinigt werden. Nach der Kur filtert man über Aktivkohle, um das Medikament zu entfernen.
Stammlösung: 1 g auf einen Liter Wasser.
Dosis a: 1 ml Stammlösung pro Liter Aquarienwasser. Zur Vorbeugung gegen Infektionen.
Dosis b: 3 ml Stammlösung auf einen Liter Wasser über vier Tage. Hilft bei Infektionen im Anfangsstadium.
Dosis c: 5 ml Stammlösung auf einen Liter Wasser in gesondertem Behälter über 2–4 Tage. Gegen: *Columnaris, Costia, Trichodina, Chilodonella.*

C 2: Alkohol (Spiritus)
Am Fisch haftende Egel können entfernt werden, indem man einen Wattebausch mit Alkohol tränkt und diesen kurz auf den Egel drückt. Der Fisch muß dazu aus dem Wasser genommen werden.

C 3: Basisches Brillantgrün (Apotheke)
Dieser Farbstoff ist auch in vielen Fischmedikamenten des Zoohandels enthalten. Sie sind leichter anzuwenden als der reine Wirkstoff. Basisches Brillantgrün ist hautreizend und sehr giftig beim Verschlucken. Bei Unfall oder Unwohlsein sofort Arzt zuziehen!
Anwendung bei: Hauttrübung, Flossenfäule, Kiemenfäule, Hautschimmel und Maulschimmel.
Wirkungsbereich: grammpositive Bakterien, Pilze und Protisten auf der Haut.
Die Behandlung wird in einem gesonderten Behälter durchgeführt, dessen Wasser über saubere Watte oder Schaumstoff gefiltert wird. Es wirkt auf viele Salmler und kleine Buntbarsche giftig. Wird reines Leitungswasser zum Ansetzen der Lösung benutzt, so vertragen das die Fische schlechter als Aquarienwasser (siehe auch C 16).
Stammlösung: 1 g auf einen Liter Wasser, in einer braunen Flasche aufbewahren.
Dosis a: 1 ml Stammlösung auf 12,5 Liter Wasser über 24 Std., dann einen totalen Wasserwechsel durchführen oder die Fische in einen anderen Behälter umsetzen. Die Kur kann am dritten Tag wiederholt werden. Hilft bei bakteriellen Infektionen auf der Haut.
Dosis b: 2 ml Stammlösung auf 15 Liter Wasser. Die Fische werden an drei aufeinander folgenden Tagen je 4 Stunden in dieser Lösung gebadet. Die Lösung ist für jede Behandlung frisch anzusetzen. Sie hilft gegen Parasiten und Pilze.

C 4: Chininsulfat, Chininhydrochlorid (Apotheke)
Anwendung bei: Süßwasseroodinium
Dosis: 1 g Chinin auf 100 Liter Wasser im Dauerbad über 3 Tage.
Chinin wirkt bei empfindlichen Fischen toxisch. Niedere Tiere vertragen es sehr schlecht. Chininhydrochlorid ist Chininsulfat vorzuziehen. Chinin zersetzt sich zwar nach einiger Zeit im Wasser, besser ist jedoch, es mit Aktivkohle nach der Behandlung auszufiltern. Vor der Behandlung ist das Filtersubstrat zu reinigen. Sicherer ist es, die Behandlung der Fische in einem kleinen Becken durchzuführen und das Aquarium extra zu behandeln. So sterben keine Fische, wenn das Wasser im Aquarium umkippt. Danach wird ein totaler Wasserwechsel durchgeführt. Im separaten Behandlungsbecken werden die Fische in neu angesetzte Medikamentenlösung umgesetzt, wenn eine Trübung des Wassers eintritt.

C 5: Concurat®-L 10% (Apotheke)
10 Btl. zu 7,5 g (Fa. Bayer)
Concurat ist entwickelt als Breitband-Wurmmittel für Rinder, Schafe, Ziegen, Schweine und Geflügel. Wegen seines süßen Geschmacks ist es vor Kindern sicher aufzubewahren. Es kann nicht als Bad angewendet werden.
Anwendung bei: Nematoden im Darm von Fischen.
Dosis a: 2 g Concurat in einem Liter Wasser lösen. Lebende rote Mückenlarven so lange in dieser Lösung baden, bis die ersten Larven sterben. Die noch lebenden sofort verfüttern.
Dosis b: 1 g Concurat auf 100 g Futter mischen. Einrühren in B 5 bei 50 Grad C. Fünf Tage lang, täglich einmal verfüttern. Bei gefräßigen Fischen 400 mg auf 100 g Futter B 5 mischen.

C 6: Flubendazol (Apotheke)
(Flubenol 5% Fa. Janssen)
Anwendung bei: Kiemen-, Haut- und Darmwürmern
Flubenol wird schon jahrelang gegen Kiemenwürmer eingesetzt. Da der Wirkstoff in Wasser nur schwach löslich ist, kann das Medikament in einem organischen Lösungsmittel vorgelöst werden. Nach BASSLEER wird Dimethylsulfoxid (DMSO) angewendet. Es ist sehr giftig und darf nicht mit der ungeschützten menschlichen Haut in Berührung kommen. Auf gar keinen Fall darf es in die Hände von Kindern gelangen. Von den Fischen wird es in der genannten Dosis gut vertragen, wenn sich keine sonstigen Chemikalien oder Medikamente im Wasser befinden. Selbst Wasseraufbereitungsmittel können in Gegenwart von DMSO giftig werden. Das Becken oder die Zuchtanlage müssen sich in einem hygienisch einwandfreien Zustand befinden. Hohe Nitrit- oder Ammoniakwerte können zusammen mit DMSO für die Fische tödlich sein. Vor der Behandlung das Filtermaterial auszuwaschen und einen großen Wasserwechsel durchzuführen, wirkt sich positiv aus. Ein weiterer Nachteil von DMSO ist, daß den Aquarien wochenlang ein unangenehmer Geruch entströmt. Da bei der Behandlung auch die Eier der Kiemenwürmer abgetötet werden, ist eine Wiederholung nicht notwendig. Aufgrund der genannten Risiken sollte DMSO in der Aquaristik nur mit größter Vorsicht verwendet werden.
DMSO kann im Aquarium befindliche Kunststoffe (z. B. Filterschaumstoffe, Rohre) anlösen und somit Vergiftungen bei den Fischen verursachen. Viele Markenartikel aus Kunststoff und Filterschaumstoffe, die im aquaristischen Fachhandel angeboten werden, haben sich in dieser Hinsicht als unbedenklich erwiesen.
Aufgrund mehrerer Hinweise von Aquarianern wurden Anfang 1989 Behandlungen auch ohne Losungsmittel durchgeführt. Der Autor konnte mit Flubenol 5% in der genannten Dosis von 200 mg/100 Liter Wasser ohne Lösungsmittel bei einem pH-Wert von 6,5 und tiefer mehrmals erfolgreich Kiemenwürmer und Darmnematoden bekämpfen. Zur Anwendung wird die abgewogene Medikamentenmenge in einem geschlossenen Glas mit lauwarmem Wasser eine Minute lang kräftig geschüttelt und dann im Becken verteilt.
Dosis a: Für je 100 Liter Aquarienwasser gibt man 200 Milligramm Flubenol 5% in ein kleines Glas (kein Kunststoff verwenden) und schüttet je 5–10 Milliliter DMSO dazu. Nach mehrminütigem Schwenken bringt man die milchige Suspension unter der Wasseroberfläche in das Aquarium ein. Nach sechs Tagen beginnt man durch Wasserwechsel das Medikament zu entfernen. Eine leichte Wassertrübung kann auftreten und ist ungefährlich, wenn die Fische dabei normal atmen. Während der Behandlung soll man das Wasser durchlüften.
Dosis b: In 100 g Futter B 5 mischt man 100 mg Flubenol 5%. Man verfüttert es fünf Mal an jedem zweiten Tag. An diesen Tagen wird nur einmal gefüttert.
Bei der mikroskopischen Kontrolle der Behandlung wird man in den ersten 10 Tagen

nach Behandlungsbeginn keinen Erfolg feststellen können. Erst nach dieser Zeit beginnen die Würmer abzusterben. Das hat seine Richtigkeit und ist in der Wirkungsweise von Flubenol 5% begründet. Dieses blockiert schon nach kurzer Einwirkungszeit die Aufnahme gewisser Nährstoffe aus dem Darm, so daß in der Folge die Würmer verhungern. Bei Kiemenwürmern und Oxyuriden dauert das etwa 12 Tage und bei *Capillaria* etwa 18 Tage.

C 7: Formalin (Apotheke)
Formalin ist in 35–40%iger Lösung erhältlich. Es ist giftig beim Einatmen, Verschlucken und bei Berührung mit der Haut. Es darf nicht in die Hände von Kindern gelangen.
Anwendung bei: Ektoparasiten an Haut und Kiemen. Nur frisches Formalin verwenden!
Wirkungsbereich: Kiemen- und Hautwürmer, Chilodonella, Trichodina.
Es darf nicht angewendet werden, wenn die Fische flächige Hautwunden haben (*Costia, Ichthyo* im fortgeschrittenen Stadium).
Dosis: Kurzbad mit 2–4 ml Formalin auf 10 Liter Wasser über 30 Minuten in einem gesonderten Behälter.
Die Fische sind zu beobachten. Bei Schräglage ist die Behandlung abzubrechen. Formalin wird von vielen Fischen sehr schlecht vertragen. Bei eierlegenden Kiemenwürmern kann die Behandlung nach drei Tagen wiederholt werden. Die Fische sollen nach der Behandlung in ein parasitenfreies Becken gesetzt werden. Bei *Brooklynella* empfiehlt G. Blasiola (1983) 2,6 ml Formalin auf 10 Liter Seewasser in einem gesonderten Behälter.

C 8: Gabbrocol® (Apotheke)
Anwendung bei: weißem, schleimigem Kot
Wirkungsbereich: Flagellaten und Ciliaten im Darm
Gabbrocol hat sich zur Bekämpfung von Flagellaten und Ciliaten bewährt. Es kann als Dauerbad oder im Futter B 5 angewendet werden. Das Gabbrocol-Bad ist etwas problematisch, da die Trägersubstanz des Medikaments aus Glucose besteht. Die Behandlung darf nur in einem leeren Glasbecken bei sehr starker Belüftung und Filterung über saubere Watte oder Schaumstoff erfolgen. Glucose erzeugt im Wasser eine starke Trübung durch Bakterienvermehrung. Nach mehr als 18 Stunden tritt oft ein Sauerstoffmangel ein, so daß die Fische zunächst Atembeschwerden bekommen und dann ersticken. Deshalb sollen auch kräftige Fische in der Regel nicht länger als 18 Stunden in der Lösung bleiben. Spätestens wenn sich das Badewasser trübt, müssen sie in sauberes Wasser umgesetzt werden. Diese Zeitspanne ist ausreichend für die Behandlung. Wer sicher gehen will, setzt die Fische nach 12 Stunden in ein anderes Aquarium mit frisch angesetzter Gabbrocol-Lösung. Man kann die Vermehrung der Bakterien und damit die Wassertrübung hinauszögern, wenn man das Bad mit sterilem (abgekochtem) Wasser oder Leitungswasser ansetzt. Die Behandlungsbecken müssen sehr gründlich mit heißem Wasser ausgewaschen werden.
Dosis: 5 g Gabbrocol (1 Tüte) werden in 30 Liter Wasser gelöst. Die Fische bleiben in diesem Bad 18 Stunden lang. In schweren Fällen kann das Bad in einem neuen Becken mit frisch angesetzter Lösung wiederholt werden.
Im Futter: 2 g Gabbrocol werden in 100 g Futter (B 5) bei 40 Grad C gemischt und drei Tage lang verfüttert. In schweren Fällen füttert man so lange damit, bis der weiße Kot verschwindet und dehnt dann die Behandlung noch drei weitere Tage aus.

C 9: Griseovulvin, Fulcin®, Tabletten zu 500 mg (Apotheke)
Anwendung bei: Maulschimmel, Hautschimmel, Kiemenfäule, allen äußeren Verpilzungen.
Wirkungsbereich: nahezu alle Pilze an den wasserzugänglichen Bereichen der Fische.
Da meist nur einzelne Tiere betroffen sind, führt man das Dauerbad in einem gesonderten Behälter durch.
Dosis: 10 mg auf einen Liter Wasser oder eine Tablette auf 50 Liter Wasser.

Die Tabletten werden zu Pulver zerstoßen und in etwas warmem Wasser vorgelöst. Die Aufschwemmung gibt man in das Behandlungsbecken. Die Fische bleiben zwei Tage in dem Bad. Bei der Anwendung im eingerichteten Aquarium können die Pflanzen leiden. Nach der Behandlung wird die Hälfte des Wassers gewechselt, dann die Reste des Medikaments über Aktivkohle herausgefiltert. Empfindliche Fische reagieren mit Vergiftungserscheinungen.

Im Zoohandel sind sehr gut wirkende Medikamente gegen Verpilzungen erhältlich, die den Fisch nicht so stark belasten wie Griseofulvin.

C 10: Jodjodkalium: Jod, Kaliumjodid (Apotheke)

Anwendung bei: Schilddrüsengeschwulste
Gutartige Schilddrüsengeschwulste lassen sich mit diesen Chemikalien behandeln. Eine Besserung zeigt sich erst nach zwei bis vier Wochen, wenn sich die Geschwulst langsam zurückbildet. Die Behandlung erfolgt im Aquarium. Man darf nicht über Kohle filtern.
Stammlösung: 0,5 g Jod und 5 g Kaliumjodid werden in 100 ml Wasser gelöst.
Dosis: Von dieser Stammlösung gibt man mit einer Tropfpipette einen Tropfen auf fünf Liter Aquarienwasser. Genauer ist die Dosis von 1 ml Stammlösung auf 50 Liter Aquariumwasser. Bei jedem Wasserwechsel ist dem neuen Wasser die entsprechende Dosis zuzufügen.

C 11: Kaliumpermanganat (Apotheke)

Anwendung bei: sehr starkem Befall mit den folgend genannten Parasiten.
Wirkungsbereich: *Trichodina, Argulus,* Kiemenwürmer und *Saprolegnia*
Die Fische werden in einem minutengenauen Kurzbad in einem gesonderten Behälter behandelt. Die Giftigkeit liegt für Fische nahe bei der Dosis, die notwendig ist, um Parasiten abzutöten. Aus diesem Grund sollte dieses Medikament nur im Notfall angewendet werden. Schonender ist Methode C 18. In organisch belastetem Wasser ist die Wirkung wesentlich schwächer als in sauberem Wasser.
Dosis: Kurzbad mit 100 mg Kaliumpermanganat auf 10 Liter Wasser. Während des Bades sind die Fische genau zu beobachten. Bei Kiemenwurmbefall ist das Bad am 3. Tag zu wiederholen. Die Fische dürfen nicht in das befallene Becken zurückgesetzt werden, bevor dieses nicht desinfiziert wurde (siehe C 18). Eine Dauerbehandlung mit geringen Mengen Kaliumpermanganat über einige Stunden oder Tage ist sinnlos, da es im Wasser nicht beständig ist!

C 12: Kochsalz NaCl

Kochsalz ist mit Sicherheit das älteste Medikament zur Behandlung von Fischkrankheiten.
Anwendung bei: schwachem Befall mit den folgend genannten Parasiten, beginnender Haut- und Flossentrübung.
Wirkungsbereich: *Costia, Chilodonella, Trichodina,* Pilzbefall, Egel.
Kochsalz findet bei schwachem Befall als Dauer- und Kurzbad Anwendung.
Dosis a) Kurzbad: 15 g–20 g pro Liter Wasser über 10 bis 45 Minuten.
Dosis b) Dauerbad: 1 g auf 12,5 Liter im Aquarium für Weichwasserfische (Wasser unter 8 Grad dH), 3 g auf 10 Liter im Aquarium für Hartwasserfische (über 12 Grad dH). Zwischenwerte sind abzuschätzen. Nach fünf Tagen kann der Salzgehalt durch Wasserwechsel reduziert werden.
Ab 2 g/10 Liter können Pflanzen Schaden erleiden. Physiologische Kochsalzlösung für die Mikroskopie stellt man sich selbst her, indem man in einem Liter Wasser 6,4 g Kochsalz löst. Die Anwendung ist in Kapitel 11 beschrieben.

C 13: Kupfersulfat (Apotheke)

$Cu\,SO_4 + 5H_2O$ (blaue Kristalle). **Ist giftig beim Verschlucken!**
Anwendung bei: *Oodinium,* Algen, Pilzen und Mischinfektionen mit den folgend genannten Parasiten.

Wirkungsbereich: *Costia, Saprolegnia, Branchiomyces, Oodinium,* Algen, *Gyrodoctylus.*
Stammlösung: 1 g Kupfersulfat, 0,25 g Zitronensäure auf 1 Liter destilliertes Wasser.
Dosis: 12,5 ml auf 10 Liter Aquarienwasser über 10 Tage, am 3., 5. und 7. Tag die Hälfte nachdosieren.

Unter den Diagnose-Sets für Wasserchemie gibt es seit einiger Zeit auch Meßreagenzien für Kupfer. Während der Behandlung soll der Kupfergehalt des Wassers nicht unter 0,12 mg/l und nicht über 0,18 mg/l Wasser liegen (Aqua Merck Kupfer Test Nr. 14651, Duplatest CU, Sera Cu-Test). Es kann jeden zweiten Tag gemessen und die fehlende Menge nachdosiert werden (1 ml Stammlösung = 1 mg $CuSO_4$). Niedere Tiere vertragen die Behandlung nicht. Entweder müssen sie aus dem Aquarium entfernt werden, bis der Kupfergehalt wieder unter 0,03 mg/l gefallen ist, oder die Fische müssen in ein geräumiges Glasbecken umgesetzt und dort behandelt werden. Gefiltert wird über saubere Watte oder Schaumstoff. Gegen Pilze und Algen an Fischen können die Tiere in einem Kurzbad von 1 g Kupfersulfat auf 10 Liter Wasser über 10 bis 20 Minuten behandelt werden. Pflanzen können Schaden erleiden. Bei Süßwasser muß man vor der Behandlung das Wasser durch Zugabe von reinem Gips auf mindestens 10 Grad dH aufhärten, sonst vertragen manche Fische die Dosis nicht. Im Zoofachhandel gibt es sehr gut wirkende Medikamente, die Kupferverbindungen enthalten.

C 14: Kombibehandlung gegen Cryptocarion

Stammlösung: 1 g Kupfersulfat, 2 g Methylenblau, 0,25 g Zitronensäure auf 1 Liter dest. Wasser.
Die Behandlung wird in einem gesonderten Behälter durchgeführt. Niedere Tiere vertragen die Behandlung nicht.
Dosis: 12,5 ml Stammlösung auf 10 Liter Wasser, am 4. und 8. Tag die Hälfte nachdosieren. Besser ist nach Cu-Messung den Kupfergehalt zwischen 0,15 und 0,2 mg/Liter zu halten. Während der Behandlung filtert man über Watte oder sauberen Schaumstoff.

C 15: Kombibehandlung gegen Cryptocarion
(nach BLASIOLA jr., 1981)

Die Behandlung erfolgt in zwei Schritten. Zuerst werden die Fische in einem Kurzbad eine Stunde lang in einer Lösung von 4 mg Kupfer und 2,6 ml Formalin (37%) auf 10 Liter Seewasser in einem gesonderten Behälter gebadet. Dann setzt man sie in ein Dauerbad mit 0,2 mg Kupfer pro 1 Liter Seewasser. Die Behandlung muß mindestens 10 Tage lang durchgeführt werden. In Abständen von 48 Stunden kann das Kurzbad wiederholt werden. Die Kupferkonzentration wird mit Kupfersulfat unter Kontrolle durch Meßreagenzien eingestellt.

C 16: Malachitgrünoxalat (Apotheke)

Malachitgrünoxalat ist hautreizend und sehr giftig beim Verschlucken. Bei Unfall oder Unwohlsein sofort Arzt zuziehen!
Anwendung bei: Pünktchen- oder Grießkörnchenkrankheit, Hauttrübung, Hautschimmel.
Wirkungsbereich: *Ichthyophthirius, Trichodina, Chilodonella, Saprolegnia*
Die Lösung ist nur haltbar, wenn sie kühl und dunkel gelagert wird. Bitte nicht im Kühlschrank bei Lebensmitteln aufbewahren, da Malachitgrünoxalat hochgiftig und krebserregend ist.
Malachitgrünhaltige Medikamente sind im Zoohandel erhältlich. Der reine Wirkstoff soll nur dann angewendet werden, wenn diese Medikamente nicht helfen.
Dosis a: 6 ml der Stammlösung auf 100 Liter Aquarienwasser. Am 3., 6. und 9. Tag die Hälfte nachdosieren. Nach 12 Tagen wird ein Drittel des Wassers gewechselt. Bei zwischendurch notwendigen Wasserwechseln muß dem ausgetauschten Wasser die Anfangsdosis zugegeben werden.
Während der Behandlung ist gut zu durchlüften. Malachitgrün ist ein starker Farbstoff. Flecken lassen sich nur sehr schwer entfer-

nen. In der Regel vertragen diese Dosis auch empfindliche Fische. Bei organisch stark belastetem Wasser oder aktivem biologischem Filter kann eine Erhöhung der Dosis notwendig sein. Die Höchstdosis von 15 ml Stammlösung auf 100 Liter Aquarienwasser darf jedoch nicht überschritten werden. Soll allerdings das Bad in einem Quarantänebecken mit ganz reinem Wasser und ohne eingelaufenen Filter durchgeführt werden, vertragen unter Umständen empfindliche Fische die Dosis a nicht. Das liegt daran, daß Malachitgrün in streng hygienischen Becken langsamer abgebaut wird, als in Aquarien mit Bodengrund und Filter. In solchen Becken nimmt man 4 ml Stammlösung auf 100 Liter Aquarienwasser und dosiert am 4., 8. und 12. Tag 2 ml Stammlösung nach. [1 mg/l]

Dosis b: Nach G. BLASIOLA (Aquarien Magazin 9/83, S. 477) ist eine Menge von 13–15 mg/100 Liter Seewasser gegen Brooklynella wirksam. Die Behandlung wird in einem gesonderten Becken mit Filterung über Watte und guter Belüftung 3 bis 4 Tage lang durchgeführt. In frisch hergestelltem Seewasser ist es möglich, daß die genannte Dosis nicht vertragen wird.

C 17: Methylenblau (Apotheke)

Anwendung bei: Hauttrübung und Schimmelinfektionen in leichteren Fällen, vorbeugend gegen Laichverpilzung, vorbeugend nach Transport, Blutkrankheiten (Schlafkrankheit).

Wirkungsbereich: *Costia, Chilodonella, Trichodina, Saprolegnia, Cryptobia* und *Trypanosoma*.

Methylenblau wird gern als vorbeugende Maßnahme oder im Krankheitsfall als Dauerbad angewendet. Das Medikament kann in das Aquarium gegeben werden, wenn nicht über Aktivkohle, sondern über frisch ausgewaschene Watte oder Schaumstoff gefiltert wird. Es gibt ebenso gut wirksame Medikamente im Zoohandel, die Methylenblau enthalten.

Stammlösung: 1 g Methylenblau auf einen Liter Wasser.
Dosis a: 1 ml Stammlösung auf 1 Liter Wasser (Normaldosis). [→ 1 mg/l] Diese Dosierung kann in das eingerichtete Aquarium gegeben werden. Nach fünf Tagen filtert man über Aktivkohle die Medikamentenreste aus.
Dosis b: 3 ml Stammlösung auf 1 Liter Wasser (verstärkte Dosis). Die Behandlung wird in dieser Konzentration in einem gesonderten Behälter 3 Tage lang durchgeführt.
Dosis c: Im Kurzbad werden Ektoparasiten bekämpft. 200 ml Stammlösung auf 10 Liter Wasser 30 Minuten lang.
Vorsicht! Wird von empfindlichen Fischen (Salmlern, kleinen Buntbarschen) nicht vertragen.
Dosis d: Zur Vorbeugung gegen Infektionen nach einem Transport gibt man 50 ml Stammlösung auf 100 Liter Wasser ins Quarantänebecken.
Dosis e: Zur Vorbeugung gegen Laichverpilzung werden 30 ml Stammlösung auf 100 Liter Wasser in das Zuchtbecken gegeben.

C 18: Metrifonat (Apotheke)
(Masoten®, Neguvon® 100%, Trichlorphon)

Ist giftig beim Verschlucken!

Anwendung bei: Ektoparasiten auf Haut und Kiemen

Wirkungsbereich: *Trichodina, Argulus, Ergasilus, Lernaea, Dactylogyrus, Gyrodactylus*

Masoten ist sehr giftig und wirkt stark auf parasitäre Krebse, Haut- und Kiemenwürmer. Es ist als Dauerbad wesentlich effektiver als im Kurzbad. In höherer Konzentration und ab 28 Grad C wirkt es auf viele Fischarten toxisch. Große Fischarten vertragen es besser als kleinere Arten. Salmler und Welse reagieren besonders empfindlich. Immer wieder wird behauptet, daß Masoten die Fische unfruchtbar mache. Das ist falsch. Es wurden wiederholt gesunde Nachkommen von Fischen gezogen, die mit hohen Masotendosen (3 mg/l über 3 Tage) behandelt waren. Die Behandlung ist im Aquarium durchführbar.

Es darf nur ganz trockenes Pulver benutzt werden, das leicht bläulich erscheint. Bilden sich Klumpen, so ist es unbrauchbar! Auch in scheinbar dicht schließenden Schraubgläsern gelagertes Masoten verliert im Laufe von mehreren Monaten seine Wirkung und wird toxischer. Experimente haben gezeigt, daß dieser Wirkungsverlust auf die Fähigkeit zurückzuführen ist, aus der Luft Feuchtigkeit anzuziehen. Je mehr Luftfeuchtigkeit aufgenommen wurde, desto weniger wirkt es auf die Kiemenwürmer und desto giftiger wird es für die Fische. Neu gekauftes Masoten wird von allen Fischen wesentlich besser vertragen als abgelagertes. Man kann den Alterungsprozeß aufhalten, indem man neu gekauftes Masoten sofort nach Öffnen der Originalpackung in kleine, dicht schließende Gläschen verpackt und diese, zusammen mit Trockenmittel, in größere Gläser stellt oder luftdicht in Plastikbeutel einschweißt. Als Trockenmittel ist Blaugel (Apotheke) ideal. Die blauen Körner entfärben sich, wenn sie genug Feuchtigkeit aufgenommen haben. Zum Regenerieren breitet man sie auf einem Backblech aus und erhitzt sie im Backofen etwa 15 Minuten lang bei 105 bis 110 Grad C. In der Hitze geben sie die Feuchtigkeit ab und färben sich wieder blau. Somit kann das Blaugel jahrelang immer wieder verwendet werden.

Die hier angegebenen Mengen sind auf neu gekauftes Masoten bezogen. Für Neguvon sind die Gewichtsangaben mit dem Faktor 0,8 zu multiplizieren.

Stammlösung: 1 g Masoten auf 1 Liter Wasser. Die Lösung muß sofort verbraucht werden, da sie nicht haltbar ist. Übriggebliebene Reste sollen nicht in das Abwasser gelangen. Sie müssen vorher neutralisiert werden (pH-Wert der Lösung mit Natronlauge sechs Stunden lang auf mehr als pH 12 erhöhen).

Dosis a: 100 ml Stammlösung auf 100 Liter Aquarienwasser. Diese Konzentration wird von fast allen Fischen gut vertragen, wenn die Temperatur bei 25 Grad C und der pH-Wert zwischen 6 und 7 liegt. Die Behandlung wird drei Tage lang durchgeführt, dann macht man einen starken Wasserwechsel von mindestens 50%. Die Reste des Medikaments können über Aktivkohle ausgefiltert werden.

Dosis b: 1 g Masoten auf 10 Liter Wasser im Kurzbad bei 25 Grad C, pH-Wert 6–7, eine Stunde lang in einem gesonderten Behälter. Lebendgebärende Kiemen- und Hautwürmer sind nach Methode 18 a sicher zu bekämpfen. Bei den eierlegenden *Dactylogyrus*arten ist die Behandlung nicht so einfach, da die Eier hohe Masotendosen vertragen (Kapitel 7.2.1.2.). Nach dem nun beschriebenen Behandlungsvorschlag ist es möglich, einen Fischbestand völlig von Kiemenwürmern zu befreien. Er eignet sich besonders für Zuchtaquarien, die frei von Bodengrund und Einrichtung sind.

Dosis c: Die Fische werden zunächst nach Dosis a drei Tage lang in ihrem Aquarium behandelt. Danach fängt man sie alle ab und bringt sie in ein Aquarium, das parasitenfrei ist. Das andere Becken wird sauber ausgewaschen, Rohre und Filter ausgespült, das Filtermaterial ausgewaschen und eine halbe Stunde gekocht oder mit Formalinlösung desinfiziert. Das Becken bleibt nun mindestens drei Tage lang trocken stehen. Am 8. Tag nach Behandlungsbeginn wird im zweiten Becken mit Dosis a drei Tage lang behandelt. Inzwischen füllt man das erste Aquarium wieder mit Wasser und nimmt den Filter in Betrieb. Nach Abschluß des Bades im zweiten Becken können die Fische wieder am 11. Tag in ihr Stammaquarium zurückgesetzt werden. Der Filter braucht eine Einlaufzeit von mindestens drei bis sechs Wochen. Die Temperatur darf 25 Grad C während der ganzen Behandlung nicht übersteigen. Es muß nachdrücklich darauf hingewiesen werden, daß nur bei dieser Temperatur der Erfolg gewährleistet ist. Denn die nach der ersten Behandlung aus den Eiern schlüpfenden Larven haben sich bis zum Ansetzen der zweiten Kur noch nicht zum geschlechtsreifen Wurm entwickelt. Eingerichtete Aquarien sind auf diese Art und Weise nicht zu behandeln. Man wendet Dosis a dreimal über je drei Tage an und läßt dazwischen eine Erholungspause von fünf Tagen. Nach jeder Behandlung muß der größte Teil des Wassers gewechselt werden. Insgesamt dauert die Prozedur 19 Tage und schwächt die Fische sehr. Da ein Teil der Eier von *Dactilogyrus* Wochen bis Monate im Bodengrund überleben und sich erst dann entwickeln, ist dieser Methode kein dauerhafter Erfolg beschieden.

Im allgemeinen muß vor einer leichtfertigen Anwendung von Masoten gewarnt werden. Viele Todesfälle haben gezeigt, daß die Handhabung nicht unproblematisch ist und oft überlagertes Material benutzt wird. Die toxische Wirkung ist unterschiedlich bei den verschiedenen Fischarten und von der Wasserbeschaffenheit abhängig. Zudem nimmt sie mit der Behandlungsdauer zu. Hohe Dosen werden in den ersten 24 Stunden meist gut vertragen. Auf keinen Fall dürfen Fische in schon gebrauchte oder einige Stunden alte Lösung gebracht werden. Masoten muß jedesmal neu angesetzt werden. Die restliche Stammlösung ist sofort mit Natronlauge zu neutralisieren und zu verwerfen.

C 19: Metronidazol (Apotheke)
(z. B.: Clont® Bayer. Eine Tablette enthält 250 mg Wirkstoff)
Anwendung bei: Flagellateninfektionen in Darm und Organen
Wirkungsbereich: *Hexamita, Spironucleus, Trichomonas, Protoopalina*
Es hilft nicht gegen Würmer! Clont® wird als Dauerbad im eingerichteten Aquarium angewendet. Die Tabletten werden zerstoßen und in lauwarmem Wasser vorgelöst. Dann verteilt man die Lösung über die Wasseroberfläche des Aquariums. Zur Unterstützung kann die Temperatur um 3 Grad C heraufgesetzt werden.
Dosis: 1 Tablette (oder 250 mg Substanz) auf 50 Liter Aquarienwasser. Nach drei Tagen wird ein Drittel des Wassers gewechselt und die Temperatur langsam herabgesetzt. Eine Filterung über Aktivkohle entfernt das Medikament aus dem Wasser. Empfindliche Pflanzen können dann eine Zeitlang kümmern.
Im Futter: In das Futter B 5 wird eine zu Pulver zerstoßene Tablette (250 mg Wirkstoff) bei 50 Grad C eingemischt. Es wird sechs Tage lang morgens und abends verfüttert.

C 20: MS 222 (Tricain)
Hersteller: Fa. Sandoz, Schweiz
Bezugsquelle: Serva – Feinbiochemica, Karl-Benz-Str. 7, 6900 Heidelberg, Best.-Nr. 12396
Aminobenzoesäureäthylester – methansulfonat
Ist giftig beim Verschlucken!
MS 222 ist eines der bewährtesten Fischanästhetika. Es wirkt aber auch auf viele niedere Tiere, so daß es in der Mikroskopie zur Ruhigstellung von Mikroorganismen benutzt werden kann. Die Wirkung auf Fische läßt mit steigender Wasserhärte etwas nach.
Dosis a: zum Beruhigen von Fischen während des Transportes: 10 mg pro Liter Wasser.
Dosis b: zum Betäuben für Abstriche: Je nach Größe des Fisches werden 50 bis 130 mg/l benötigt (REICHENBACH-KLINKE 1980). Spätestens nach 15 Minuten ist der Fisch in frisches Wasser zu setzen, wo er sich dann im Laufe von weiteren 15 Minuten erholt.
Dosis c: zum Töten von Fischen: 1 g auf 1 Liter Wasser führt in 10 Minuten zum Tod.

C 21: Nitrofurantoin (Apotheke)
(z. B. als retard der Fa. ratiopharm® GmbH, Gelatinekapseln zu je 100 mg Wirkstoff)
Anwendung bei: Flossentrübung und Flossenfäule (Bad); äußeren Bakteriosen; zur Verhinderung der Übertragung von Bauchwassersucht, bakterieller Infektion der Niere, Vibriose.
Wirkungsbereich: einige grampositive Bakterien sowie *Pseudomonas, Aeromonas, Vibrio*. Sind in einem Becken Fische mit bakteriellen Erkrankungen in das Quarantänebecken überführt worden, so können die restlichen Fische vorbeugend mit Nitrofurantoin behandelt werden.
Das Medikament kann im Aquarium zur Anwendung kommen, wenn das Filtermaterial

vorher gereinigt und der Mulm abgesaugt wurde. Aktivkohle muß aus dem Filter entfernt werden.
Dosis: Der Inhalt einer Kapsel Nitrofurantoin wird auf 30 bis 40 Liter Aquarienwasser gegeben. Die Kapselhälften können leicht auseinandergezogen werden, um den darin enthaltenen Wirkstoff zu gewinnen. Diesen löst man in einem Glas mit warmem Wasser vor und schüttet es dann mit den ungelösten Resten in das zu behandelnde Aquarium.
Das Dauerbad wird 15 Tage lang durchgeführt. Danach ist ein großer Teil des Wassers zu wechseln und über Kohle zu filtern.
Im Futter: Auf 200 g Futter B 5 gibt man 300 mg pulverisiertes Nitrofurantoin (3 Kapseln). Die Verabreichung erfolgt neun Tage lang morgens und abends.

C 22: Furazolidon (Apotheke)
Pulver in Briefchen zu 1 g; enthält 300 mg Wirkstoff und 700 mg Glucose (Hersteller: Fa. Atarost). Das Medikament ist billig, kann aber nur im Futter verabreicht werden.
Anwendung bei: inneren bakteriellen Erkrankungen wie Bauchwassersucht, Furunkulose, Vibriose und Coccidiosen.
Wirkungsbereich: *Pseudomonas, Aeromonas, Vibrio,* Trichomonaden und manche Coccidien.
Im Futter: In 100 g Futter B 5 wird ein Briefchen mit 1 g Inhalt, enthaltend 300 mg Furazolidon, bei 50-55 Grad C eingemischt. Es wird sechs Tage lang morgens und abends verfüttert.
Seit 1988 gibt es im Zoohandel ein genauso gut wirkendes, aber als Bad im Aquarium anwendbares Medikament mit Namen Aqua Furan. Hersteller ist die Firma Aquarium Münster, D-4404 Telgte.

C 23: Nystatin® Lederle, Salbe (Apotheke)
Die Salbengrundlage besteht aus Polyäthylen und flüssigem Paraffin und haftet besonders gut an der Schleimhaut.
Anwendung bei: Pilzinfektionen der Haut und zur Vorbeugung nach Verletzungen.
Wirkungsbereich: Pilze
Der Fisch wird aus dem Wasser gefangen, die verpilzte Stelle vorsichtig mit Saugpapier getrocknet und mit Nystatin® eingesalbt. Dauer der Behandlung: 1–2mal täglich, bis die Pilzhyphen verschwunden sind und sich die Wunde geschlossen hat oder neue Haut gebildet wird.
In den meisten Fällen reichen die im Zoohandel erhältlichen, gegen Pilzinfektionen wirkenden Medikamente völlig aus.

C 24: Piperacincitrat, Substanz (Apotheke)
Anwendung bei: Würmern im Darm
Wirkungsbereich: Kratzer, Bandwürmer, Trematoden
Piperacincitrat muß mit dem Futter verabreicht werden, damit es direkt im Darm wirken kann. Da es temperaturbeständig ist, kann es in das heiße Futter B 5 bei 80 Grad C eingemischt werden.
Dosis: 600 mg Piperacincitrat auf 100 g Futter B 5 mischen. Am 1. und 8. Tag je einmal morgens und abends verfüttern.
Der Wirkstoff Praziquantel ist in den Tabletten Droncit® von Bayer enthalten. Er hilft gegen Bandwürmer und Trematoden.
Dosis: 5 mg Praziquantel pro einem Kilogramm Lebendgewicht. Das entspricht etwa einem Viertel einer zu Pulver zerstoßenen Tablette Droncit® auf 100 g Futter B 5.

C 25: Sulfonamide (Apotheke)
(Sulfathiazol Substanz)
Von diesem Heilmittel gibt es im Handel besonders viele Präparate.
Anwendung bei: inneren bakteriellen Infektionen.
Wirkungsbereich: Aktinomyzeten, Kokken und viele grampositive, einige wenige gramnegative Bakterien, *Pseudomonas,* Flexibakterien, Corynebakterien.
Da Sulfonamide sehr gut vom Darm in die Blutbahn übergehen, ist die Futterbeimi-

schung die wirksamste Anwendung. Besonders bei Infektionen der inneren Organe mit den genannten Bakterien sind sie das Mittel der Wahl.
Dosis: Man mischt auf 100 g Futter B 5 300 mg Sulfathiazol. Die Temperatur darf bei 60 Grad C liegen. Dieses Futter gibt man drei Tage lang morgens und abends.
Die Anwendung als Dauerbad wird durch die schlechte Löslichkeit behindert. Sie erfolgt in einem gesonderten Behälter. Die abgewogene Menge des Medikamentes wird in bis zu 60 Grad C warmem Wasser in einem geschlossenen Gefäß unter minutenlangem starken Schütteln vorgelöst. Da sich dabei die eingeschlossene Luft stark ausdehnt, kann das Gefäß zerspringen. Man muß nach dem ersten Schütteln die überschüssige Luft ablassen. Dann verteilt man die Suspension über die Wasseroberfläche des Behandlungsbeckens. Dieses darf keinen Filter enthalten, da sonst das fein im Wasser verteilte Medikament ausgefiltert wird. Um ein Absetzen am Boden zu verhindern, muß das Wasser durch einen Ausströmer in starker Bewegung gehalten werden.
Dosis: 1 g Sulfathiazolsubstanz auf 10 Liter Wasser. Die Fische bleiben drei bis fünf Tage in der Suspension.

C 26: Trimethoprim (TMP) (Apotheke)
Anwendung bei: Infektionen der inneren Organe und des Blutes durch Bakterien und Kokken.
Wirkungsbereich: Staphylokokken, hämolysierende Streptokokken, Pneumokokken, E. coli, Enterokokken, *Proteus, Haemophilus* influenzae, Salmonellen und Shigellen.
Durch die Kombination mit einem Sulfonamid wird eine wesentliche Verbesserung der Wirksamkeit erreicht. Darum gibt es schon fertig kombinierte Präparate in Apotheken zu kaufen, die Trimethoprim und Sulfamethoxazol in einem optimalen Mischungsverhältnis enthalten. Da die Erreger sehr schnell eine Resistenz entwickeln, sollte das Medikament nur einmal innerhalb eines halben Jahres angewendet werden.
Handelspräparate sind: Drylin®, Eusaprim®, Borgal® Lösung 7,5% und Cotrimstada® forte. Drylin und Eusaprim sind ältere Präparate mit geringerer Wirkstoffkonzentration. Heute sind hauptsächlich Borgal und Cotrimstada forte im Handel.
Dosis: 1 Tablette Cotrimstada® forte auf 80 Liter Wasser in einem gesonderten Behälter, über 3 bis 5 Tage. Der Filter darf keine Kohle enthalten, die Watte ist vor der Medikamentengabe gut auszuwaschen. 15 ml Borgal® Lösung auf 100 Liter Wasser. Zur Injektion nimmt man pro 500 g Körpergewicht 2 ml Borgal® Lösung 7,5%. Eine zweite Injektion kann im Bedarfsfall nach 48 Stunden verabreicht werden. Die Impfung von Fischen darf nur von Fachleuten und Tierärzten durchgeführt werden. Die Injektion wird intraperitoneal vorgenommen.

C 27: Vitaminpräparate (Apotheke)
Für die Aquaristik verwendbare Präparate haben die **Vitamine** an ein wasserunlösliches Pulver oder in Öl gebunden, so daß sie sich nicht verflüchtigen können, sondern zum größten Teil am Futter haften bleiben, bis dieses vom Fisch aufgenommen wird. Wichtig ist, daß es auch Calcium und Phosphor enthält, damit auch die Lochkrankheit geheilt werden kann, wenn ihre Ursache beseitigt ist (Kapitel 9.3.). Aber auch viele andere Spurenelemente wirken sich auf Gesundheit und Farbe der Fische sehr positiv aus. Präparate, die in Wasser gelöste Vitamine enthalten, sind nicht sehr wirkungsvoll, da sie sich im Aquarienwasser verflüchtigen und schnell zersetzt werden.
Vitaminpulver wird in einer Menge von 500 mg auf 100 g Futter gemischt. Dieses Vitaminfutter soll nicht mehr als zweimal die Woche an gesunde Fische verfüttert werden. Bei kranken Fischen kann es auch vier- bis fünfmal pro Woche gegeben werden. Genesen die Fische, wird auf die Normaldosis zurückgegangen. Die Überfütterung von Fischen mit

Vitaminen führt ebenfalls zu Krankheitserscheinungen (Kapitel 9.3). Bei Verwendung von Osspulvit®-N in Futter B4/B5 müssen die fehlenden Vitamine und Mineralstoffe durch andere Präparate ersetzt werden. Eine Möglichkeit ist die Anwendung von pulverisierten VMP-Tabletten der Fa. Pfizer® (Apotheke) oder ein hochwertiges Multivitaminpräparat aus dem Zoohandel.

C 28: Volon®-A Haftsalbe (Apotheke)
(Squibb, Heyden GmbH)
Diese Salbe hat hervorragende Hafteigenschaften auf Schleimhaut. Zum Auftragen muß die Schleimhaut abgetrocknet werden, wie es in C 23 beschrieben ist. Sie wird bei Verwundungen und Hautinfektionen angewendet, indem man die betroffenen Stellen mit einer Salbenschicht überdeckt.
Der Wirkstoff der Volon-A-Salbe ist entzündungshemmend, das bedeutet, daß auch flächige Hautwunden damit bestrichen werden können. Falls notwendig, kann man pulverförmige Antibiotika, Sulfonamide und Antimykotika in die Salbe mischen.
Dosis: 5 Volumenprozent Wirkstoff in Pulverform zu 95% Salbenmenge gut durchmischen.

C 29: Wasserstoffperoxid (H_2O_2) 3%ig (Apotheke)
Es ist ätzend und sehr giftig beim Verschlucken. Bei Unfall sofort Arzt zuziehen!
Außer zur Desinfektion kann H_2O_2 auch zur schnellen Sauerstoffanreicherung des Aquarienwassers genutzt werden. Es zerfällt zu Wasser und setzt dabei reinen Sauerstoff frei. Man gibt 25 ml H_2O_2 (3%ig) auf 100 Liter Aquarienwasser (Krause 1985). Auf keinen Fall darf die Gabe zweimal erfolgen. Den Fischen werden bei Überdosierung die Kiemen und die Schleimhaut verätzt, was den Tod zur Folge hat. Beruhigt sich die Atmung der Fische nicht binnen weniger Minuten, so hat der Sauerstoffmangel eine andere Ursache (z. B. Kiemenparasiten).

D 1: Kaliumpermanganat ($KMnO_4$) (Apotheke)
Kaliumpermanganat dient zur Desinfektion von Aquarien und nicht kochbarem Zubehör (Schläuche, Thermometer usw.). Man füllt das Aquarium bis zum obersten Rand mit Wasser und legt alle Gegenstände hinein. Dann gibt man so viel Kaliumpermanganat zu, bis eine intensiv violette Lösung entsteht, durch die man nicht mehr hindurchsehen kann. Den Außenfilter läßt man ohne Füllung laufen, so daß alle Teile von der Lösung umspült werden. Nach drei Tagen wird das Becken entleert und so lange mit klarem Wasser ausgewaschen, bis keine Farbe mehr erscheint.

D 2: Kochsalz (NaCl)
Auch Kochsalz kann als Mittel zur Desinfektion benutzt werden. Dazu löst man 350 g Salz in einem Liter Wasser. Die Desinfektion eines Aquariums wird auf diese Weise zu teuer und zu aufwendig. Ideal ist diese Methode jedoch, um Fangnetze und Kleinteile zu entkeimen. Man stellt einen Eimer mit dieser konzentrierten Lösung auf und läßt die Fangnetze immer darin stehen. Ein Netz soll 24 Stunden in der Lösung bleiben, bevor es wieder benutzt wird. Da die Salzlösung nie verdirbt oder schwächer wird, kann ein solcher Eimer lange in Betrieb bleiben. Verdunstetes Wasser wird durch Leitungswasser ersetzt. Färbt man die Salzlösung mit etwas Methylenblau an, ist die Verwechslung mit anderen Eimern ausgeschlossen. Leere Aquarien können mit einem Brei aus Salz und Salzlösung ausgerieben werden. Man läßt den Brei an den Scheiben trocknen und wiederholt das Ganze noch fünfmal im Laufe der nächsten Tage. Ein wirkungsvolles, aber umständliches Verfahren.

D 3: Wasserstoffsuperoxid (H_2O_2) 30% (Apotheke)
Vorsicht! Stark ätzend! Bei Unfall Arzt zuziehen. Nicht mit Haut und Kleidern in Berührung bringen.
H_2O_2 ist ein Stoff, der sich unter Lichteinwir-

kung zu normalem Wasser (H_2O) und Sauerstoff zersetzt. Er wird daher in braunen Flaschen aufbewahrt. Zur Desinfektion eines Aquariums ohne Fische und Bodengrund werden 50 ml des 30%igen H_2O_2 auf 100 Liter Wasser gegeben. Dekorationsmaterial und Zubehör kann in die Lösung gelegt werden. Der Kies wird besser im Backofen bei 150 Grad C über 2 Stunden (ohne Anheizzeit) entkeimt, da sich das H_2O_2 sonst zu schnell verbraucht. Der Filter bleibt ohne Inhalt in Betrieb (siehe D 1). Das Becken läßt man mit der Lösung drei Tage lang stehen, die Lampe bleibt während dieser Zeit eingeschaltet. Danach läßt man das Becken ab und spült es mit Leitungswasser aus. Der große Vorteil ist, daß bei H_2O_2 keine giftigen Rückstände bleiben, die später mühevoll entfernt werden müssen.

D 4: Alaun
Desinfektion von Pflanzen, **(Alaun ist giftig beim Verschlucken)**
Pflanzen, die im Zoogeschäft nicht in reinen Pflanzenbecken, sondern mit Fischen zusammen gehältert wurden, können Krankheitserreger und deren Ruhestadien in das Aquarium übertragen. Da sie sehr schlecht in Quarantäne zu halten sind, muß man sie entkeimen, bevor sie in das Aquarium eingepflanzt werden. Man löst einen gehäuften Teelöffel Alaun in einem Liter Wasser. Darin werden die Pflanzen fünf Minuten gebadet. Nach gründlichem Abspülen mit frischem Wasser können sie eingepflanzt werden.

D 5: Isopropanol, Isopropylalkohol 70%ig (Apotheke)
Desinfektion von Händen und Gegenständen
Alkohole sind leicht entzündlich, und ihre Dämpfe bilden mit der Luft ein explosives Gas-Gemisch!
Manchem Aquarianer kann es ein Bedürfnis sein, nach der Sektion eines Fisches, sich außer dem Waschen die Hände auch noch zu desinfizieren. Es ist in der Regel nicht notwendig, da im allgemeinen Fischkrankheiten auf Menschen nicht übertragbar sind. Tuberkulose ist hier eine Ausnahme.
Das im Handel erhältliche 100%ige Isopropanol wird auf 70% verdünnt. Man mißt 70 ml des 100%igen Isopropanols ab und füllt mit Wasser auf 100 ml auf. Mit dieser Gebrauchslösung reibt man die Hände nach dem Waschen ein und läßt sie an der Luft trocknen. Auch kleinere Gegenstände und Rohre können durch Einlegen in diese Flüssigkeit keimfrei gemacht werden.
Füllt man 70%iges Isopropanol in eine Sprühflasche, die normalerweise dazu bestimmt ist, Blumen mit Wasser zu bestäuben, so kann man damit leere Aquarien und größere Gegenstände desinfizieren. Man sprüht alle Flächen und insbesondere die schwer zugänglichen Winkel gleichmäßig gründlich ein und läßt sie dann trocknen. Nach wenigen Stunden wird der Vorgang noch einmal wiederholt. Die Flüssigkeit verdunstet rückstandsfrei, so daß nach dem Abtrocknen das desinfizierte Aquarium wieder gefüllt werden kann. Nicht in offenes Feuer sprühen! Auf keinen Fall in Heizungsräumen oder in der Nähe offenen Feuers anwenden. Räume gut lüften, bis der Alkoholgeruch verflogen ist.

D 6: Formalin (Apotheke)
Es ist hautreizend und sehr giftig beim Verschlucken. Bei Unfall oder Unwohlsein sofort Arzt zuziehen!
Von dem erhältlichen 35%igen bis 40%igen Formalin gibt man 30 ml in einen 10 Liter fassenden Eimer, der mit einem Deckel verschlossen werden kann. Um Verwechslungen auszuschließen, färbt man die Lösung mit Methylenblau ein. In diese Lösung können nun Netze und kleinere Gegenstände gestellt werden. Ein zweistündiges Bad desinfiziert absolut sicher. In geschlossenen Räumen ist diese Methode nicht ungefährlich, da Formalindämpfe in die Atemluft gelangen und zu Reizungen der Atemwege führen können. Das Hantieren in Formalinlösung kann u. a. zu Hautreizungen führen.

11. Kapitel

11. Mikroskopische Praxis

11.1. Das Mikroskop

Das wichtigste Arbeitsgerät zur Diagnose von Fischkrankheiten ist das Mikroskop (Bild Nr. 108). Zur Untersuchung von Abstrichen, Parasiten- und Organpräparaten ist es unentbehrlich. Schülermikroskope sind zwar billig, aber für diese Arbeiten unbrauchbar. Meist haben sie keine genormten Teile und die Optik ist unbefriedigend. Gerade Kinder und Jugendliche verlieren deswegen schnell das Interesse oder, wenn das wider Erwarten nicht geschieht, kauft man doch nach einiger Zeit ein hochwertiges Gerät. Ein Mikroskop mit genormten Anschlüssen ist schon für 300–1000 DM zu erhalten. Der hohe Preis schreckt leicht ab. Bedenkt man jedoch, daß ein solches Instrument bei ordnungsgemäßer Behandlung keinerlei Verschleiß unterliegt, so ist die Investition nicht zu hoch. Ein gutes Mikroskop ist eine Anschaffung für das ganze Leben.

Alle Anbieter guter Mikroskope ermöglichen, mit einer Grundausrüstung zu beginnen und das Instrument im Laufe der Zeit, wie es die Mittel erlauben, weiter auszubauen. Dieses Kapitel bietet nicht den Raum, eine Einführung in die Handhabung eines Mikroskopes geben zu können. Dem Anfänger sei geraten, die Anleitungsbroschüre, die jedem neu gekauften Mikroskop beiliegt, genau zu studieren. Literatur für Anfänger und Fortgeschrittene ist in den Literaturangaben nach diesem Kapitel angeführt. Beim Kauf eines Mikroskopes sollte man darauf achten, daß alle Anschlüsse genormt sind. Beträgt die Tubuslänge 160 mm, sind die Produkte vieler Hersteller miteinander kombinierbar. Die zugehörige Tubuslänge ist an guten Objektiven eingraviert. Für den Anfang reichen drei Objektive mit zehn-, zwanzig- und vierzigfacher Vergrößerung. Dazu noch drei Okulare mit fünf-, zehn- und fünfzehnfacher Vergrößerung. Die so erreichbare maximale Vergrößerung von 600fach ist für die Untersuchung von Fischparasiten genügend. Steigt man später tiefer in die Materie ein, kann das Mikroskop durch Zukauf eines 63fach und 100fach vergrößernden Objektivs ausgebaut werden. Bei Mikroskopstativen gibt es zwei Bauweisen. Bei der einen wird der Tubus zum Scharfstellen bewegt, bei der anderen der Objekttisch. Stabiler und belastbarer sind Stative mit festem Tubus und beweglichem Objekttisch. Außer der normalen Hellfeldbeleuchtung gibt es noch andere Beleuchtungsverfahren. Die bekanntesten sind Dunkelfeld- und Phasenkontrastbeleuchtung. Während eine Phasenkontrasteinrichtung nur von einem erfahrenen Praktiker mit feinmechanischen Kenntnissen selbst gebastelt werden kann, ist die Dunkelfeldeinrichtung für Vergrößerungen bis 400fach leicht herzustellen. Dazu schneidet man aus schwarzem Karton kreisrunde Stücke verschiedenen Durchmessers aus. Der Durchmesser einer solchen Zentralblende ist für stark vergrößernde Objekte größer als für schwach vergrößernde. Die Blenden werden nacheinander in die Mitte einer Glasscheibe oder Klarfolie gelegt, welche in den Filterhalter paßt. Je nach Öffnen der Konden-

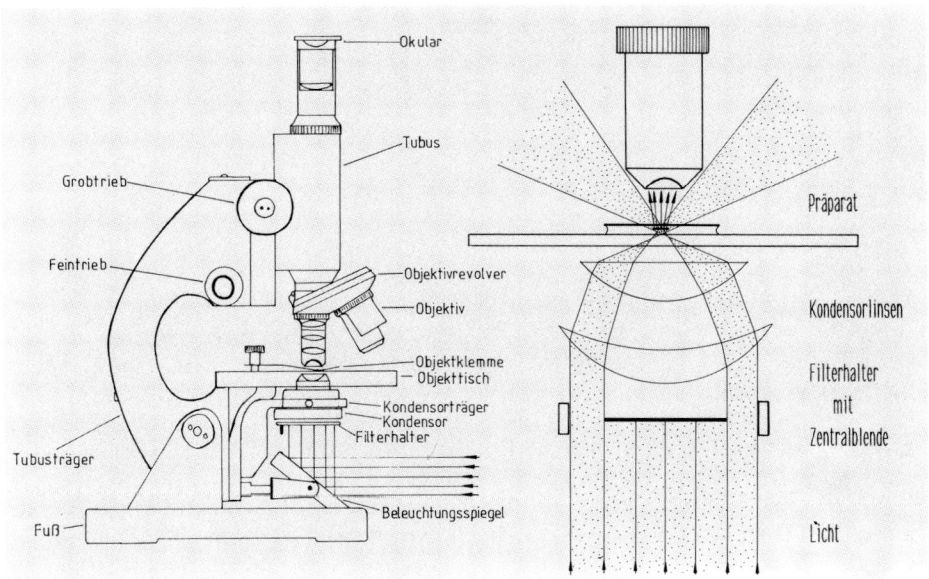

Bild 108 (links): Das Mikroskop / preiswertes Kursmikroskop.

Bild 109 (rechts): Dunkelfeldeinrichtung.

sorblende entsteht ein kreisförmiges Lichtfeld unterschiedlicher Breite (Bild Nr. 109). Mit den verschiedenen Blenden probiert man, für jedes Objektiv extra, bis sich ein gleichmäßig tiefschwarzes Bildfeld ergibt, in dem die Objekte hell strahlen. Sogar kleinste Bakterien sind bei 400facher Vergrößerung gut zu sehen. Der beeindruckende Effekt entsteht, wenn das ringförmige Licht vom Kondensor zu einem Hohlkegel geformt wird, dessen Spitze in der Objektebene liegt. Über der Objektebene befindet sich ein gleichförmiger Hohlkegel aus Licht, jedoch mit der Spitze nach unten. Er verbreitet sich nach oben, so daß das direkte Licht am Objektiv vorbei gelenkt wird. Im Bildfeld herrscht Dunkelheit, während die Objekte das durch sie fallende Licht in das Objektiv ablenken und somit hell erscheinen. Alle Dunkelfeldaufnahmen in diesem Buch wurden mit solchen selbstgebauten Blenden hergestellt.

11.2. Größenmessung mit dem Mikroskop

Bei Beschreibungen, Zeichnungen und Fotografien muß immer die Größe des Objektes angegeben werden. Dies geschieht nicht als Mikroskopvergrößerung, sondern als Objektgröße in Mikrometern. Dadurch sind Irrtümer bei nachvergrößerten Fotografien und bei Zeichnungen ausgeschlossen. Die Vergrößerung kann sich der Betrachter selbst errechnen, indem er die Abbildungsgröße mißt und den Wert durch die angegebene Objektgröße dividiert. Um die Objektgröße messen zu können, benötigt man ein Meßokular. In diesem befindet sich eine Skala von 10 mm Länge in 100 Teilen. Um die Objektive auf dieses Maß abzustimmen, braucht man ein Objektmikrometer. Da es nur einmal benötigt wird, kann es bei einem Bekannten ausgeliehen werden. Das Objektmikrometer ist ein Objektträger, auf dem eine Skala von 1 mm Länge mit 100 Unterteilungen eingeätzt ist. Für jedes Objektiv muß nun der Meßwert für einen Teil des Okularmikrometers errechnet werden. Man legt das Objektmikrometer auf

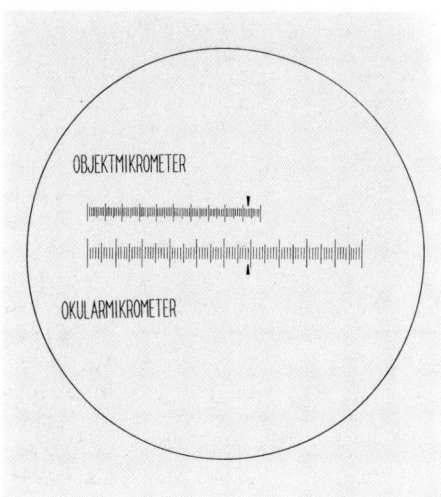

Bild 110: Objektmikrometer und Okularmikrometer, durch ein Meßokular betrachtet. Die beiden Skalen überschneiden sich nur in einem Punkt (Pfeile). Weitere Erklärungen im Text.

Objektiv		
Objektiv	2,5 ×	83,2 Mikrom.
Objektiv	4 ×	23,8 Mikrom.
Objektiv	5 ×	20 Mikrom.
Objektiv	6,3 ×	15,8 Mikrom.
Objektiv	10 ×	9,8 Mikrom.
Objektiv	16 ×	6,3 Mikrom.
Objektiv	20 ×	5,1 Mikrom.
Objektiv	25 ×	3,8 Mikrom.
Objektiv	40 ×	2,44 Mikrom.
Objektiv	63 ×	1,68 Mikrom.
Objektiv	100 ×	1 Mikrom.

Die Werte differieren je nach Hersteller der Objektive in geringem Maße. Die Tubusvergrößerung muß dabei 1× betragen.

den Objekttisch und richtet es so aus, daß die Anfänge der beiden Skalen sich decken (Bild Nr. 110). Dann sucht man eine Stelle, an der sich zwei Striche ganz genau überdecken. Je weiter dieser Wert am Skalenende liegt, desto genauer wird das Ergebnis. Treffen zum Beispiel 93 Teile des Objektmikrometers mit 59 Teilen des Okularmikrometers zusammen, so rechnet man:
0,93 mm : 59 Teile = 0,01576 mm = 15,76 Mikrometer für einen Teil.
In Zukunft braucht man nur noch das Okularmikrometer einzusetzen und weiß, daß ein Teil dieser Skala 15,76 Mikrom. entspricht. Ein Wurm, der eine Länge von 86 Teilen hat, ist dann 1355 Mikrom. oder 1,35 mm lang. Für Leser, die kein Objektmikrometer haben, seien noch die einem Teil entsprechenden ungefähren Mikrometerwerte für die gebräuchlichsten Objektive bei einem Meßokular von 10facher Vergrößerung mit einer Meßstrichplatte von 10 mm in 100 Teilen angegeben.

11.3. Glasartikel zur Präparation

Außer dem Mikroskop und den in Kapitel 3.1. genannten Instrumenten werden noch einige Glasartikel benötigt. Sie sind im Kosmos-Service oder in Laborgeschäften erhältlich. Als erstes sind Objektträger und Deckgläser zu nennen. Objektträger sind Glasplatten von 76 × 26 mm Größe. Deckgläser haben eine Dicke von 0,17 mm und sind meist 18 oder 22 mm im Quadrat oder rund. Glaspipetten kann man sich selbst aus Glasrohren in der Flamme einer Lötlampe ausziehen. Sie werden in der benötigten Länge mit einer Ampullenfeile (Arzt, Apotheke) angeritzt und abgebrochen. Kleine Saugbällchen (Pipettenhütchen) werden am Ende der Pipette aufgesteckt. Mit Meßpipetten können kleine Flüssigkeitsmengen bis $^{1}/_{10}$ ml abgemessen werden. Ein Meßzylinder von 100 ml Inhalt dient dem genauen Abmessen von größeren Flüssigkeitsmengen. Zwei bis drei kleine Glasschälchen (Blockschälchen oder Petrischalen) werden zum Beobachten kleiner Objekte mit der Lupe benötigt. Fünf niedrige Präparategläser mit dicht schließendem Stopfen braucht man beim Färben und Präparieren als Gefäße. Hierzu sind auch kleine Petrischalen (Durchmesser: 60 mm) mit Deckel geeignet.

11.4. Lebendpräparate

Das teuerste Instrument ist wertlos, wenn man nicht sachgemäß damit umgehen kann. Um die Arbeit mit dem Mikroskop zu üben oder um sich überhaupt damit vertraut zu machen, fertigt man zunächst einmal ein ganz einfaches Präparat an. Dazu gibt man einen kleinen Tropfen Wasser auf einen Objektträger und legt einige, wenige Algenfäden hinein. Dann wird mit einem Deckglas abgedeckt. Es erfordert etwas Übung, beim Auflegen des Deckglases keine Luftblasen mit einzuschließen. Dazu hält man das Deckglas zwischen Daumen und Zeigefinger oder mit einer Pinzette in einem Winkel von 45 Grad über dem Objektträger, daß sich die Probe im Winkel befindet und zieht es langsam zurück, bis es mit der Kante den Wassertropfen berührt. Das Wasser breitet sich nun unter dem Deckglas entlang der Berührungskante aus. Jetzt wird die andere Seite des Deckglases gleichmäßig langsam heruntergelassen, so daß das Wasser der Probe die Luft verdrängt, ohne Blasen einzuschließen. Bei einem gelungenen Präparat darf der Raum zwischen Deckglas und Objektträger nicht viel dicker sein als das Deckglas selbst.

Ist ein dickeres Objekt zu präparieren, muß der übrige Zwischenraum unter dem Deckglas mit Wasser ausgefüllt werden. Zu dicke Präparate können bei höherer Vergrößerung nicht mehr gut ausgeleuchtet und nur in der obersten Schicht unter dem Deckglas scharf eingestellt werden. Das liegt daran, daß die Schärfeebene mit zunehmender Vergrößerung immer kleiner wird. Die Schärfeebene kann man sich als eine mehr oder weniger dünne Schicht vorstellen, die parallel zum Deckglas durch das Objekt verläuft und in deren Bereich alles scharf im Auge des Betrachters abgebildet wird. Anfangs muß man etwas üben, bis sich ein Gefühl für die Größe des Wassertropfens eingestellt hat, in den das Objekt eingebettet wird. Algenfäden sind gute Übungsobjekte, da sie sehr dünne Präparate ergeben. Zu viel Wasser kann mit Fließpapier am Deckglasrand abgesaugt werden. Bei kleineren Objekten ist darauf zu achten, daß sie nicht mit dem Wasserstrom in das Papier fließen. Genauso wird beim Herstellen von anderen Frischpräparaten und Abstrichen vorgegangen.

Nun kann das Präparat auf den Objekttisch des Mikroskopes gelegt werden. Das Einstellen der optimalen Beleuchtung ist der dem Mikroskop vom Hersteller beigelegten Beschreibung zu entnehmen. Zu beachten ist, daß jeglicher Kontakt der Objektivfrontlinsen mit dem Präparat oder den Fingern zu vermeiden ist, da diese sonst zerkratzt oder fettig werden. Darum wird zum groben Scharfstellen das Objektiv nie zum Präparat hin, sondern immer von ihm weg bewegt. Zuerst stellt man den kleinsten Abstand zwischen Frontlinse des Objektivs und Deckglas ein, den man bei waagrechtem Blick über den Objekttisch noch sehen kann. Dann schaut man durch das Okular und vergrößert mit dem Grobtrieb den Abstand, bis das Präparat unscharf im Blickfeld erscheint. Nun stellt man mit dem Feintrieb scharf.

Für die praktische Arbeit mit toten Fischen empfiehlt es sich, vor Beginn der Sektion mehrere Objektträger mit Wassertropfen zurecht zu legen, in die dann die Abstriche übertragen oder die Materialstücke eingelegt werden können. Auch die Deckgläser sollen sauber, trocken und fettfrei (ohne Fingerabdrücke) griffbereit liegen. Objektträger und Deckgläser werden nur an den Kanten und nicht an den Flächen mit den Fingern angefaßt. Viele Objektträger und Deckgläser werden zwar gereinigt im Handel angeboten, sind aber trotzdem für gute Präparate nicht sauber genug. Abhilfe kann man schaffen, indem man ein kleineres Gefäß mit Spiritus füllt und Objektträger sowie Deckgläser auf Vorrat darin einlegt. Bei Bedarf können sie mit einer Pinzette entnommen und mit einem weichen, saugfähigen Läppchen abgewischt werden. Wem dies zu umständlich ist, kann ein zweites dicht schließendes Gefäß mit Chloroform füllen und die aus dem Spiritus genommenen

Gläser darin noch einmal spülen. Werden sie dann einige Sekunden mit der Pinzette in die Luft gehalten, so verdunstet das anhaftende Chloroform schnell, und Objektträger oder Deckgläser sind sauber und fettfrei. Gebrauchte Objektträger und Deckgläser werden nur dann gereinigt, wenn sie nicht zu sehr verschmutzt sind. Das ist im allgemeinen nur bei Frischpräparaten der Fall, die in Wasser eingeschlossen waren. Wurden Objekte fixiert und gefärbt, dann bereitet es fast zuviel Mühe, die Objektträger zu säubern. Deckgläser zu reinigen fällt dem Anfänger schwer, meist zerbrechen sie beim Abwischen.

Wer sich intensiv mit den Krankheiten der Fische beschäftigen möchte, dem darf es nicht genügen, von Zeit zu Zeit einen kranken Fisch zu untersuchen. Eine intensive Beschäftigung mit den Mikroorganismen und der Gewässerbiologie im allgemeinen ist Voraussetzung, um Parasiten von harmlosen Organismen unterscheiden zu lernen und die Ursache von Krankheiten zu erkennen. Dieser Lernprozeß ist sicher nicht langweilig, und wer einmal Mikroorganismen im Wassertropfen mittels eines guten Mikroskopes beobachtet hat, wird immer wieder seine Freude am Mikroskopieren haben. Bodengrund und Filter des Aquariums sind wahre Fundgruben, wenn man harmlose Einzeller, Würmer und Gliedertiere kennenlernen möchte. Man kann die gefundenen Objekte mit dem Buch „Das Leben im Wassertropfen" (Literaturverz.) bestimmen. Die Bilder Nr. 111 bis 115 zeigen einige dieser harmlosen Bewohner des Aquariums.

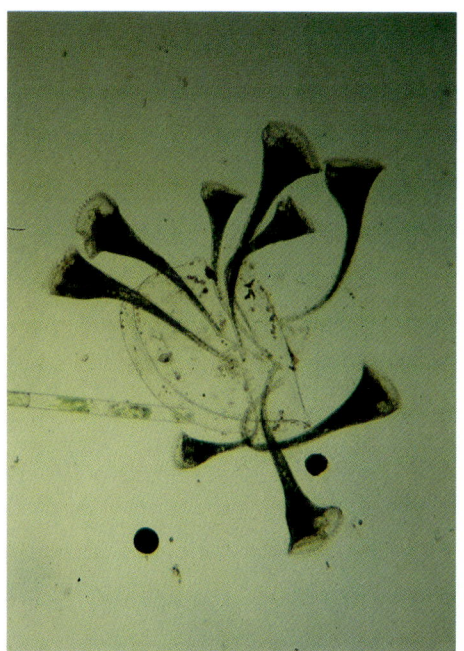

Bild 111 (oben): Trompetentiere kommen in jedem Aquarium vor, sie leben im Mulm und an den Pflanzen. Größe: 0,1 bis 2 mm.

Bild 112 (unten): Würmchen der Gattung *Stylaria* schwimmt mit schlängelnden Bewegungen unter der Wasseroberfläche umher. Sie sind höchstens 1 mm dick, aber bis zu 4 cm lang. Die Aufnahme zeigt das Kopfteil.

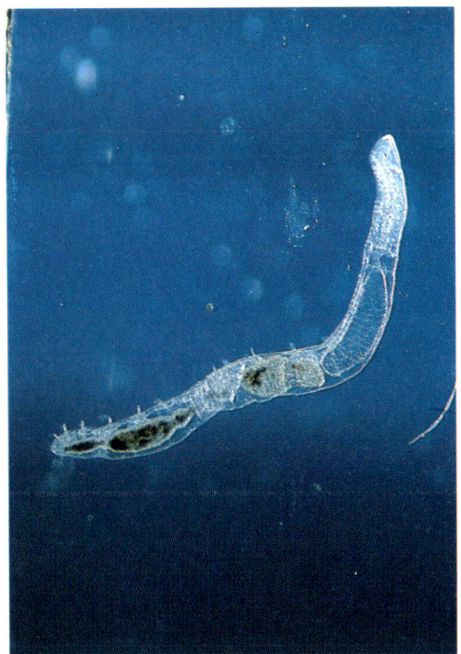

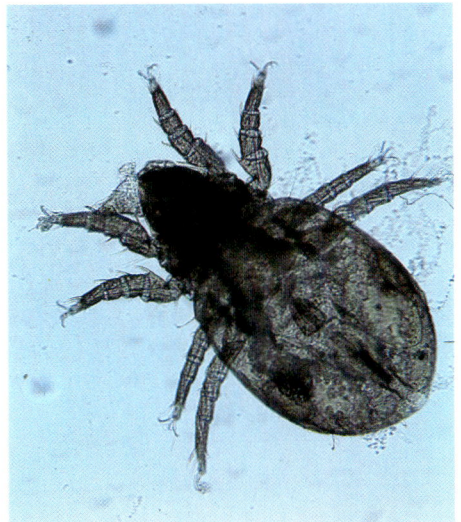

Bild 113 (oben links): Moostierchen sind koloniebildende Polypen. Größe der Einzeltiere: 200 bis 500 Mikrometer. Die Kolonien können mehrere Zentimeter groß werden.

Bild 114 (oben rechts): Das Bauchborstenwürmchen *Chaetogaster* sp. wird etwa 2 mm lang. Vergr. 40:1.

Bild 115 (unten): Die meisten Milben sehen zwar furchterregend aus, sind aber völlig harmlos. Vergr. 100:1.

11.5. Zupf- und Quetschpräparate

Um Organe für die mikroskopische Untersuchung zugänglich zu machen, werden kleine stecknadelkopfgroße Stückchen entnommen. Diese sind in eine lichtdurchlässige Form zu bringen. Außerdem müssen die Präparate sehr dünn sein, um scharfe Bilder zu liefern. Man bringt die Organstücke in einem Tropfen physiologische Kochsalzlösung (0,64%ig) auf den Objektträger und zerreißt sie mit zwei spitzen Nadeln so klein es geht. Ist nach Auflegen des Deckglases das Präparat zu dick, kann mit einem stumpfen, sauberen Gegenstand an der Stelle auf das Deckglas gedrückt

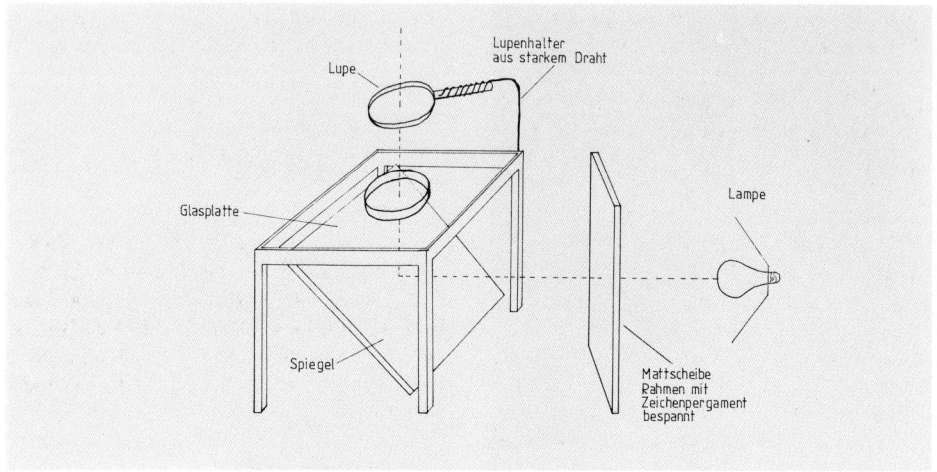

Bild 116: Selbstgebauter Präpariertisch.

werden, wo sich die größten Stücke befinden. Nun legt man das Präparat auf den Objekttisch und beginnt bei kleinster Vergrößerung mit der Untersuchung. In welchem Fall Zupf- oder Quetschpräparate anzufertigen sind, ist in Kapitel 3 bei der Beschreibung der Organe aufgeführt. <u>Quetschpräparate</u> erfordern etwas Gewalt. Dazu wird das Organstück zwischen zwei gekreuzten Objektträgern ohne Wasser gepreßt, bis es hauchdünn ausgebreitet ist. Dann werden die Objektträger auseinandergezogen, ohne sie dabei gegeneinander zu verschieben. Auf die dünne Materialschicht gibt man etwas Wasser und deckt das Präparat mit einem Deckglas ab.

11.6. Isolieren der Erreger

Wurden in einem Frischpräparat ein oder mehrere Parasiten gefunden, so ist es manchmal angebracht, diese in ein neues Präparat zu überführen. Die Gründe dafür können verschiedener Natur sein. Vielleicht möchte man den Parasiten genauer sehen oder sauber isoliert fotografieren können. Auch wenn man ein Dauerpräparat anfertigen möchte, müssen die Parasiten aus dem Frischpräparat herausgeholt und weiter behandelt werden. Dazu legt man den Objektträger auf eine Glasplatte, die von unten beleuchtet werden kann. Als Lichtquelle nimmt man z. B. eine Glühbirne (Schreibtischlampe), deren Licht über einen Spiegel von unten durch die Glasplatte und das Präparat geleitet wird (Bild Nr. 116). Vor den Spiegel kann ein Blatt Zeichenpergamentpapier (Buchhandlung) gestellt werden, damit ein diffuses Licht entsteht.

Betrachtet man nun mit einer starken Lupe von oben das Präparat, so sind die Parasiten darin zu erkennen. Eine Standlupe ist praktisch, da beide Hände frei bleiben. Nun hebt man das Deckglas mit einer spitzen Pinzette vorsichtig ab. Haftet dem Deckglas Material an, so wird dieses mit einer Präpariernadel auf den Objektträger abgestreift. Einfacher ist es, das Material von Deckglas und Objektträger in ein kleines flaches Schälchen (Blockschälchen, Petrischale) mit zwei bis drei Millilitern physiologischer Kochsalzlösung zu übertragen (Herstellung: Kapitel 10, C12). Nun nimmt man zwei Präpariernadeln und befreit die Parasiten von dem sie umgebenden Gewebe. Darmstücke werden zerrupft oder längs aufgeschnitten. Viele Parasiten sind in dieser Lösung mehrere Stunden haltbar, so daß man sich mit der weiteren Verarbeitung nicht zu beeilen braucht. Mit einer fein ausgezogenen Pipette können die Parasiten einzeln angesaugt und auf saubere Objektträger in einen kleinen Tropfen phys. Kochsalzlösung übertragen werden. Nach Abdecken mit einem Deckglas mikroskopiert man bei 100- bis 300facher Vergrößerung. Größere Parasiten können leicht vom Deckglas zerdrückt werden. Darum ist es ratsam, durch Abstandhalter zu verhindern, daß das Deckglas zu dicht aufliegt. Dazu benötigt man etwas Plastillin (Knetmasse), aus dem mit den vier Ecken des Deckglases nacheinander kleine Stücke ausgestochen werden, so daß sie an den Ecken haften bleiben. Das Deckglas legt man nun mit den Plastillinfüßchen nach unten auf den Objektträger mit dem Parasiten. Dann drückt man mit einer Nadel vorsichtig nacheinander auf die vier Ecken, bis der Parasit festgeklemmt ist. Fehlendes Wasser wird vom Rand aus zugegeben. Nun kann das Objekt mikroskopiert werden.

Extrem kleine Parasiten wie Flagellaten in Darm und Blut sind mit einer Lupe nicht mehr sichtbar. Deshalb legt man das abgedeckte Präparat noch einmal auf den Objekttisch des Mikroskops und sucht mit einem schwach vergrößernden Objektiv im Strahlengang eine Stelle, die viele Flagellaten enthält. An diesem Ort saugt man mit einer ganz fein ausgezogenen Pipette Flüssigkeit an. Sie wird in einen vorbereiteten winzigen Tropfen phys. Kochsalzlösung auf einen Objektträger übertragen. Ein solches Präparat wird sehr dünn, so daß es auch bei sehr hoher Vergrößerung betrachtet werden kann.

Manchmal ist es notwendig, Frischpräparate über einige Tage zu erhalten, um die weitere Entwicklung der Erreger verfolgen zu können. Man legt sie in eine feuchte Kammer, um die Wasserverdunstung zu verhindern. Ein dicht schließendes Glas, dessen Boden zwei cm hoch mit Wasser bedeckt ist, reicht aus. Die Objektträger werden auf einen Sockel gelegt, der etwas über die Wasseroberfläche herausragt. Zum Mikroskopieren braucht nur die Unterseite des Objektträgers abgewischt zu werden.

11.7. Allgemeine Anleitungen zur Präparation

Viele der in diesem Kapitel genannten Chemikalien dürfen nicht in die Hände von Kindern gelangen. Sie sind giftig beim Verschlucken und bei Berührung mit der Haut. Die Alkohole und Lösungsmittel sind leicht entzündlich, und ihre Dämpfe bilden explosive Gemische mit der Luft.

In vielen Fällen erweist es sich als notwendig, Parasiten über längere Zeit aufzubewahren. Sei es, daß man sie für später zum Vergleich aufheben oder einem Fachmann zum Bestimmen übergeben möchte. Das Problem dabei ist, die mikroskopisch kleinen Organismen so lange zu erhalten, bis sie bestimmt sind. Deshalb hebt man sie entweder in Lösungsmittelmischungen auf oder fertigt Dauerpräparate an. Sie können während des Präparationsvorgangs auch gefärbt werden. Bis zum fertigen Dauerpräparat sind mehrere Arbeitsgänge notwendig. Der erste ist das Fixieren. Durch die entsprechende Fixierflüssigkeit, in die das Objekt eingelegt wird, tötet man die Zellen ab, und das Gewebe bleibt im lebensechten Zustand erhalten, es zersetzt sich nicht mehr. Dabei dürfen ganze Organismen nicht ihre Form verändern. Das Fixiermittel hat weiterhin die Aufgabe, das Objekt für die weitere Verarbeitung vorzubereiten. Es läßt das Eiweiß gerinnen, so daß die Zellmembranen durchlässig werden und Farbstoffe in die Zellen eindringen können. Deshalb dürfen die eingelegten Objekte an keiner Stelle dicker als einen Zentimeter sein. Die benötigte Flüssigkeitsmenge beträgt das 50- bis 100fache des Objektvolumens. Das Fixiergemisch muß eine bestimmte Zeit lang einwirken und darf nur einmal benutzt werden. Manchmal ist es notwendig, die Fixierlösung nach dem Fixiervorgang wieder aus dem Objekt herauszuwaschen. Dazu werden die Objekte eine gewisse Zeit in destilliertes Wasser oder in Alkohol gelegt. In den folgenden Präparationsanleitungen sind die Arbeitsgänge und die Verweilzeiten der Objekte in den Lösungen genau angegeben. Nach diesen Angaben kann auch der Anfänger brauchbare Präparate herstellen. Er hat dann die Möglichkeit, diese an den Arbeitskreis Fischkrankheiten des VDA oder ein Institut zur Bestimmung zu schicken.

Da die Fixierung schnell gehen muß, werden größere Objekte immer in ein vorbereitetes Gefäß mit Fixiermischung gegeben. Zur Übertragung der Objekte nimmt man eine feine Pinzette (Federstahl) oder saugt sie mit einer fein ausgezogenen Pipette an. Dabei soll möglichst wenig Wasser in die Fixierflüssigkeit gelangen. Würmer (Nematoden) lassen sich auch gut mit einer Präpariernadel fangen und umsetzen.

Die zu präparierenden Objekte enthalten sehr viel Wasser, welches entfernt werden muß, weil es sich nicht mit den Einbettungsmitteln (meist Kunstharze) verbindet. Zum Entwässern braucht man Alkohol in verschiedenen Konzentrationen. Je nachdem, welches Fixiermittel benutzt wurde, wird mit 20- bis 40%igem Alkohol begonnen und dann in Schritten die Alkoholkonzentration jeweils um 10–15% erhöht, bis sich die Objekte in reinem Alkohol befinden. Die Konzentrationsstufen stellt man sich gemäß den folgenden Anleitungen selbst her und bewahrt sie in dicht schließenden Flaschen auf, da Alkohol die Feuchtigkeit aus der Luft anzieht und sich so selbst verdünnt. Die Objekte können aus dem Fixiermittel direkt in eine Alkoholstufe gebracht werden, deren Konzentration ungefähr dem Alkoholgehalt der Fixiermischung entspricht. In allen Arbeitsgängen soll die Flüssigkeitsmenge das 50- bis 100fache des Objektvolumens betragen. Die einzelnen Arbeitsgänge führt man in kleinen Glasschälchen (Blockschälchen) aus, die mit Glasplättchen abgedeckt werden. Man kann die Objekte von Stufe zu Stufe überführen oder mit einer Pipette die Flüssigkeit absaugen und durch die der nächsten Stufe ersetzen. Damit kein Objekt mit abgesaugt wird, kontrolliert man die Pipettenspitze während des Absaugens mit einer Lupe. So durchlaufen die Objekte die Alkoholstufen, bis eine Konzentration von 70% erreicht ist. In dieser können sie auch ein bis zwei Tage gelagert werden. Das Gefäß muß natürlich luftdicht verschlossen sein. Objekte, die nicht gefärbt werden sollen, durchlaufen nun die weiteren Alkoholstufen bis zur 100%igen Konzentration. Am besten nimmt man für die höheren Alkoholstufen über 60% Isopropylalkohol, da dieser in 100%iger Form in der Apotheke erhältlich ist. Man verdünnt ihn wie in 11.8. beschrieben auf die benötigten Konzentrationen. Reiner Äthylalkohol ist wasserfrei nur im Chemikalienhandel erhältlich und für diese Zwecke viel zu teuer. Aus reinem Isopropylalkohol werden die Objekte nun in Xylol übertragen, welches noch einmal zu wechseln ist. Nach der vorgeschriebenen Verweilzeit bereitet man einen oder mehrere sorgfältig gesäuberte Objektträger vor, indem man einen Tropfen Einschlußmittel auf deren Mitte gibt. Nun fischt man die Objekte aus dem Xylol und überträgt je eins bis drei davon in die Balsamtropfen. Mit einer Nadel können sie noch ausgerichtet werden. Dann deckt man mit einem sauberen Deckglas blasenfrei ab.

Das Präparat soll nun mehrere Stunden bis Tage eben und staubfrei liegen, damit das Einschlußmittel trocknen kann. Dabei kann es bei dickeren Präparaten zum Schrumpfen des Einschlußmittels kommen. Man muß dann mehrmals an den folgenden Tagen etwas Einschlußmittel an den Rändern des Deckglases nachgeben. Sind keine Schrumpfungen mehr festzustellen, wird mit einem mit Xylol getränkten Lappen das überschüssige Einschlußmittel an den Rändern des Deckglases und auf dem Objektträger abgewischt. Danach wird das Präparat noch beschriftet. Dazu können zurechtgeschnittene Klebeetiketten rechts und links des Deckglases auf die freien Flächen geklebt werden.

Folgende Informationen müssen auf dem Präparat vermerkt werden:
Fixativ, Farbstoff und Einschlußmittel auf die eine Seite, auf die andere Seite der wissenschaftliche Name, die Herkunft (bei Parasiten Name des Wirtes und Organ), Name des Präparateherstellers und das Datum. Das trockene Präparat kann nun noch numeriert und in einem Sammelkasten (Kosmos) waagrecht gelagert werden. Auch die Protokollkarte, die über die Sektion Auskunft gibt, wird mit dieser Nummer versehen und danach in einem Ordner abgelegt. So ist jederzeit das eine zum anderen auffindbar.

Präparate zu färben kann viele Gründe haben. Der einfachste ist wohl, daß die Objekte im fertigen Präparat leichter auffindbar sind. Doppelfärbungen ermöglichen die Darstellung der inneren Organe in einer anderen Farbe als die äußeren Regionen. Der Arbeitsablauf beim Färben hängt von dem vorher benutzten Fixiermittel und dem Farbstoff ab. Enthält die Fixiermischung Alkohol, so kann direkt in einen in Alkohol gelösten Farbstoff übertragen werden. Soll mit einem in Wasser gelösten Farbstoff gefärbt werden, dann muß die Alkoholreihe abwärts gegangen werden, bis die Objekte in reinem destilliertem Wasser schwimmen. Nach der Färbezeit wird die Alkoholreihe aufwärts durchlaufen, dann werden die Objekte über Xylol auf einem Objektträger in Einschlußmittel gebracht und mit einem Deckglas abgedeckt.

Hat das Objekt zu lange in der Farblösung gelegen und ist undurchsichtig geworden (überfärbt), so kann die überschüssige Farbe durch bestimmte Flüssigkeiten wieder herausgelöst werden. Der Vorgang heißt differenzieren. Danach wird entweder gegengefärbt oder über die steigende Alkoholreihe entwässert und nach Xylol in Kunstharz eingeschlossen. Die weiter unten angegebenen Verweilzeiten in den Farblösungen und Alkoholstufen sind Mittelwerte, die nach eigenen Erfahrungen und der Größe der Objekte geändert werden können.

Sollen Präparate länger als einige Wochen aufbewahrt werden, so ist es notwendig, den Spalt zwischen Deckglasrand und Objektträger hermetisch abzuschließen. Dazu nimmt man Umrandungslack. Dieser wird mehrmals mit einem kleinen Pinsel auf den Rand des Deckglases aufgetragen, so daß er überlappt und das Deckglas mit dem Objektträger ohne Lücke verbindet. Das Präparat ist somit dauerhaft konserviert. Das Präparieren von Mikroorganismen ist eine interessante Tätigkeit für den Mikroskopiker. Mit der Zeit entsteht eine wertvolle Sammlung von Dauerpräparaten, die jederzeit zu Vergleichszwecken verfügbar sind. Man sollte das Präparieren bei Gelegenheit an ständig verfügbaren Objekten üben, damit seltene Parasiten nicht verdorben werden.

11.8 Spezielle Anleitungen zur Präparation

Wer Parasiten von Fischen und anderen Organismen dauerhaft präparieren möchte, muß eine Grundausrüstung von Chemikalien und Farbstoffen ständig verfügbar haben. Man benötigt: ein Liter Spiritus (Haushaltsware), ein Liter destilliertes Wasser, ein Liter Isopropylalkohol 100%ig, 250 ml Formalin 35–40%ig, 250 ml Xylol, 250 ml Milchsäure, 100 ml Glycerin, 100 ml Eisessig 100%ig, 100 ml Salzsäure 25%ig, je 100 ml von den Farbstofflösungen Methylenblau nach LÖFFLER und Boraxcarmin alkoholisch und 5–10 g von der Farbsubstanz Methylgrün (Chroma 1 A 292). Des weiteren braucht man verschiedene Einschlußmittel in handelsüblicher Packung wie Glyceringelatine nach KAISER, Polyvinyl-Lactophenol, Kanadabalsam oder Entellan und Umrandungslack für Deckgläser. Für Bakterienfärbungen wird noch zusätzlich benötigt: Carbol-Fuchsin-Lösung nach ZIEHL-NEELSEN, Carbol-Gentianaviolett-Lösung nach GRAM (Chroma 2 E 028), Jod-Jodkalium-Lösung nach GRAM 1:2:300 (Chroma 3 D 118) und Fuchsin-Lösung nach GRAM (Chroma 2 C 148). Bei den Farbstoffen, die von der Fa. Chroma vertrieben werden, ist die Bestell-

nummer in Klammer angegeben. Alle anderen Chemikalien und Lösungen sind im Kosmos-Service oder in Apotheken erhältlich (siehe Bezugsquellennachweis).
Einen <u>Meßzylinder</u> von 100 ml Inhalt mit Abstufungen von einem ml braucht man zum Abmessen von Flüssigkeiten. Zunächst werden die <u>Stufenalkohole</u> hergestellt. Als Ausgangsbasis dient Spiritus, er enthält 94% Äthylalkohol. Soll daraus nun 30%iger Alkohol hergestellt werden, dann gibt man 30 ml Spiritus in einen Meßzylinder und füllt mit destilliertem Wasser bis zur 94-ml-Marke auf. Um 60%igen Alkohol zu erhalten, gibt man 60 ml Spiritus und 34 ml destilliertes Wasser in die Vorratsflasche. Nach dieser Methode stellt man 30%igen, 40%igen, 50%igen, 60%igen Alkohol aus Spiritus her. Diese Stufenalkohole müssen in luftdicht schließenden Flaschen aufbewahrt und diese mit beschrifteten Etiketten versehen werden. Die höheren Stufen werden aus 100%igem Isopropylalkohol hergestellt. Man nimmt 70 ml davon und füllt auf 100 ml auf. Es werden 70%iger, 80%iger, 90%iger, 95%iger und 100%iger Isopropylalkohol benötigt. Als nächstes wird eine <u>Fixierflüssigkeit</u> (E 1) hergestellt, in der Würmer jahrelang aufbewahrt werden können. Zu 100 ml Spiritus (94%ig) werden 30 ml Formalin, 5 ml Eisessig und 200 ml destilliertes Wasser gegeben, alles gut gemischt und in einer luftdicht schließenden Vorratsflasche aufbewahrt. Gliederfüßer wie Krebse, Milben, Insekten und Insektenlarven werden in einer Mischung aus 90% Spiritus und 10% Milchsäure fixiert (E 2). Sie können darin einige Wochen gelagert werden. Die Objekte werden in diesen Flüssigkeiten in Flaschen ohne Luft zur Bestimmung verschickt.

11.8.1. Dauerpräparate in Polyvinyl-Lactophenol (PVL), E 3

Das im E 2 fixierte Material muß vor dem Einschluß in PVL in reine Milchsäure übertragen werden. Das kann stufenweise geschehen, indem man die Objekte in einer Reihe von Milchsäure-Alkohol-Mischungen hochführt. In der Regel reichen vier Stufen. Die erste Stufe besteht aus 25% Milchsäure und 75% Alkohol, die zweite Stufe aus 50% Milchsäure und 50% Alkohol, die dritte Stufe aus 80% Milchsäure und 20% Alkohol und die vierte Stufe aus 100% Milchsäure. Da Milchsäure aufhellend wirkt, bleiben die Objekte in der letzten Stufe, bis sie durchscheinen und werden dann in PVL übertragen.
Empfindliche Gliederfüßer können in den Stufen eins und zwei einige Stunden bleiben. Die Stufen drei und vier sollen jedoch nicht länger als je drei Stunden dauern. Man kontrolliert die Aufhellung von Zeit zu Zeit mit der Lupe und unterbricht durch Einbetten in PVL. Die Tiere brauchen nicht zu hell zu sein, da sie auch im fertigen Präparat im Laufe der Zeit noch etwas heller werden. Die in Bild 104 gezeigte Milbe wurde nach dieser Methode präpariert. Eine weitere Möglichkeit, Tiere aus der Fixiermischung in reine Milchsäure zu übertragen, ist besser für unempfindliche Objekte geeignet. Man füllt in ein kleines zylindrisches Gläschen etwas Milchsäure und gibt die Objekte mit Fixiermischung darauf. Die Menge der Fixierflüssigkeit soll nicht mehr als ein Viertel der Milchsäuremenge betragen. Die Tiere sinken langsam in die Milchsäure und können dann direkt in PVL übertragen werden. Zum Einbetten gibt man einen großen Tropfen PVL auf einen sauberen Objektträger. Nun überführt man die Tiere mit einer Nadel aus der Milchsäure in das PVL und legt ein Deckglas auf. Bei größeren Objekten müssen an den Ecken des Deckglases Abstandhalter aus Wachs oder Knetmasse angebracht werden. Das Präparat wird waagrecht gelagert und, falls notwendig, täglich am Deckglasrand PVL nachgegeben. Am dritten Tag wartet man, bis das zuletzt zugegebene PVL angetrocknet ist, kratzt das überschüssige Einschlußmittel mit einem spitzen Messer ab und umrandet das Deckglas. Wartet man damit länger, so können Schrumpfungen auftreten. Als Übungsobjekte eignen sich Wasserflöhe und kleine Insekten.

11.8.2. Dauerpräparate in Kanadabalsam oder Entellan, E 4

Diese Präparationsmethode eignet sich gut für Bandwürmer und Gliederfüßer. Nematoden sind etwas empfindlich und schrumpfen leicht, darum muß nach dieser Methode sehr sorgfältig gearbeitet werden. Die aus dem Fisch herauspräparierten Parasiten werden in E 1 mindestens 24 Stunden lang fixiert. Man kann sie in dieser Fixiermischung auch monatelang aufbewahren. Sollen die Objekte gefärbt werden, braucht man noch salzsauren Alkohol. Die Herstellung ist einfach: man gibt auf 100 ml 70%igen Alkohol (reines Äthanol oder Isopropanol verwenden, keinen Spiritus) 2 ml Salzsäure.

Die Präparation erfolgt nach dem nun genannten Schema:

1. Fixieren in E 1, mindestens 24 Stunden lang
2. Überführen in 40%igen Alkohol, 2 Stunden lang
3. Übertragen in 50%igen Alkohol, 10 Minuten lang
4. Übertragen in Boraxcarmin, 2–5 Tage lang, je nach Dicke
5. Übertragen in 50%igen Alkohol, 30 Minuten lang
6. Übertragen in 60%igen Alkohol, 10 Minuten lang
7. In salzsaurem Alkohol entfärben, 1–10 Stunden, je nach Dicke
8. Übertragen in 70%igen Alkohol, 20 Minuten lang
9. Übertragen in 80%igen Alkohol, 10 Minuten lang
10. Übertragen in 90%igen Alkohol, 10 Minuten lang
11. Übertragen in 95%igen Alkohol, 15 Minuten lang
12. Übertragen in 100%igen Alkohol, 15 Minuten lang, einmal wechseln

Treten bei der direkten Übertragung der Objekte aus 100%igem Alkohol in Xylol Schrumpfungen auf, wird in Abstufungen vorgegangen.

13. Übertragung in eine Mischung aus 75% Alkohol und 25% Xylol, 15 Minuten lang
14. Überführen in eine Mischung aus 50% Alkohol und 50% Xylol, 15 Minuten lang
15. Übertragen in eine Mischung aus 25% Alkohol und 75% Xylol, 15 Minuten lang
16. Überführen in 100%iges Xylol, 15 Minuten lang
17. Einbetten in Balsam

Dicke Würmer und große Gliederfüßer bleiben länger in den Xylolstufen (bis zu 2 Stunden). Wird das Innere des Objektes beim Einbetten in Balsam (z.B. Entellan) plötzlich schwarz im Durchlicht oder weiß im Auflicht, muß schonender eingebettet werden. Man stellt eine Mischung aus 10% Balsam und 90% Xylol her und gibt diese in ein kleines Schälchen. Darin bleiben die Objekte, bis das Xylol so weit verdunstet ist, daß das Medium eine sirupartige Konsistenz hat. Nun können sie in Balsam eingeschlossen werden. Eine andere Möglichkeit ist, die Objekte, während sie in Xylol liegen, mit einer sehr feinen Nadel drei- bis viermal anzustechen. Nun kann der Balsam eindringen, und die Objekte bleiben klar. Führen auch diese Ratschläge nicht zu durchsichtigen Objekten, geht man nach E 3 oder E 5 vor. Zur Übung können Wasserflöhe, Hüpferlinge und kleine Würmer präpariert werden. Die Bandwurmglieder von Bild 96 wurden nach dieser Methode präpariert.

11.8.3. Dauerpräparate in Glyceringelatine, E 5

Diese Präparationsart ist sehr schonend. Sie ist für alle Objekte geeignet, die bei E 3 und E 4 Schrumpfungen zeigen oder zu stark aufhellen. Zuerst wird 24 Stunden lang in E 1 fixiert und danach in 50%igem Alkohol zwei Stunden lang ausgewaschen. Nun überträgt man die Objekte 15 Minuten lang in 60%igen Alkohol, dann können sie ein bis drei Tage lang in alkoholischem Boraxcarmin nach GRENACHER gefärbt werden. Danach werden sie in 60%igen Alkohol zurückgeführt. Ist die Färbung intensiv oder zu stark, kann als nächstes

in salzsaurem Alkohol differenziert werden. Das Auswaschen geschieht eine Stunde lang in 70%igem Isopropylalkohol. In den folgenden Stufen (80%iger, 90%iger, 95%iger, 100%iger Isopropylalkohol) bleiben sie je 15 Minuten lang.
Zur weiteren Präparation benötigt man eine Mischung aus 95 ml Isopropylalkohol (100%ig) und 5 ml Glycerin. Diese Mischung hebt man in einer dicht schließenden Flasche auf. In ein nicht zu flaches kleines Gefäß gibt man etwa 5 ml der Mischung, legt die Objekte hinein und stellt es offen an einen warmen, staubfreien Ort. Der Isopropylalkohol verdunstet, und nach mehreren Stunden bis Tagen liegen die Objekte in reinem Glycerin. Die Zeit kann durch die Größe der Verdunstungsoberfläche oder durch teilweise Abdeckung reguliert werden. Gut geeignet sind Gefäße mit nach unten gewölbtem Boden, wo sich dann an der tiefsten Stelle die Objekte sammeln. Aus dem nun alkoholfreien Glycerin kann jetzt direkt in Glyceringelatine auf einem Objektträger eingeschlossen werden. Mit einem kleinen Messer oder Spatel entnimmt man der Vorratsflasche ein tropfengroßes Stück Glyceringelatine und legt es in die Mitte eines Objektträgers. Dieser wird nun ganz kurz in einer Flamme leicht erhitzt. Wenn die Glyceringelatine geschmolzen ist, dürfen die Würmer nicht gleich eingebettet werden. Man wartet, bis die Gelatine wieder etwas abgekühlt ist. Dann überführt man die Würmer mit einer Nadel aus dem Glycerin auf den Objektträger und legt sie in die Glyceringelatine. Ist die Gelatine schon zu zähflüssig, wenn man das Deckglas auflegt, kann der Objektträger noch einmal kurz erwärmt werden. Nun muß das Präparat waagrecht liegen, bis die Glyceringelatine erstarrt ist. Man kratzt das überstehende Material bis zum Deckglas ab und umrandet mit Lack. Die Umrandung muß an den folgenden Tagen wiederholt werden. Als Übungsobjekte eignen sich kleine Nematoden aus der Erde, Essigälchen oder Grindalwürmchen aus Futterzuchten.

11.8.4. Farbfixierung von Flagellaten und Ciliaten, E 6

Sollen Flagellaten und Ciliaten grob bestimmt werden, so muß man sie fixieren, damit die Form der Zelle, der Zellkern und die Geißeln erkannt werden können. Dazu eignet sich die Methylgrün-Formalin-Lösung. Zunächst wird die Gebrauchslösung hergestellt. Man gibt in eine braune, fest verschließbare Flasche 0,1 g Methylgrün und fügt 80 ml destilliertes Wasser hinzu. Nun löst man den Farbstoff durch leichtes Schütteln, dann gibt man noch 20 ml Formalin (35–40%ig) dazu. Wenn alle Bestandteile gut gemischt sind, kann die Anwendung erfolgen. Zur Kernfärbung ist bei manchen Flagellaten Karmin-Essigsäure (Chroma Nr. 2C131) besser geeignet. Sie zerstört jedoch die Geißeln. Ausgangsbasis sind in der Regel Frischpräparate, die Darminhalte, Gallenflüssigkeit oder Schleimhautabstriche enthalten. Zunächst hebt man das Deckglas ab und entfernt alle festen und dicken Gewebereste. Nun gibt man etwas phys. Kochsalzlösung hinzu und legt das Deckglas wieder auf. Ist das Präparat zu dick, bleibt es kurze Zeit liegen, bis sich durch Wasserverdunstung der Zwischenraum verringert hat. Nun gibt man einen kleinen Tropfen Methylgrün-Formalin an den Rand des Deckglases und beobachtet mit dem Mikroskop bei 200- bis 300facher Vergrößerung, wie die Flagellaten absterben. Nachdem sich die Strömung im Präparat beruhigt hat, sucht man sich frei liegende Exemplare und betrachtet sie dann mit maximaler Vergrößerung. Möchte man eine gleichmäßig verteilte Farblösung haben, dann gibt man einen kleinen Tropfen flagellatenhaltige Flüssigkeit oder den Hautabstrich mit wenig Wasser auf einen Objektträger. Daneben setzt man einen halb bis viertel so großen Tropfen Methylgrün-Formalin-Lösung oder Karmin-Essigsäure. Mit einer Nadel werden die beiden Tropfen schnell verrührt und ein Deckglas aufgelegt. Auch hier wird zunächst mit mittlerer Vergrößerung ein gut erhaltener Flagellat gesucht und dann mit maximaler Vergrößerung betrachtet. Da die nach dieser Methode fixierten Einzeller nicht haltbar sind, ist es ratsam, eine Zeichnung oder zumindest eine Skizze anzufertigen. Bei Verwendung von Methylgrün-Formalin färben sich die Zellkerne von Blut- und Schleimhautzellen grünblau, während das Plasma schwach grün erscheint (Bild Nr. 85). Sind die Zellen intensiv grün gefärbt, wurde zu viel der Farbfixierlösung genommen. Bei Karmin-Essigsäure färben sich die Zellkerne rot und das Plasma rosa.

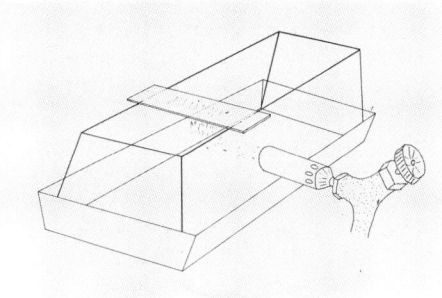

Bild 117: Färbegestell aus stabilem Draht in einer Fotoschale aus Kunststoff.

11.8.5. Färben von Bakterien

Für die Färbung von Bakterien benötigt man einen Spiritusbrenner oder eine Lötlampe sowie ein Färbegestell. Letzteres baut man sich aus Draht. Es muß so hoch sein, daß die Flamme kurzzeitig darunter gehalten werden kann, und so breit, daß drei bis vier Objektträger nebeneinander darauf liegen können. Die Beine verbreitert man nach unten, damit das Gestell einen sicheren Stand hat. Es wird in eine Plastikwanne (Fotoschale) gestellt, die herunterfließenden Farbstoff auffängt (Bild Nr. 117). Flecken lassen sich nur sehr schwer entfernen. Auch dürfen die gebrauchten Farben nicht in den Ausguß oder die Toilette geschüttet werden. Man sammelt sie in fest verschließbaren Flaschen und gibt sie bei Sondermüllsammlungen ab. Eine endgültige Bestimmung der Bakterien ist dem Laien nicht möglich. Dazu müssen die Bakterien auf speziellen Nährböden gezüchtet werden. Man muß das Wuchsverhalten und die Farben der sich entwickelnden Kolonien feststellen. Diese Bestimmungen sind aufwendig und sollen nur von Fachleuten durchgeführt werden. Dem aufmerksamen Mikroskopiker ist es jedoch möglich, eine Bestimmung so weit vorzunehmen, daß er ein Antibiotikum zur Bekämpfung der Krankheit auswählen kann. Dazu stellt man zuerst die ungefähre Größe und die Beweglichkeit der Bakterien fest (Kapitel 4 und 1, Tafel 21). Die genaue Größe bestimmt man erst später an Hand des fixierten und gefärbten Präparates. Nun werden von flüssigem Material, das Bakterien enthält, Ausstriche hergestellt. Von Organen quetscht man kleine Stückchen kräftig zwischen zwei gekreuzten Objektträgern, dann wird mit jedem der zwei und je einem sauberen Objektträger nochmals so verfahren. Es entstehen vier hauchdünne Quetschpräparate. Herauspräparierte Tuberkulosezysten werden auf diese Art behandelt. Die Objektträger sollen nun an der Luft etwa zwei Stunden lang trocknen. Danach müssen sie hitzefixiert werden. Dazu hält man den Objektträger mit der Schichtseite nach oben zwischen Daumen und Zeigefinger und führt ihn dreimal zügig durch die leuchtende Flamme der Lötlampe. Die Unterseite des Objektträgers muß dabei so heiß werden, daß man eine starke Hitze empfindet, sich jedoch nicht verbrennt, wenn man sie kurze Zeit auf den Handrücken drückt. Verfärbt sich die Schichtseite, gibt Rauch ab oder riecht stark, war die Fixierung zu heiß. So weit müssen die Präparate für beide nun folgenden Färbungen vorbereitet werden.

11.8.6. Die Gram-Färbung, E 7

Man nimmt eines oder mehrere der fixierten Präparate und legt sie auf das Färbegestell, um

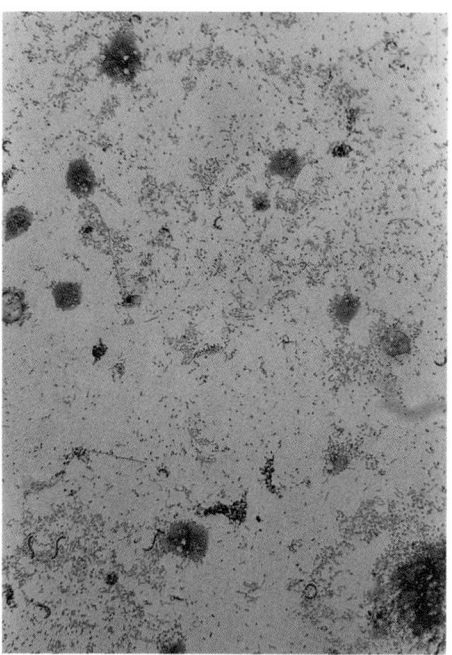

Bild 118: Gram-gefärbter Kahmhautausstrich.
grampositive Bakterien: blau-schwarz
gramnegative Bakterien: rot
Mikroskopvergrößerung: 400 ×, effektive Vergrößerung auf Dia: 110 ×, Bildlänge: 345 Mikrometer.

die GRAM-Färbung durchzuführen. Die Präparate müssen waagrecht liegen, damit die Farbe nicht herabläuft. Die in dem schematischen Ablauf genannten Zeiten können nach eigenen Erfahrungen etwas geändert werden. Zum Abschütten der Farblösung packt man den Objektträger nicht mit den Fingern sondern mit einer Pinzette, da auch die Haut stark gefärbt wird.
Der Ausstrich wird nun vollständig mit Karbolgentianaviolettlösung bedeckt. Nach drei Minuten hält man den Objektträger kurze Zeit schräge, damit die Farbe ablaufen kann. So schnell wie möglich wird Jodjodkaliumlösung aufgetropft, abgegossen und neu aufgetropft. Das Jodjodkalium soll insgesamt 80 Sekunden lang einwirken. Nach dem Abgießen schwenkt man den Objektträger 60 Sekunden lang in einer mit Spiritus gefüllten Küvette. Zum Abtropfen wird der Objektträger mit der langen Kante senkrecht auf saugfähiges Papier gestellt. Dann legt man ihn zum Trocknen einige Minuten waagrecht. Mit Fuchsinlösung nach GRAM wird dann 80 Sekunden lang gegengefärbt. Nach gründlichem Abspülen unter fließendem Wasser läßt man den Ausstrich an der Luft trocknen, gibt einen kleinen Tropfen Balsam darauf und legt ein Deckglas auf. Der Raum zwischen Deckglas und Ausstrich muß sehr dünn sein, damit auch mit Ölimmersion gearbeitet werden kann. Verflüssigt man den Balsam mit einem Drittel Xylol, wird der Abstand zwischen Deckglas und Objektträger geringer. Grampositive Bakterien erscheinen blau-violett, gramnegative rot. Die Färbung beruht auf der Fähigkeit der grampositiven Bakterien, die violette Farbe im Alkoholbad (Differenzieren) beizubehalten, während gramnegative sie verlieren (Bild Nr. 118). Diese färben sich mit Fuchsin rot. Wird das Differenzieren zu lange ausgedehnt, verlieren auch die grampositiven Bakterien ihre Farbe.

11.8.7. Ziehl-Neelsen Färbung, E 8

Diese Färbung dient dem Nachweis von Tuberkulosebakterien. Wenn nicht sicher ist, ob Zysten in Geweben und Organen auf Tuberkulose oder *Ichthyophonus* zurückzuführen sind, wendet man diese Färbung an, um die Tuberkulosebakterien sichtbar zu machen. In alten Zysten sind manchmal keine Bakterien mehr enthalten, deshalb müssen immer mehrere Zysten zu Quetschpräparaten verarbeitet werden. Die luftgetrockneten und hitzefixierten Präparate werden auf das Färbegestell gelegt und der Objektträger vollständig mit Karbol-Fuchsinlösung nach ZIEHL-NEELSEN überdeckt. Nun erhitzt man mit einer leuchtenden Bunsenflamme von unten den Objektträger bis Dämpfe aus der Farblösung aufsteigen. Die Lösung darf auf keinen Fall kochen.

Die aufsteigenden Phenoldämpfe sind beim Einatmen gesundheitsschädlich, darum arbeitet man im Freien oder am geöffneten Fenster. Drei Minuten lang wird die Lösung durch zeitweiliges Erwärmen am Dampfen gehalten. Verdunstete Lösung muß nachgegeben werden, der Ausstrich darf nicht trocken liegen. Dann läßt man das Präparat noch eine Minute lang abkühlen und gießt den Farbstoff ab. Nach gründlichem Abspülen unter fließendem Wasser schwenkt man den Objektträger in einer Küvette mit salzsaurem Alkohol (Herstellung Kapitel 11.8.2.) 60 bis 90 Sekunden lang. Danach spült man unter fließendem Wasser gründlich ab. Nun färbt man mit Methylenblau-Lösung nach LÖFFLER, die 1:5 mit destilliertem Wasser verdünnt wurde, drei Minuten lang gegen. Die Farbe wird mit destilliertem Wasser abgespült und das Präparat an der Luft getrocknet. Dann gibt man einen kleinen Tropfen verdünnten Balsam darauf und deckt mit einem Deckglas ab. Tuberkulosebakterien scheinen nun rot gefärbt, während andere Bakterien und Gewebeteile blau sind (Bild Nr. 119). Sollen die Präparate haltbar sein, reinigt man den Objektträger nach dem Trocknen bis zum Deckglas hin und umrandet mit Lack.

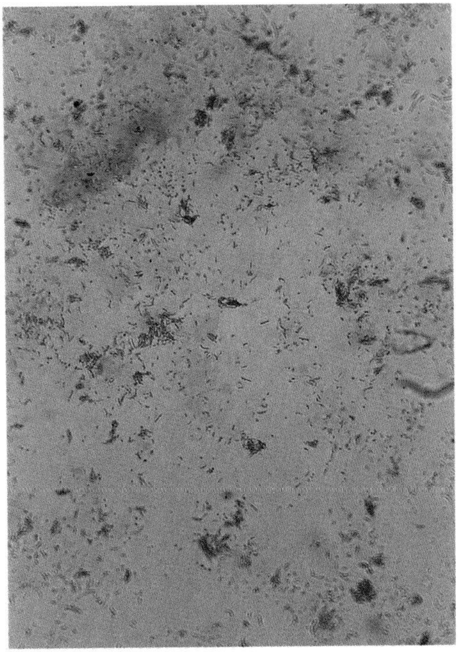

Bild 119: Mycobakterien (rot), gefärbt nach ZIEHL-NEELSEN, Mikroskopvergrößerung: 800 ×, effektive Vergr. 500:1; Bildlänge: 120 Mikrometer.

11.8.8. Einfache Bakterienfärbung, E 9

Mit Karbolfuchsin nach ZIEHL-NEELSEN und Methylenblau nach LÖFFLER lassen sich Bakterien schnell und intensiv anfärben. Die Vorgehweise ist für beide Farbstoffe gleich. Auch die im Ausstrich vorhandenen Gewebeteile färben sich, so daß die darin enthaltenen Bakterien oft schlecht zu erkennen sind. Es wird nach folgendem Schema vorgegangen:
1. Ausstrich auf Objektträger 1-2 Stunden an der Luft trocknen lassen.
2. hitzefixieren
3. Karbolfuchsin oder Methylenblau auftropfen und 5 Minuten einwirken lassen.
4. Unter fließendem Wasser abspülen.
5. An der Luft trocknen lassen.
6. In verdünntem Balsam einschließen.

Die Präparate werden mit 300–600facher Vergrößerung betrachtet.

11.8.9. Färbung von Schleimhaut und Blut, E 10

Abstriche von Schleimhaut, Blutpräparate und manche Quetschpräparate haben mitunter sehr wenig Kontrast. Darin befindliche Parasiten erkennt man zwar sofort, die Struktur des Gewebes, die Zellwände und die Zellkerne heben sich jedoch im Präparat nicht ab. Möchte man mehr Details sehen, muß das Präparat gefärbt werden. Dazu ist Methylenblau nach LÖFFLER geeignet, das 1:5 verdünnt, in einer fest schließenden Flasche aufbewahrt werden kann. Zu dem auf dem Objektträger in Wasser liegenden Abstrich oder mit phys. Kochsalzlösung verdünnten Blut gibt man die gleiche Menge Farblösung, wartet eine Minute und legt das Deckglas auf. Überschüssige Flüssigkeit wird am Deckglasrand abgesaugt. Die Zellkerne färben sich intensiver als das Plasma der Zellen. Schwächere Färbungen erhält man, wenn man weniger Farblösung nimmt. Soll die Färbung intensiver sein, so bringt man das zu untersuchende Material auf dem Objektträger nicht zuerst in Wasser, sondern gleich in die Farblösung. Nach dieser Methode wurde der Blutausstrich von Bild Nr. 40 gefärbt. Auch viele Ciliaten lassen sich auf diese Art und Weise anfärben.

11.9. Die Fotografie als Mittel der Dokumentation

Wer mikroskopiert, hat von Zeit zu Zeit Objekte im Blickfeld, die ihm so gut gefallen, daß er sie für immer erhalten möchte. Der Wunsch ist geboren, das Gesehene auf einer Fotografie festzuhalten. Ein weiterer Grund kann sein, daß im Moment der Beobachtung nicht sicher ist, ob es gelingt, das Objekt unbeschädigt aus dem Frischpräparat zu isolieren. Gerade einzeln vorkommende Parasiten können leicht verloren gehen. Das Präparat kann mißlingen oder das Objekt beschädigt werden. Gut gelungene Fotos können unter Umständen sogar bei der Bestimmung der Parasiten hilfreich sein. Manche Objekte lassen sich so schwer präparieren, daß die Fotografie das einzige Mittel der Dokumentation ist.

Zum Anfertigen guter Mikrofotos ist keine Spezialkamera notwendig. Jede Spiegelreflexkamera mit abnehmbarem Objektiv ist dazu geeignet. Viel wichtiger ist die Beleuchtung. Es wird viel Licht benötigt und das köhlersche Beleuchtungsprinzip ist für erstklassige Bilder obligatorisch. In der Gebrauchsanweisung Ihres Mikroskopes können Sie nachlesen wie die köhlersche Beleuchtung eingestellt wird. Selbstverständlich können von einem schlechten Präparat keine guten Bilder angefertigt werden. Die Präparate müssen um so dünner sein, je höher die Vergrößerung ist, da mit steigender Vergrößerung die Schärfeebene immer dünner wird. Das Kameragehäuse wird mittels eines <u>Mikroskopadapters</u> an den Okulartubus angeschlossen. Diese Adapter werden von den Kameraherstellern angeboten. Dann gibt es noch die Adapter von Fotozubehörfirmen (Hama, Rowi), welche mit einem Anschlußring (Systemadapter) an den jeweiligen Kameratyp adaptiert werden (Bild Nr. 120). Ein solcher Adapter besteht aus drei Teilen. Das dünne untere Teil schiebt man bei entferntem Okular bis zum Anschlag über den Tubus. Das Okular wird nun wieder eingesetzt und der Adapter mit einer seitlich angebrachten Schraube am Okulartubus arretiert. Das mittlere Teil wird mit dem Systemanschluß gekoppelt und an die Kamera angesetzt. Danach kann der Tubus mit Kamera an den am Mikroskop befindlichen Teil mit einer Drehung angeschlossen werden. Das mikroskopische Bild wird nun auf die Mattscheibe der Kamera projiziert und während man durch den Sucher blickt am Feintrieb des Mikroskopes scharf gestellt. Eine große Hilfe beim Scharfstellen ist ein Winkelsucher mit verstellbarer Augenlinse. Ist dieser an den Suchereinblick angeschlossen, so wird die Augenlinse so lange verstellt, bis die Mikroprismen (oder Fadenkreuz) der Mattscheibe exakt scharf zu sehen sind. Bildet man nun das Objekt mittels der Mikrometerschraube auf der Mattscheibe scharf ab, dann wird auch das Foto scharf.

Bei der Anwendung der Kamera ist einiges zu beachten. Grundsätzlich ist jede einäugige Spiegelreflexkamera zur Mikrofotografie geeignet. In der Praxis werden jedoch meist nur solche Modelle benutzt, die einen eingebauten Belichtungsmesser haben. Diese sogenannte <u>Innenmessung</u> steuert bei neueren Kameras automatisch über einen Computer die Verschlußzeit oder ist nur im Sucher ablesbar, damit man den Zeitwert manuell

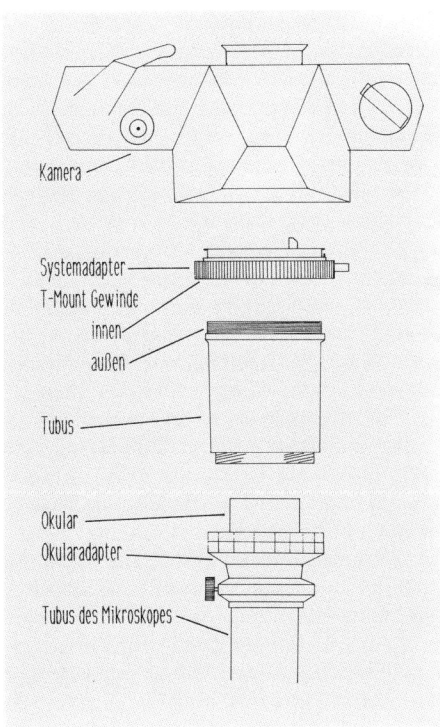

Bild 120: Mikroskopadapter für Kleinbildkamera. Universaladapter mit wechselbarem Systemanschluß.

einstellen kann. Bei beiden Systemen ist es mitunter notwendig, die angezeigte Belichtungszeit zu korrigieren, da die Messung einen Durchschnittswert aus den hellen und dunklen Bildteilen erstellt. Dieses Integralmeßsystem ist bei den meisten Kameras eingebaut. Wenige ganz neue Modelle bieten Spotmessung, bei der nur ein Fleck in der Bildmitte angemessen wird.

Bei jeder Aufnahme muß darauf geachtet werden, wie groß das Objekt im Verhältnis zur Bildgröße ist und ob starke Kontraste vorherrschen. Ist bei Hellfeldaufnahmen das Objekt dunkler als der Hintergrund, so muß der Korrekturring in positiver Richtung gedreht werden. Bei Dunkelfeldaufnahmen dagegen ist das Objekt viel heller als der Hintergrund, es wird im Minusbereich korrigiert. Da das Meßsystem einen Mittelwert aus hellen und dunklen Bildstellen erstellt, muß die Belichtungszeit verlängert oder gekürzt werden, um die maßgeblichen Bildpartien richtig zu belichten. Die Größe der Korrektur ist von zwei Werten abhängig: der Objektgröße und dem Helligkeitsunterschied zwischen Objekt und Bildhintergrund. Bei Hellfeldaufnahmen wird die Aufnahmezeit verlängert, bei Dunkelfeldaufnahmen verkürzt.

Beim Filmmaterial gibt es nur geringe Qualitätsunterschiede. Heute wird meist mit Diafilmen fotografiert. Je höher die Asa-Zahl, desto grobkörniger ist der Film. Der Bereich zwischen 50 und 200 Asa (18 bis 24 DIN) ist am gebräuchlichsten. Sehr feinkörnig bei langen Belichtungszeiten sind 25–Asa-Filme (15 DIN). Viele Fachleute arbeiten mit Schwarzweiß-Filmen, da sie trotz hoher Asa-Zahl sehr feinkörnig sind. Um den Kontrast bei Schwarzweiß-Aufnahmen zu steigern, legt man einen Grünfilter in den Strahlengang. Die Farbwiedergabe eines Colorfilms hängt weniger von dem Material als von dem **Farbfilter** ab, der in den Strahlengang des Mikroskopes gelegt werden muß. Dieser ist wieder abhängig von der Farbtemperatur der Beleuchtung. Bei nicht regelbaren Mikroskopleuchten nimmt man einen Blaufilter (B 12). Bei regelbaren Leuchten wird bei hellster Einstellung der Filter (B 9), bei mittlerer Einstellung des Reglers (B 12) und bei schwacher Helligkeit (B 15) verwendet. Sollen Mikrofotos bei kurzen Belichtungszeiten (bewegliche Objekte) oder hohen Vergrößerungen angefertigt werden, braucht man eine starke Lichtquelle. Die bei größeren Mikroskopen eingebaute Niedervoltleuchte reicht bei niederen Vergrößerungen aus. Bei starken Vergrößerungen dürfen sich die Objekte nicht mehr bewegen. Man kann dies erreichen, indem man einen Tropfen Formalin oder Farbfixierlösung (E 6) an den Deckglasrand setzt und mit Fließpapier auf der anderen Seite Flüssigkeit absaugt. Bei sehr hoher Vergrößerung wird die Belichtungszeit länger sein als die Automatik steuern kann. Man muß dann Probeaufnahmen anfertigen, bei denen die Belichtungszeit jeweils verdoppelt wird. Nach der Entwicklung des Films kann die günstigste Zeit herausgesucht werden. Man muß dann bei weiteren Aufnahmen nur darauf achten, daß Vergrößerung, Lichtstärke und Filter den Werten des ausgewählten Bildes entsprechen.

Mikroskope, die über einen Spiegel verfügen, können mit einem Diaprojektor beleuchtet werden. Ist die Ausleuchtung des Bildfeldes nicht gleichmäßig, wird eine Mattscheibe in den Strahlengang zwischen Projektor und Mikroskopspiegel gestellt. Zu diesem Zweck eignet sich gut Zeichenpergament (Buchhandlung), zur Not auch Butterbrotpapier.

Kaum jemand kann sich, wenn er den entwickelten Film zurückerhält, noch an die genauen Aufnahmedaten erinnern. Deshalb ist es unumgänglich, gleich bei jeder Aufnahme alle wichtigen Werte zu notieren. Diese können nachher auf den Dia-Rahmen übertragen werden. Besser ist, die Informationen gleich auf Karteikarten zu vermerken. Die Karten der gelungenen Dias erhalten dann die gleiche Archiv-Nummer wie der Rahmen des Dias, die Karte des Sektionsprotokolls und des eventuell später angefertigten Dauerpräparates. Folgende Werte sollen auf den Karteikarten der Fotografien vermerkt werden: Archiv-Nummer, Name des Objektes, Datum der Aufnahme, Nummer des Filmes (bei mehreren), Bild-Nr., Filmmarke, Asa, Korrekturwert, Mikroskopvergrößerung, Lampeneinstellung, Filter, Stellung der Kondensorblende, Beleuchtungsart (Hell-, Dunkelfeld, Phasenkontrast), Objektivvergrößerung, Okularvergrößerung, Vergrößerung auf dem Dia, Objektgröße in Mikrometern. Auf der Rückseite ist Platz für Zeichnungen, Bemerkungen und Notizen.

Durch die gleichen Ablagenummern sind alle zu einem Objekt gehörenden Daten leicht im Archiv zu finden. Beim Versand von Dias ist die Größe der fotografierten Objekte grundsätzlich in Mikrometern anzugeben und nicht als Mikroskopvergrößerung.

Literatur und Quellen

I. Bezugsquellennachweis

Wenn örtlich keine Möglichkeiten zum Bezug von Laborartikeln und Chemikalien bestehen, kann von folgenden Anbietern bezogen werden.

1. Kosmos-Service
Postfach 106 011
7000 Stuttgart 1
Chemikalien, Farbstoffe, Glaswaren, Mikroskopierzubehör, Laborgeräte, Präzisionswaagen, fertige Mikroskopische Präparate, Merck-Wasserlabor, Scheren, Nadeln, Pinzetten, Lupen, Stereomikroskope, Beleuchtungseinrichtungen, Schüler-, Kurs- und Labormikroskope, Kondensoren, Okulare, Objektive, Mikrotome.

2. Klaus Meyer & Ulrich Neidinger
Laborbedarf
Rothenburger Straße 54
8500 Nürnberg 70
Sehr großes Angebot an Glaswaren für das Labor, großes Angebot an Chemikalien und Farbstoffen.

3. Chroma-Gesellschaft
Schmid GmbH & Co
Postfach 1110
7316 Köngen
Sehr großes Angebot an Farbstoffen, Chemikalien und Reagenzien. Die meisten Farbstoffe sind als Substanz und gebrauchsfertige Lösung zu beziehen.

4. Fa. Euromex
Mühlheimer Straße 74
Postfach 1236
4030 Ratingen 1
Stereomikroskope, Beleuchtungseinrichtungen, Mikroskope in allen Preislagen, Mikroskopzubehör, großes Angebot an Mikrotomen.

5. Fa. Jungner Instrumente GmbH
Blücherstraße 11
Postfach 500 707
2000 Hamburg 50
Sehr großes Angebot an Mikroskopen in allen Preislagen, für jeden Zweck ausbaubar, großes Angebot an Objektiven, Kondensatoren und Okularen, Mikroskopische Präparate, Stereomikroskope, Mikrotome, Fotoeinrichtungen für Kleinbild, Polaroid und Mittelformat.

II. Fischkrankheiten

Zeitschriftenartikel für den Aquarianer

BLASIOLA, G. C.: Das Wimperntierchen *Cryptocarion irritans*. Aquarien Magazin 1981, S. 10. Franckh'sche Verlagshandlung, Stuttgart

BLASIOLA, G. C.: Die Korallenfischkrankheit. Aquarien Magazin 1983, S. 116. Franckh'sche Verlagshandlung, Stuttgart

BLASIOLA, G. C.: Ein Parasit bedroht Clownfische und Seepferdchen (*Brooklynella hostilis*). Aquarien Magazin 1983, S. 477, Franckh'sche Verlagshandlung, Stuttgart

BUSCHHOFF, E. U.: Gabbro-Col: Erfahrungen aus der Anwendung bei erkrankten *Tropheus duboisi*. DCG – Information 1981, S. 19

FREITAG, T.: Zivilisationskrankheiten, Das Aquarium 1985, S. 174. Philler Verlag, Minden

GESCH, W.: Fischparasitäre Würmer I und II. Das Aquarium 1981, S. 133 und 188. Philler Verlag, Minden

GESCH, W.: Gliederfüßer als Fischparasiten.

Das Aquarium 1982, S. 133. Philler Verlag, Minden

HAUSMANN, K., LINNENBACH, M.: Die Karpfenlaus *Argulus*. Mikrokosmos 1983, S. 70. Franckh'sche Verlagshandlung, Stuttgart

HAUSMANN, K.: Transportunternehmen Fisch – Fahrgast *Trichodina*. Aquarien Magazin 1983, S. 374. Franckh'sche Verlagshandlung, Stuttgart

HAUSMANN, K.: LINNENBACH, M.: *Gyrodactylus*. Aquarien Magazin 1984, S. 17. Franckh'sche Verlagshandlung, Stuttgart

HAUSMANN, K.: Der Fräskopfwurm. Aquarienmagazin 1984, S. 173. Franckh'sche Verlagshandlung, Stuttgart

HAUSMANN, K.: Der Fräskopfwurm *Camallanus*. Mikrokosmos 1984, S. 269. Franckh'sche Verlagshandlung, Stuttgart

PETERS, G.: Streß macht auch Fische krank. Naturwissenschaftliche Rundschau 41. Jahrg. Heft 8. Wissenschaftliche Verlagsges. mbH, Stuttgart 1988

SCHMIDT, G.: Fischpathologie. Das Aquarium 1980, S. 301. Philler Verlag, Minden

SCHMIDT, G.: Zum Thema: Fischkrankheiten. Das Aquarium 1980, S. 413. Philler Verlag, Minden

SCHMIDT, G.: Krankheiten der Zierfische – Die sieben Todsünden des Aquarianers. Das Aquarium, Heft 233, November. Philler Verlag, Minden 1988

SCHOUSBOE, C.: Wenn Fische schimmeln (Pilze). Aquarien Magazin 1981, S. 805. Franckh'sche Verlagshandlung, Stuttgart

SCHUBERT, G.: Ist unser Hobby gefährlich? Aquarien Magazin 1974, S. 212. Franckh'sche Verlagshandlung, Stuttgart

SCHUBERT, G., WILBERT, N., FOISSNER, W.: Morphologie, Infraciliatur und Silberliniensystem von *Protoopalina symphysodonis* nov. spec. Zool. Anzeiger, Jena 202, 1979, S. 71–85.

SCHUBERT, G.: Kiemenkrebse beim Diskus. Aquarienmagazin 1981, S. 156. Franckh'sche Verlagshandlung, Stuttgart

UNTERGASSER, D.: Bedroht ein Riesengeißeltierchen unsere Diskusbestände? Aquarien Magazin 1985, S. 52. Franckh'sche Verlagshandlung, Stuttgart

UNTERGASSER, D.: Milben im Aquarium. Das Aquarium 1985, S. 354. Philler Verlag, Minden

UNTERGASSER, D.: Eile tut not! (Verletzte Fische). Aquarien Magazin 1986, S. 123. Franckh'sche Verlagshandlung, Stuttgart

UNTERGASSER, D.: Der Diskusparasit – ein Riesenflagellat. Mikrokosmos 1987, S. 134. Franckh'sche Verlagshandlung, Stuttgart

UNTERGASSER, D.: Ein nicht auszurottender Fischparasit: Der „Ichthyo". Aquarien Magazin 1987, S. 244. Franckh'sche Verlagshandlung, Stuttgart

UNTERGASSER, D.: Die Magersucht der Diskusfische. Diskus-Jahrbuch 87/88, 1987, S. 68. bede Verlag, D-8371 Kollnburg

UNTERGASSER, D.: Die neue Diskuskrankheit. Diskus-Jahrbuch 87/88, 1987, S. 78. bede Verlag, D-8371 Kollnburg

UNTERGASSER, D.: Kiemen- und Hautwürmer in der Fischzucht. Diskus-Jahrbuch 1989, S. 66. bede Verlag, D-8371 Kollnburg

UNTERGASSER, D.: Der Diskus-Madenwurm – ein neuer Nematode des Darmes. Diskus-Jahrbuch 1989, S. 72. bede Verlag, D-8371 Kollnburg

VIERKE, J.: Aus heimischen Gewässern oder aus der Dose. Aquarien Magazin 1982, S. 418. Franckh'sche Verlagshandlung, Stuttgart

WEDEMEYER, G. A.: The role of stress in the disease resistance of fishes. Am. Fish. Soc., Spec. Publ. 5, 1970 S.: 30–35

WEDEMEYER, G. A., J. W. WOOD: Stress as a predisposing factor in fish diseases. Washington, D. C. FDL-38 1974

WILKE, H.: Ein Heilmittel bei akutem Oodiniumbefall: Wärme. Aquarien Magazin 1979, S. 308 Franckh'sche Verlagshandlung, Stuttgart

Fachbücher

Das Literaturverzeichnis ist nach Sachgebieten geordnet. Innerhalb eines Sachgebietes sind die Bücher nach Schwierigkeitsgrad sortiert. Am Anfang stehen die leicht verständlichen Texte, während die am Ende genannten Schriften Sachkenntnis voraussetzen.

SCHUBERT, G.: Krankheiten der Fische. Franckh'sche Verlagshandlung, Stuttgart, 1974

SCHMIDT, G.: Der kranke Fisch. Albrecht Philler Verlag GmbH, Minden, 1971, 1982
REICHENBACH-KLINKE, H. H.: Krankheiten der Aquarienfische. Alfred Kernen Verlag, Stuttgart, 1968
REICHENBACH-KLINKE, H.-H.: Bestimmungsschlüssel zur Diagnose von Fischkrankheiten. Gustav Fischer Verlag, Stuttgart, 1975
BOHL, M.: Zucht und Produktion von Süßwasserfischen. DLG-Verlag, Frankfurt, 1982
AMLACHER, E.: Taschenbuch der Fischkrankheiten. Gustav Fischer Verlag, Stuttgart, New York, 1981
REICHENBACH-KLINKE, H.-H.: Krankheiten und Schädigungen der Fische. Gustav Fischer Verlag, Stuttgart, New York, 1980
SCHÄPERCLAUS, W.: Fischkrankheiten. Akademie-Verlag, Berlin 1979
ROBERTS, R. J., SCHLOTFELDT, H.-J.: Grundlagen der Fischpathologie. Verlag Paul Parey, Berlin und Hamburg, 1985
DÖNGES, J.: Parasitologie. Georg Thieme Verlag, Stuttgart, 1980
HIEPE, T.: Lehrbuch der Parasitologie Band 1, Allgemeine Parasitologie. Gustav Fischer Verlag, Stuttgart, New York, 1981
HELWIG, H.: Antibiotika – Chemotherapeutika. Georg Thieme Verlag, Stuttgart, 1976

III. Aquaristik, Wasserchemie und Biologie

FREY, H.: Das Aquarium von A bis Z. Verlag J. Neumann Neudamm, Melsungen, 1969.
BRÜNNER, G., FRANK, S., KLEE, O., und andere: Kosmos Handbuch Aquarienkunde Das Süßwasseraquarium. Franckh'sche Verlagshandlung, Stuttgart, 1977
KRAUSE, H.-J.: Aquarienwasser. Franckh'sche Verlagshandlung, Stuttgart, 1973
HÜCKSTEDT, G.: Aquarienchemie. Franckh'sche Verlagshandlung, Stuttgart, 1973
GEISLER, R.: Wasserkunde für die aquaristische Praxis. Alfred Kernen Verlag, Stuttgart, 1964
SCHMIDT, G.: Das richtige Aquarienwasser. Albrecht Philler Verlag, Minden, 1972, 1982
WACHTEL, H.: Aquarienhygiene. Franckh'sche Verlagshandlung, Stuttgart, 1972
JAHN, J.: Lebendfutter. Albrecht Philler Verlag, Minden
JOCHER, W.: Futter für Vivarientiere. Franckh'sche Verlagshandlung, Stuttgart, 1975
GEYER, H.: Praktische Futterkunde. Alfred Kernen Verlag, Stuttgart, 1957
ENGELHARDT, W.: Was lebt in Tümpel, Bach und Weiher. Franckh'sche Verlagshandlung, Stuttgart, 1977
KLEE, O.: Kleines Praktikum der Wasser- und Abwasseruntersuchung. Franckh'sche Verlagshandlung, Stuttgart, 1976
BAUR, W.: Gewässergüte bestimmen und beurteilen. Verlag Paul Parey, Berlin, 1980
JENS, G.: Die Bewertung der Fischgewässer. Verlag Paul Parey, Hamburg, Berlin, 1980
SCHWOERBEL, J.: Methoden der Hydrobiologie Süßwasserbiologie. Verlag Gustav Fischer, Stuttgart, New York, 1980

IV. Mikroskopie

SAUER, F.: Mikroskopieren als Hobby. Franckh'sche Verlagshandlung, Stuttgart, 1980
GERLACH, D.: Mikroskopieren – ganz einfach. Franckh'sche Verlagshandlung, Stuttgart, 1987
STREBLE, H., KRAUTER, D.: Das Leben im Wassertropfen. Franckh'sche Verlagshandlung, Stuttgart, 1976
STEHLI, G.: Mikroskopie für Jedermann. Franckh'sche Verlagshandlung Stuttgart, 1973
KRAUTER, D.: Mikroskopie im Alltag. Franckh'sche Verlagshandlung, Stuttgart, 1974
BAUMEISTER, W.: Planktonkunde für Jedermann. Franckh'sche Verlagshandlung, Stuttgart, 1972
SCHLÜTER, W.: Mikroskopie. Aulis Verlag Deubner & Co KG, Köln, 1976
DIETLE, H.: Das Mikroskop in der Schule. Franckh'sche Verlagshandlung, Stuttgart, 1979
MEYL, A. H.: Fadenwürmer. Franckh'sche Verlagshandlung, Stuttgart, 1961

MAYER, M.: Kultur und Präparation der Protozoen. Franckh'sche Verlagshandlung, Stuttgart, 1975
MATTHES, D., WENZEL, F.: Die Wimpertiere. Franckh'sche Verlagshandlung, Stuttgart, 1966
BROHMER, P.: Fauna von Deutschland. Quelle & Meyer, Heidelberg, 1979
BAER, H.-W., GRÖNKE, O.: Biologische Arbeitstechniken. Aulis Verlag Deubner & Co KG, Köln, 1975

V. Biologie und Mikrobiologie

KNODEL, H., BÄSSLER, U., und andere: Linder Biologie. J. B. Metzlersche Verlagsbuchhandlung
BAUER, E. W., BOSSLER, A., BOTSCH, W., und andere: CVK Biologiekolleg. Cornelsen-Velhagen & Klasing, Berlin, 1981
COLLATZ, K.-G., FISCHER, H., HASSENSTEIN, B., und andere: Funk-Kolleg Biologie 1–2. Verlag Chemie, Physik Verlag, Fischer Taschenbuch Verlag, Frankfurt/Main, 1976
BLÜM, V., CZIHAK, G., FLOREY, E., und andere: Biologie. Springer-Verlag, Berlin, Heidelberg, 1976
BONE, Q., MARSHALL, N. B.: Biologie der Fische. Gustav Fischer Verlag, Stuttgart, New York 1985
KAESTNER, A.: Lehrbuch der Speziellen Zoologie Band I: Wirbellose Tiere 1. Teil. Gustav Fischer Verlag, Stuttgart, New York, 1980
SIEWING, R., ABS, M., BICK, H., BOECKH, J., HAUSMANN, K., und andere: Lehrbuch der Zoologie Band 1: Allgemeine Zoologie. Band 2: Systematik. Gustav Fischer Verlag, Stuttgart, New York, 1980
HIEPE, T., BUCHWALDER, R., RIBBECK, R.: Lehrbuch der Parasitologie.
Band 1: Allgemeine Parasitologie. Band 2: Veterinärmedizinische Protozoologie. Band 3: Veterinärmedizinische Helminthologie. Band 4: Veterinärmedizinische Arachno-Entomologie. Gustav Fischer Verlag, Stuttgart, New York, 1981–1983
SCHÖN, G.: Mikrobiologie. Herder, Basel, Wien, Freiburg, 1978
WARTENBERG, A.: Systematik der niederen Pflanzen. Georg Thieme Verlag, Stuttgart, 1979
DITTRICH, H. H.: Bakterien, Hefen, Schimmelpilze. Franckh'sche Verlagshandlung, Stuttgart, 1975
SCHLEGEL, H. G.: Allgemeine Mikrobiologie. Georg Thieme Verlag, Stuttgart, 1974
NÄVEKE, R., TEPPER, K. P.: Einführung in die mikrobiologischen Arbeitsmethoden. Gustav Fischer Verlag, Stuttgart, New York, 1979
LONTIE, M., VANDEPITTE, J.: Atlas de Microbiologie medicale. Atlas der medizinischen Mikrobiologie. Librairie Maloine, S. A., Paris, 1977

Register

Halbfett gedruckte Seitenzahlen weisen auf Abbildungen hin

A

Abstriche **66**
Acanthocephala 44, **118, 119**
Acarina **122, 123**
Acriflavin 138
Aflatoxine 124, 126
Alaunlösung 62, 149
Algen 91
Algenvernichtungsmittel 129
Alkohol 138, 158
Alkoholreihe 158
Ammoniak 128
Ammoniakvergiftung 12, 128
Amöben 100
Amöboidkeime 89
Ammonium 128
Ampullenfeile 152
Angstzustände 61
Aphanomyces 90
Argulidae 22, **122**
Äthylalkohol 158, 160
Augenreflex 14, **66**

B

Bakterielle Kiemenfäule 85
Bakterienausstrich 163
Bakterienfärbung 163, **164**, 165
Bandwürmer 35, 44, 114, **115**
Bauchschnitt 73, **74**
Bauchrutschen 79
Bauchwassersucht 17, 25, 27, 40, 83
Behandlungstest 131
Behandlungsvorschläge 133
Belichtungskorrektur 167
Besetzung, optimale 61
Beulen 84, 100
Bindegewebshülle 90
Blaualgen 91

Bleidraht 129
Blockschälchen 152
Blut 40, 71
Blutarmut 33, 83
Blutegel 93
Blutfärbung **72**, 165
Blutflagellaten 14, **92**
Blutkörperchen 72
Blutungen 40, 76, 84, 85, 96, 129
Blutuntersuchung 71
Blutwürmer 30, 114
Bodomonas sp. 37, 93, 94, **95**, 96
Boraxcarmin 159
Bösartige Geschwulste 124
Branchiomyces 31, 90, **91**
Brillantgrün 138
Brooklynella hostilis 24, 106

C

Calcium 126
Camallanus 34, 44, 117
Cancerogene Stoffe 124
Capillaria 35, 45, 115, **116**
Carbolfuchsin 159
Carbol-Gentianaviolett 159
Cercarie 113
Cestoidea 114, **115**
Chilodonella cyprini 23, 105, **106**
Chininsulfat 138
Chlor 129
Chloramphenicol 134
Chloroform 153
Chlortetracyclin 136
Chlorvergiftung 129
Cholin 126
Chromatophoren 70, **71**
Ciliaten 102, 107, **108, 154**
Cilien 102

Clont 145
Coccidia 54, 100, **101**
Columnaris-Krankheit 14, **26**, 33, 58, 85, **86**
Comoisonum 135
Concurat 139
Copepoda 22, 120, **121**, 122
Costia necatrix
Cryptobia 37, 38, 39, **92**, 96, 97, 119
Cryptocarion irritans 23, 32, 105, 142
Cyanophycum 91
Cystome 41, 125

D

Dactylogyrus sp. **39**, 110, **111, 112**
Darm 44, **78**
Darmentzündung 47, 126
Darmflagellaten 34, 93, **94**, 95
Darmverschluß 41, 117, 127
Darmwand **46, 47, 78**
Dauerbad 131
Dauerpräparate 157, 160, 161, 163, 164
Deckgläser 152
Degenerationserscheinungen 67
Dermis 70
Dermocystidium **29**, 91
Desinfektionslösung 62
Desinfektion von Gegenständen 64, 75, 148, 149
Differenzieren 159
Digenea 44, 113
Dinoflagellaten 97
Dinosporen 98
Diplozoon 113
Diskusparasit 37, 45, **99**
Doppeltierchen 113

173

Dosierung von Medikamenten 131, 133
Drachenwürmer 28, 30, 118
Dracunculoidea 28, 30, 118
Drehkrankheit 100
Dunkelfeldbeleuchtung 150, **151**

E

Egel 22, 93, 119
Eimeria 54, 79, 101
Einschlußmittel 159
Eisendüngung 129
Eisessig 159
Enchytäen 127
Entellan 161
Entwässern 158
Epidermis 70
Ergasilus sp. 120, **121**
Ernährung, gesunde 126
Ernährung, falsche 126
Erythrozyten 72
Exophthalmus 17, 83

F

Fadenwürmer **35**, 115, **116**, **117**
Farbfilter 167
Farbfixierung 162
Farbstoffzellen 70, **71**
Fäulnis 129
Feintrieb 151, 153
Fette 126
Filmmaterial 167
Filiament 113
Filterausfall 128
Fischläuse **122**
Fixieren 157
Fixierflüssigkeit 157, 160
Flagellaten **17**, 21, 36, 92
Flexibacter columnaris 85
Flosseneinschmelzungen 83
Flossenfäule **29**, 84
Flossenmißbildungen 125
Flubenol, Flubendazol 139
Fotografie 166
Formalin 140, 149, 159
Fräskopfwürmer **34**, 117
Fuchsin 159, 164

Furazolidon 146
Furunkulose 84

G

Gabbrocol 140
Gallenblase 43, **77**
Gasblasenkrankheit 27, 129
Gasdüse (Schwimmblase) 79
Gasembolie 129
Gehirn 51, **81**
Genickschnitt 67
Geschlechtsorgane 48, 79
Geschwulstkrankheiten 16, **55**, 124
Geschwüre 26, 55, 84
Gesundheitskontrolle 62, 67
Gewichtseinheiten 132
Gifteinwirkung 62
Giftige Fische 64
Gittermethode 136
Glaspipetten 152
Glaswaren 152
Gliederfüßer 120
Glockentiere **108**
Glotzaugen 17, 83
Glycerin 159
Glyceringelatine 159, 161
Gram-Färbung 163
Grießkörnchenkrankheit **23**, **103**
Griseovulvin 141
Grobtrieb 153
Größenmessung 151, **152**
Gyrodactylus sp. 110

H

Haarwürmer **34**, **44**, **53**, 115
Haftfaden 113
Hakenwürmer **39**, 109, **110**, **111**
Harnkanälchen **80**
Harnleiter **80**
Haut 14, 22, 70, **71**
Hautflagellaten 96
Hautgeschwüre 89
Hauttrüber **23**, 105, **106**
Helminthosen 109
Herz 48, 79
Hexamita sp. 36, 93, **94**

Hirudinea 119
Hitzefixieren 163
Holobranchien 72
Hormonstörungen 124
Hyphen 90
Hypodermis 70

I

Ichtyobodo **24**, 96
Ichthyophonus hoferi 15, 89, **90**
Ichthyophthirius multifiliis **23**, 32, **103**
Ichthyosporidium hoferi 89, **90**
Infektionsplasmodien 89
Innenmessung 166
Insektenvernichtungsmittel 129
Instrumente 70
Isolieren von Erregern 156
Isopropanol 149, 158, 159

J

Jodjodkalium 141

K

Kaliumpermanganat 141, 148
Kanadabalsam 159, 161
Karbolfuchsin 159, 164
Karbolgentianaviolett 159, 164
Kehlgeschwulst 83
Kiemen **16**, 30, **39**, 72, **73**
Kiemenabstrich 67
Kiemenblätter **39**, 72
Kiemenblutungen 67
Kiemenbögen 72
Kiemendeckelschnitt 72, **74**
Kiemenfältchen 72
Kiemenfäule, bakterielle 33, 85
Kiemenfäule durch Pilze **31**, 90
Kiemenflagellaten 97
Kiemenkrebse 30, 120, **121**, **122**
Kiemenverschleimung 39, 109
Kiemenwürmer 31, **39**, 109, **110**, **111**
Kochsalz 141, 148
Kochsalzlösung physiologisch 72, 155
Kohlendioxid 128

Kohlendioxidvergiftung 12, 128, 129
Körpergleichgewicht 61
Kot 34, 67
Kratzer 35, **44**, **118**, **119**
Kupferrohre 129
Kupfersulfat 129, 142
Kupfervergiftung 129
Kurzbad 132

L

Labyrinth 66
Lage der Organe 74, 75
Laichverhärtung 79
Laichverpilzung 88
Lateralschnitt 73, **74**
Laugenkrankheit 127
Lebendpräparate 153
Leber 42, **75**, **76**, **77**
Lederhaut 70
Lernaeidae 22, 121, **122**
Leukozyten 72
Lipome 124
Lochkrankheit 93, 126
Lochkrankheit, falsche 89
Lösungsmitteldämpfe 129
Lymphocystis **27**, **29**, **82**

M

Madenwürmer **36**, **45**, **116**, **117**
Magen 74, **78**
Makrophagen 78
Malachitgrün 143
Malpignische Körperchen 80
Masoten 144
Maßeinheiten 132
Medikamentenanwendung 131
Medikamentenvergiftung 129
Medizinalfutter 137
Melanom 124
Melanosarkom **21**, **55**, 124, **125**
Meßokular 151, 152
Meßpipette 152
Meßzylinder 152, 160
Metacercarie 22, 28, **53**, **113**, 114
Metastasen 124
Methylenblau 143, 159

Methylgrün 162
Metrifonat 144
Metronidazol 145
Mikrometerwerte **152**
Mikroskop 150, **151**
Mikroskopadapter (Foto) 166, 167
Mikroskopbeschreibung 150, **151**
Mikroskopstativ 150
Mikrospora 101
Milben **123**, **155**
Milchsäure 159, 160
Milz 48, **78**
Milzschwellung 85
Miracidien 113
Mißbildungen 16, 100, **125**
Monogenea **39**, 109, **110**, **111**, 112, 113
MS 222 145
Muskulatur 51, **81**
Mykobakterien 59, 87, **165**
Mykose 59, 88
Myxospora 54, 100, **101**

N

Nahrungsverweigerung 87
Narkose 67, 145
Neguvon 144
Nematoden 35, 44, **53**, 115, **116**, **117**
Neomycinsulfat 135
Neonkrankheit 100, 101
Niere **50**, **80**
Nierenkanälchen **80**
Nierenschwellung 85
Nitrat 128
Nitrit 12, 128
Nitrofurantoin 146
Nystatin 146

O

Oberhaut 70
Objektgröße 151
Objektive 150
Objektivfrontlinse 153
Objektmikrometer 151, **152**
Objektträger 152
Octomitus 93

Okulare 150
Okularmikrometer 151, **152**
Ölimmersion 164
Oodinoides vastator 98
Oodinium limneticum 98
Oodinium ocellatum 98
Oodinium pillularis **24**, 29, 32, 47, 97, **98**
Oozysten 100
Opalinina **99**
Opercularschnitt 72, **74**
Osspulvit 126, 137, 148
Oval (Schwimmblase) 15, 79
Oxyurida **36**, 45, 116, **117**

P

Pantoffeltiere **108**
Petrischalen 152
Phasenkontrastbeleuchtung 150
Philometra 118, 119
Phosphor 126
pH-Wert 20, 25, 28, 30, 127
Pilzerkrankungen **18**, **25**, 31, 39, **88**
Pilzhyphen 31, **88**
Pigmentkörner 70, **71**
Pinzetten 70
Piperacincitrat 146
Pipettenhütchen 152
Plastillin 157
Pleistophora hyphessobryconis 51, 54, 101, **102**
Polyvinyllactophenol 159, 160
Präparategläser 152
Präparationsanleitungen 157
Präparieranleitung 159
Präparierbecken 70, 72
Präpariernadeln 70
Präpariertisch **156**
Procercoid 114
Protisten 92
Protokollbogen 64
Protoopalina symphysodonis 37, 45, **99**

Q

Quarantäne 62, 63
Quetschpräparate 156, 163

R

Rangkämpfe 61
Redie 114
Reinigen von Objektträgern 153
Rete Mirabile (Wundernetz) 79
Rhizoide 98
Rinderherz 126, 127
Ringmuskel (Schwimmblase) 79
Rückgratverkrümmung 84, 87, 102

S

Salzsäure 159
Salzsaurer Alkohol 161, 162, 165
Sanguinicola sp. 30, 114
Sauberkeit bei der Sektion 75
Sauerstoffmangel 12, 125, 127, 128
Saugwürmer 109, 113
Säurekrankheit 127
Schärfebene 153
Scheren 70
Schilddrüsengeschwulste 16, 21, 124
Schlafkrankheit der Fische 92
Schnitte zur Sektion 67, 73, **74**
Schockwirkung 61
Schuppenausfall 87
Schuppenmißbildungen 125
Schuppensträube 87
Schwanzreflex 66
Schwächezustand 86
Schwärmer 103
Schwarzfleckenkrankheit 114
Schwefelwasserstoff 129
Schwimmblase 49, 74, 79
Schwimmblasenentzündung 49, 79
Seewasserichthyo 105
Seitenschnitt 73
Sektion 73
Siamesische Zwillinge 125
Skalpell 70
Skelettverformung 125
Sphinkter (Schwimmblase) 79
Spiritus 159
Spironucleus sp. 36, 93, **94**
Sporangien 88, 89
Sporozoen 16, 24, 25, 27, 32, 49, 54
Sporozyste 114
Stachel 122
Stammlösung 132
Stilett 122
Streß 61
Streßfaktoren 61
Strudelwürmer 109
Stufenalkohole 160
Sulfathiazol 147
Sulfonamide 147

T

Taumelkrankheit 89, 90
Temperaturänderung 130, 131
Temperaturschäden 130
Tetracyclinhydrochlorid 135
Tetrahymena pyriformis 107, **108**
Tierschutzgesetz 68
Tochtergeschwulste 124
Töten von Fischen 67
Tricain 145
Trichlorphon 144
Trichodina sp. 14, 106, **107**
Trichomonas sp. 36, 93, 94, **95**
Trimalaconothrus sp. **123**
Trimethroprim 147
Trypaflavin 138
Trypanosoma **92**, 119
Tuberkulose 17, **19**, **26**, 55, 75, **165**
Tuberkulosezysten **87**
Tubuslänge 150
Turbellarien 109

U

Umrandungslack 159
Umsetzmethode 136
Unterdosierung von Medikamenten 131
Unterhaut 70
Untersuchung 64
Untersuchungsprotokoll 65

V

Ventralschnitt 73, **74**
Verfettung 76, 79
Vergiftung 28, 40, 62, 91, 128
Verhalten 12, 13, 62
Verhüten von Krankheiten 62
Verkrümmungen 83, 102
Verkrüppelung 67
Verletzungen 127
Versand von Fischen 69
Verträglichkeit von Medikamenten 131
Vibriose 57, 85
Virus 82
Vitamine 126, 148
Vitaminfutter 137, 148
Vitaminmangel 86, 125
Volon-A Haftsalbe 148
Vorgeschichte 64

W

Wärmebehandlung 136
Wasserstoffsuperoxid 148, 149
Weißpünktchenkrankheit **23**, **103**
Wimperlarve 113
Wucherungen 124
Wundernetz (Schwimmblase) 79
Würmer 109
Wurmstar 18, 114

X

Xylol 158, 159

Z

Zentralblende 150, **151**
Ziehl-Neelsen Färbung 164, 165
Zuckungen 85
Zupfpräparate 155
Zysten 40, **46**, 53, **55**, 125
Zystenhülle 104